國語國文學叢書 088

譯語類解

학자원

국어국문학총서 88

譯語類解

2018년 9월 15일 초판 1쇄 발행

저　자 : 愼以行 金敬俊 金指南
펴낸이 : 김병환
펴낸곳 : 학자원
주　소 : 134-814 서울시 강동구 천호대로 1121
전　화 : 02) 6403-1000
팩　스 : 02) 6338-1001
E-mail : hakjaone@daum.net
등　록 : 2011년 3월 24일 제324-2011-14호

HAKJAONE Publishing Co.
1121 Cheonho-Daero Kangdong-Gu Seoul

ISBN : 979-11-6247-057-2 93810

값 40,000원

譯語類解·譯語類解補 解題

洪 允 杓

閔鼎重이 司譯院 中國語 譯官인 愼以行, 金敬俊, 金指南 등에게 명하여 편찬케 하고 中國人 文可尙, 鄭先甲 등의 수정을 받아 1690년에 사역원의 鄭昌周, 尹之興, 趙得賢으로 하여금 2권 2책의 목판본으로 간행케 한 중국어 어휘사전이다.

이 책에는 刊行年度를 알 수 있는 刊記나 序·跋 등이 없으나 『通文館志』의 기록으로 위의 사실을 알 수 있다.

> 譯語類解板 康熙壬戌 老峯閔相國 令院官愼以行 金敬俊 金指南質問於漢人文可尙 鄭先甲修正 至庚午令院官鄭昌周 尹之興 趙得賢捐財刊板
>
> <通文館志 卷八 什物條 7b>

즉 康熙 壬戌(1682년)에 老峯 閔相國(閔鼎重)이 司譯院의 愼以行 金敬俊 金指南 등의 譯官에게 命하여 中國 사람 文可尙 鄭先甲에게 질문하여 修正케 하여 庚午年 즉 1690년에 司譯院의 鄭昌周 尹之興 趙得賢이 捐財하여 이 책을 간행하였다는 것이다.

이 책은 現存本으로 두 가지의 異本이 있다. 서울대 도서관에는 규장각본, 고도서본, 가람문고본, 일사문고본 등의 『譯語類解』가 현존한다. 규장각본(도서번호 규5651)은 上下卷이 각각 다른 板本이다. 下卷은 上卷에 비해 版式은 동일하지만, 半葉匡郭이 훨씬 더 크고 上下二葉花紋魚尾의 版心魚尾도 덜 정교하다. 주로 重刊本에서 보이는 魚尾의 모습을 보인다. 그리고 漢字와 한글의 書體에서도 차이를 보인다. 下卷은 字體가 굵으나 上卷은 가늘다. 複刻을 함으로써 글자의 굵기가 굵어진 것이 아니라 전혀 다른 판이다. 그리고 각 漢字의 아래에 쓰인 왼쪽의 漢字音의 한글표기에서, 下卷은 正齒音과 齒頭音의 구별을 어느 정도 시도하고 있으나, 上卷은 이를 거의 무시하고 있다는 점에서 차이를 보인다.

이 규장각본의 上卷과 동일한 판은 古圖書本(古 3912-5)의 上下卷과 一簑文庫本(一簑 古 413.1-G418y-v.1-2)의 上卷이다. 그리고 규장각본의 下卷과 동일한 판은 가람문고본(가람 古 413.1-G418y-v.1-2)의 上下卷과 一簑文庫本(一簑 古 413.1-G418s)의 下卷이다. 결국 古圖書本만이 동일한 판을 上下卷으로 한 秩을 이루고 있는 셈이다.

版式의 정교함이라던가, 글자의 세밀함으로 보아서, 그리고 司譯院에서 간행된 다른 문헌들과 비교하여 보아서, 고도서본이 初刊本인 것으로 보인다. 그리고 규장각본 下卷과 동일한 판은 重刊本인 것으로 보인다.

이 두 가지 본은 서로 판본만 다를 뿐 한글 표기 등에서는 다르지 않은 것으로 알려져 있었지만, 실제에 있어서 차이를 보이는 부분들이 있다. 예컨대 下卷 49b에 있는 '打背鬼'가 고도서본에서는 '곡뒤내다'로 되어 있지만, 규장각본 下卷과 동일한 판에서는 '곡뒤치다'로 되어 있다.

중간본이 언제 몇 번이나 간행되었는지도 아직 기록을 찾을 수 없어서 알 수 없다. 앞으로 더 연구되어야 할 부분들이다. 필사본도 여럿 전한다.

이 책은(고도서본을 대상으로 한다) 그 크기가 세로 33.2 cm 가로 21.5 cm이고 四周雙邊에 半葉匡郭이 세로 22.4 cm 가로 17.9cm이다. 有界에 10行으로 되어 있다. 版心魚尾는 上下內向二葉花紋魚尾인데 表紙題, 內題, 版心題 모두 '譯語類解'이다.

이 책의 앞에는 다른 譯學書의 類解書에서 보이는 바와 같은 目

錄이' 보이지 않는다. 本文부터 시작되는데, 어휘를 각항목별로 분류하여 上卷에는 天文, 時令, 氣候, 地理, 宮闕 등 43類에 2,624개의 어휘를, 그리고 下卷에는 珍寶, 蠶桑, 織造, 裁縫, 田農 등 19類에 2,066 개의 어휘가 실려 있어서 모두 62개의 類에 4,690 개의 어휘가 실려 있는 셈이다. 특히 下卷의 끝에는 이러한 의미부류에 따른 분류를 하지 않고 '瑣說'이라 하여 두 자 이상이 합쳐진 慣用句의 部類만을 모았는데, 2字類에서 4字類까지 분류되어 있다.

本文은 10행의 각행을 上下 二段으로 나누어 各段에 1개씩 어휘를 수록하였는데, 각 어휘항목은 漢字로 표기된 中國語가 있고, 각 漢字 아래의 양쪽에 中國語 發音을 한글로 표기하였다. 그 밑에 ○로 표시한 아래에 한글로 우리말의 뜻을 적어 놓았다. 그리고 韓國語를 표시하는 경우에, 中國語와 韓國語가 동일할 때에는 중국어 한자의 수효에 해당하는 수만큼 'ㅣ'로 표시하여 놓았다. 매자의 漢字 左右에 달려 있는 漢字音은, 왼쪽은 韻書의 規定音을, 오른쪽에는 그의 俗音을 표기한 것으로 보인다.

이 책의 續篇이 『譯語類解補』이다. 이 『譯語類解補』는 金指南의 孫子인 金弘喆에 의하여 1775년에 편찬되어 역시 司譯院에서 간행하였다. 『通文館志』에 그러한 기록이 보인다.

> 譯語類解補板 (乾隆乙未 訓上金弘喆修整 本院刊板)
> <通文館志 卷八 什物條 8a>

이 『譯語類解補』는 『譯語類解』의 각 部門에서 빠진 어휘들을 보충한 것이기 때문에 그 체재가 『譯語類解』와 동일하다. 그러나 한글표기에서는 차이를 보인다. 초간본과 85년의 거리를 두고 간행된 것이기 때문에 국어의 변화된 모습이 반영되어 있다. 예컨대 표기상에서 口蓋音化가 『譯語類解』에 비해 전반적으로 반영되어 있음을

볼 수 있다. 『譯語類解補』에는 『譯語類解』 上下卷의 類의 數인 62개의 類에 2,297개의 語彙項目이 보충되어 있다.

이 책은 1974년에 아세아문화사에서 규장각본을 영인하였는데, 이 영인본의 이용에는 주의가 필요하다. 왜냐 하면 이 영인본의 上卷과 下卷은 다른 板本이기 때문이다. 上卷이 초간본인 것으로 보이고 下卷은 중간본인 것으로 보이기 때문이다.

이 문헌에 나타나는 국어학적 특징을 들면 다음과 같다

(1) 된소리를 표기하기 위하여 ㅅ 계 합용병서와 ㅂ 계 합용병서를 다 사용하고 있다. 그리고 각자병서로는 ㅆ 이외에 ㅃ 을 사용하고 있다. 그 몇 예들을 들면 다음과 같다.

① ㅺ : ᄭᅡ보로다<下:8b> ᄭᅡᆨᄂᆞᆫ<上:30a> ᄭᅡᆨ다<補:29b> ᄭᅡᆨ뎡이<補:51a> ᄭᅡᆫ<上:19a> ᄭᅡᆺᄂᆞᆫ<下:17a> ᄭᅢ인졀미<上:51a> ᄭᅢ치다<補:54b> ᄭᅥ지다<補:24a> ᄭᅦᄢᅳᆷ다<補:45a> ᄭᅧ닙다<補:29a> ᄭᅧᄆᆡᄂᆞᆫ 것<上:66b> ᄭᅩ다<補:44b> ᄭᅩ리<下:31a> ᄭᅩ아리<下:41a> ᄭᅩᆺᄂᆞᆫ<補:29b> ᄭᅬㅅ고리<補:47b> ᄭᅬ온다<下:49a> ᄭᅮ다<上:40b> ᄭᅮ러 안ᄶᅡ<上:40a>ᄭᅮ리<下:18b>ᄭᅮ미다<下:45a>ᄭᅮ유다<上:47b> ᄭᅮ지람<上:31b> ᄭᅮ짓다<上:31b> ᄭᅮᆯ<上:52a> ᄭᅮᆯ벌<補:49a> ᄭᅮᆷᄭᅮ다<補:26b> ᄭᅯᆼ<下:27a> ᄭᅳ드러오다<上:66b> ᄭᅳ리다<上:42a> ᄭᅳ어<補:37a> ᄭᅳ어내<上:67b> ᄭᅳ을 신<上:46a> ᄭᅳᆫ<補:55a> ᄭᅳᆫ타<補:26a>ᄭᅳᆯ<下:17b> ᄭᅳᆯᄂᆞᆫ<上:53a>ᄭᅳᆯ타<補:31b>ᄭᅳᆯ허<補:31b> ᄭᅩᆺ<補:60b> ᄭᅩᆺᄂᆞᆫ 빈혀<上:43a> ᄭᅵ고<補:48a> ᄭᅵ다<上:53b> ᄭᅵ오다<上:18a> ᄭᅵ이다<補:32a> ᄭᅵ티다<上:48b> ᄭᆞ다<上:17b> ᄭᆞᆷ즉<補:24a> ᄭᆡ다<補:33b> ᄭᆡᄃᆞᆺ다<補:24a> ᄭᆡ여나다<下:48b>

② ㅲ : ᄞᆞ다<下: 24b> ᄞᅵ다<下:47a> ᄞᅢ므다<下:49b> ᄞᅧ오다<下:53a> ᄞᅧ지다<補:14a> ᄞᅩᆺ<補:16a> ᄞᅩᆯ임을<補:51a> ᄞᅩᆯ이다<補:51a>ᄞᅰ졍ᄞᅰ졍ᄒᆞ다<補:51b>ᄞᅩᆯ이다<補:51b> 지ᄞᅰ다<補:52a> ᄞᅳ어<補:57a> 플ᄞᆡ<補:58b>

③ ㅼ : ᄯᅡ<上:8a> ᄯᅡᆯ기<補:31a> ᄯᅢ다<補:45b> ᄯᅥ러지다<補:24a> ᄯᅥ보다<補:60a> ᄯᅥ혀 먹다<補:38a> ᄯᅥᆨ<上:51a> ᄯᅩ애복쇼와<上:55b> ᄯᅩᆼ개<下:25a> ᄯᅩᆼ누다<下:26a> ᄯᅱ논다<補:61a> ᄯᅱ다

<補:50a> ᄯᅳᄂᆞᆫ 비놀<下:7a> ᄯᅳ다<上:48b> ᄯᅳ리<補:34b> ᄯᅳᆯ
<補:14a> ᄯᅳᆷㅅ단지<補:35a> ᄯᅳᆷ질<補:35a> ᄯᅴᄯᅴ다<補:28b> ᄯᅴ
장이<補:19b> ᄯᅴ치다<補:40b> ᄯᅵᆺ돈<補:28b> ᄯᅵᆺᄂᆞᆫ<上:18b> ᄯᅵᆺ
다<上:54b> ᄯᆞ로다<補:57b> ᄯᅩᆯ<上:57b> ᄯᅳᆷ 내다<補:35a> ᄯᅳᆷ밧
기<補:28a> ᄯᅳᆷᄯᅩ야기<上:62a> ᄯᅳᆷ엇치<下:19b> ᄯᅴ<補:29a>

④ ㅳ : ᄠᅡᆯ기<下:41a> ᄠᅢ<上:64a> ᄠᅧ나다<上:7b> ᄠᅧ다<上:46b> ᄠᅧ
드다<下:23a> ᄠᅧ러디다<上:53b> ᄠᅧ져기다<下:46a> ᄠᅧᆯ리다
<補:33b> ᄠᅧᆲ다<上:53b> ᄠᅦ<下:20b> ᄠᅦ구름<下:4b> ᄠᅵᆺ덩이
<補:6b> ᄠᅮ러지다<補:56a> ᄠᅮᆯᄂᆞᆫ<下:2a> ᄠᅮᆲ다<補:45a> ᄠᅱ
<下:40a> ᄠᅳᄂᆞᆫ<補:43a> ᄠᅳ믈<補:31b> ᄠᅳᆫ 나괴<下:31b> ᄠᅳᆫ 믈
<下:29a> ᄠᅳᆯ<上:18b> ᄠᅳᆷ ᄠᅳᄂᆞᆫ 병<上:61b> ᄠᅳᆺ다<下:25a> ᄠᅳᆺ어
먹다<補:48b> ᄠᅳᆺ에<下:44b> ᄠᅴ노다<上:39b> ᄠᅴ다<下:51a> ᄠᅴ
오다<上:49a> ᄠᅵᆫ<上:55a> ᄠᆞ뇨<下:52b> ᄠᆞ다<下:12b> ᄠᆞ로ᄂᆞᆫ
<下:4b> ᄠᆞ리다<上:54b> ᄠᆡ<上:47a>

⑤ ㅄ : ᄡᅡ호다<補:47b> ᄡᅡ힌 냉<補:34a> ᄡᅡᆼᄇᆡ을<上:59b> ᄡᅡᆼ싱
<補:32b> ᄡᅩ다<補:15a> ᄡᅮ다<上:49b> ᄡᅮᆨ<下:40b> ᄡᅮᆨ빗쳇 비단
<下:4a> ᄡᅮᆨᄧᅵᆷ ᄒᆞ다<補:35a> ᄡᅲ시다<上:47b> ᄡᅳᄂᆞᆫ 글월
<上:10b> ᄡᅳ다<上:15a> ᄡᅳ레 주롬<下:6b> ᄡᅳᆯ개<上:35b> ᄡᅳᆯ알
히게<補:4a> ᄡᅴ오다<補:36b> ᄡᅵ<下:8a> ᄡᅵㅅ텨타<下:8a> ᄡᅵ양
이<下:18a> ᄡᅵᄒᆞ다<下:46b> ᄡᅵᆺ다<補:54b> ᄡᆞ눈<上:3a> ᄡᆞ다
<補:14a> ᄡᆞ리븨<下:14b> ᄡᆞᆯ<上:24b> ᄡᆞᆯ리<下:42b>

⑥ ㅴ : ᄢᅡ뎌<下:50a> ᄢᅡ지다<補:16b> ᄢᅡ히다<補:28b> ᄢᅵ힌 실
<補:16a>ᄢᅢ짓<下:26a> ᄢᅡᆷ<上:33b> ᄢᅡᆷ에<上:67b> ᄢᅢᆺᄂᆞᆫ<補:41b>
ᄢᅧᆸ내디<補:36a>ᄢᅧᆸ다<補:45b>ᄢᅮᆼ나모<下:42a> ᄢᅮᆯ고노리<補:16a>
ᄢᅮᆯ이나<補:6b> ᄢᅮᆷ<補:35b> ᄢᅴ다<補:6a> ᄢᅦᄠᅮ러지다<補:41b>
ᄢᆡ다<上:37a> ᄢᅦ알<下:40a>

⑦ ㅾ : 다ᄉᆞᆺ ᄶᅩᆨ<補:36a> 대ᄶᅩᆨ으로<上:67a> 둘ᄶᅢ 즘<下:2b> ᄶᅬ어
<補:45b> ᄶᅵᆼᄒᆞᄂᆞᆫ 우리<補:2a> 일ᄶᅳᆨ이<補:3b>

⑧ ㅶ : ᄡᅮᆨᄧᅵᆷ ᄒᆞ다<補:35a> ᄧᅡᆨ<補:60b> ᄧᅩ긔다<補:54b> ᄧᅩ차내 티
다<上:67b> ᄧᅬ다<補:29a> ᄧᅮᆺ다<下:47b> ᄧᅵᄂᆞᆫ<補:43b> ᄧᅵᆫ 밥
<補:30a> ᄧᅵᆺ다<補:42a> ᄧᅵᆼᄒᆞ다<補:24b> ᄧᆞ다<補:29a> 안ᄧᅣᆼ 죠

알이<補:20a>알ᄣᅵ근ᄒᆞ다<補:32a>일ᄧᅳᆨ이<補:54a> 窓ᄧᅡᆨ<上:17b> 코ᄢᅵᆫ ᄆᆞᆯ<下:29a>

⑨ ㅃ : 가리뼈<上:35a> 목념쥬뼈<上:34a> 빠버다<上:10a> 복쇼아뼈<上:36a> 뽀롯ᄒᆞᆫ <上:6a> 뽑다<上:48a> ᄲᆞ라먹다<上:54a> 사모뿔<上:43a> 빠히다<下:48a> ᄲᆞ다<上:47a> 쟝긔뼈<上:35b> ᄒᆞᆫ 뽐<上:64b>

⑩ ㅆ : 쓰다<上:8a> 쌍ᄇᆡ<上:60a> 싸호다<上:63a> 셩ᄊᆞᆫ ᄆᆞᆯ<下:29b> 싸호다<下:30b> 디달싸다<下:34a> ᄊᆞ눈<補:2b> 쏫다<補:6b> 여섯 쌍<補:36a> ᄎᆞᆯᄊᆞᆯ<補:42a> ᄊᆞᆯ아기<補:42b>

2. 語末子音에 ㄷ 이 표기되어 나타난다.

닫<下:20b> 닫줄<下:20b, 下:21a>

3. 다음과 같이 『譯語類解』와 『譯語類解補』에서 나타나는 표기상의 차이를 보이면 다음과 같다.

ᄠᅥ러디다<上:53b>~ᄶᅥ러지다<補:24a>, ᄠᆞ로ᄂᆞᆫ<下:4b>~ᄯᆞ로다<補:57b>, ᄠᅳᆷ ᄠᅳ다<上:63b>~ᄯᅳᆷ질ᄒᆞ다<補:35a>, ᄠᆞᆯ기<下:41a>~ᄯᆞᆯ기<補:31a>, 뼈<上:32b>~ᄲᅧ<補:22a>, 빠히다<上:64a>~ᄲᅡ히다<補:28b>, ᄢᅴ다<上:5b>~ᄢᅴ여<補:45b>, ᄡᅩᆺ<上:34a>~ᄢᅩᆺ<補:16a>

4. 『譯語類解』에서 나타나지 않던 口蓋音化의 표기가 『譯語類解補』에서 나타난다. 그 일례를 들면 다음과 같다.

됴흔<上:7a>~죠흔<補:9b>, 견ᄃᆡ디<上:38b>~견ᄃᆡ지<補:56b>, 딧튼<下:4a>~짓튼<補:40a>, ᄆᆡ티다<上:15a>~ᄆᆡᆺ치다<補:4b>, 모디다<下:47a>~모진ᄇᆞ람<補:2a>, 믓티다<下:46b>~믓치다<補:12a>, 믄허디다<上:14b>~문허지다<補:5a>, 밀티다<下:47a>~밀치다<補:26a>, ᄲᅡ뎌<下:50a>~ᄲᅡ지다<補:16b>, ᄇᆡ뎝<上:46b>~ᄇᆡ졉ᄒᆞ다<補:14b>, 소옴티<下:32b>~소옴치<補:49a>, 디다<上:1b>~지다<補:1b>, 뎌<下:43a>~져<補:57b>, 이리뎌리<下:43b>~이리져리<補:59b>, 티다<上:2a>~치다<補:4a>, 터디다<下:51b>~터지다<補:4b>

5. 語中의 ㅅ 을 표기하는 방법은 두 語辭 사이에 표기하는 방법, 先行音節의 끝에 붙여 쓰는 방법, 後行音節의 初聲에 붙여 쓰는 방

법 등이 있다. 『譯語類解』나 『譯語類解補』에서는 위의 세 가지 표기 방식을 다 보이고 있다.

① 어중에 표시한 것 : 개ㅅ버들<補:50b> 계ᄌᆞㅅᄀᆞᄅᆞ<上:52b> 고기ㅅ가ᄉᆡ<下:38b> 고기ㅅ덩이<補:30b> 굴ㅅ독<上:18b> 귀ㅅ구무<補:21b>귀ㅅ구무<上:33a> 귀ㅅ뎐 <補:21b> 귀ㅅ바회<上:33a> 귀ㅅ밥<上:33a>귀ㅅ젼<上:33a>글ㅅ방<補:12b>금은ㅅ덩이<補:38b> 긔ㅅ대<補:10b> 나모ㅅ결<補:51a> 나모ㅅ공이<補:51a> 나모ㅅ등걸<下:43a> 나모ㅅ진<補:51a> 나조ㅅ겻<補:3b> 낙시ㅅ대<補:17b> 낙시ㅅ밥<補:17b> 낙시ㅅ줄<補:17b> 녀름ㅅ깃<補:28a> 년근ㅅᄀᆞᄅᆞ<補:31a> 눈ㅅ곱<上:32b> 눈ㅅ두에<上:32b> 눈ㅅ물<上:33a> 눈ㅅ부텨<上:32b> 눈ㅅ섭<上:32b> 니마ㅅ 두쌜<上:32b> 니마ㅅ박<上:32b> 니ㅅ므음<上:33b> 니ㅅ블회<上:33b> 니ㅅ샷<補:21b> 다리ㅅᄆᆞᄅᆞ<上:36a> 대쵸ㅅᄃᆡ<補:44a> 두다리ㅅᄉᆞ이<補:22a> 듕인ㅅ갑<上:42a> 들ㅅ보<補:12b> ᄃᆞ리ㅅ구무<補:11a> ᄃᆞ리ㅅ기동<補:11a> ᄃᆞ리ㅅ 난간<補:11a> ᄃᆞ리ㅅ보<補:11a> ᄃᆞ림ㅅ줄 <補:45a> 돌ㅅ별리<補:38a> ᄃᆡ패ㅅ밥<補:45a> 마ᄂᆞᆯㅅᄏᆞ다<下:12b> 마리ㅅ가마<上:32a> 매ㅅ자곡<補:35a> 매ㅅ즁쇠<補:16b> 매ㅅ즁쇠<補:43b> 뫼ㅅ갊<補:5a> 뫼ㅅ고개<補:4b> 뫼ㅅ골<上:6a> 뫼ㅅ굴<補:5a> 뫼ㅅ굴헝<上:6a> 뫼ㅅ굿<上:6a> 뫼ㅅ길<補:5a> 뫼ㅅ두던<補:4b> 뫼ㅅ뒤<補:5a> 뫼ㅅ등<補:4b> 뫼ㅅ밋<上:6a> 뫼ㅅ봉<補:4b> 뫼ㅅ틈<補:5a> 뫼ㅅ허리<上:6a> 문ㅅ간방<補:12b> 문ㅅ장<補:13b> 밀ㅅ기울<補:42a> 밤ㅅ등<上:36a> 밧ㅅ마당<上:36a> 벼개ㅅ놀<上:18a> 벼개ㅅ모<下:15b> 보리ㅅ십<補:42b> 보ㅅ부츨나모<下:7b> 부레ㅅ 도관<補:44b> 불ㅅ거웃<上:35b> 불ㅅ줄기<上:35b> ᄇᆡㅅᄃᆞ리<下:22a> ᄇᆡㅅ보록<上:35a> ᄲᅵㅅ텨타<下:8a> 삳ㅅ대<上:21b> 삳ㅅ짓<上:21b> 샹도ㅅ군<補:27b> 손ㅅ금<上:34b> 손ㅅ돕<上:34b> 손ㅅ등<上:34b> 손ㅅ바당<上:34b> 손ㅅ벽 티다<下:46a> 손ㅅ샷<上:34b> 술위ㅅ 동모<補:46b> 슈쥬ㅅ고오리<下:14a> ᄡᅬㅅ고리<補:47b> ᄡᅳᆷㅅ단지<補:35a> 안ㅅ손님<補:33a> 외ㅅ손<補:50b> 외자ㅅ장<補:38a> 우릐ㅅ소릐

<上:2a> 은ㅅ뎡<補:27a> 잔ㅅ듸<補:43a> 쟝마ㅅ비<補:2b> 절구ㅅ고<補:43b> 조을ㅅ갈기<補:48a> 즁ᄆᆡㅅ갑<補:27a> 좀ㅅ귀붉다<補:26b> ᄌᆡㅅ믈<補:29a> 쳥ㅅ길 <補:36b> 쳥ㅅ깃<上:45b> 쵸ㅅ듸<補:44a> 코ㅅ구무<上:33a> 코ㅅ구무엣털<上:33a> 코ㅅ긋<上:33a> 코ㅅ대<上:33a> 코ㅅ도래<補:48b> 코ㅅ믈<上:33a> 코ㅅᄆᆞᄅᆞ<上:33a> 코ㅅ방올<補:21b> 파ㅅ죵지<補:42b> 피ㅅ집<補:42b> 풀ㅅ구머리<上:34b> 풀ㅅ댱 <上:39a> 헛틔ㅅ빙<上:35b> 혀ㅅ숫<上:34a> 皇帝ㅅ사회<上:26b> 皇后ㅅ 命<上:10b> 후리ㅅ그믈<補:17b> 후ㅅ보롬<補:3b> 흘림ㅅ장<補:38a> ᄒᆞᆫㅅ태구롬<補:2a> ᄒᆡㅅ귀엣골<上:1a> ᄒᆡㅅ모로<上:1a>

② 후행음절에 쓰는 것: 거림 ᄡᅦᆯ <上:6b> 관ᄡᅵᆫ <補:28a> 기름씌 업슨것 <下:53b> 덤벙이ᄂᆞᆫ ᄡᅵᆷ에<補:26b> 들ᄡᆡᆺ <下:19b> 못 먹을 ᄣᅥ시로다<上:54a> 믈ᄡᅧᆯ <上:7a> 볼ᄭᅵ<補:28a> 불솟<補:32a> 손ᄶᅡ락<上:34b> 손ᄡᅳᆸ에 고리<上:36b> 손ᄡᅳᆸ에 키<上:36b> 실ᄉᆞᆫ옴<下:3a> 혀ㅅ숫 <上:34a> 목줄씌 <上:34a> 발ᄯᅩᆸ 다돔다<上:48a> 손ᄯᅩᆸ 다돔다<上:48a> 술고조에 언ᄶᅡ <上:49b> 아랫풀ᄯᅩᆨ<上:34b> 안ᄶᅡ<上:40a> 웃풀ᄯᅩᆨ<上:34a> 잇ᄶᅡ가<補:58b> 저올ᄶᅢ <下:16a> 풀ᄯᅩᆨ <上:34a> 손ᄢᅡ당 티다<下:52a> 솜ᄲᅮᆯ 베히다<上:37a>

③ 선행음절에 쓰는 것 : 가온댓 門<上:8b> 구윗 明文<上:11b> 나죗 朝會<上:9a> 냇믈<上:7a> 댓무우<下:10b> 뒷간<上:19a> 뒷나모<上:19b> 뒷 솟동<下:20a> 뒷廳<上:9b> 들ᄡᆡᆺ대<下:10a> 믈렛 가락<下:18b> 믌고기젓<上:52a> 바닷믈<上:7a> 방핫고<下:16a> 방핫 몸ᄯᅩᆼ이<下:16b> 방핫 몸ᄯᅩᆼ이<下:16b> 방핫ᄉᆞᆯ게<下:16b> 방핫확<下:16b> 뵛 조각<下:7a> 부룻대<下:10a> 부쇳깃<下:18a> 부쇳돌<下:18a> ᄇᆡᆺ 겨티 젓ᄂᆞᆫ 나모<下:21a> ᄇᆡᆺ 고믈<下:21a> ᄇᆡᆺ 니믈<下:21a> ᄇᆡᆺ돗<下:21a> ᄇᆡᆺ돗대<下:21a> 술윗 난간<下:22b> 술윗 文書<上:12a> 슈슛대<下:10a> 입 아랫 나롯<上:34a> 입 웃나롯<上:34a> 집 뒷터<上:19a> 촛듸<下:16b> 홋조곰<上:3b>

參考文獻

金根洙(1962), 譯語類解, 國語國文學古書雜錄.

沈載箕(1991), 近代國語의 語彙體系에 대하여 -譯語類解의 分析을 중심으로-, 國語學의 새로운 認識과 展開 (金完鎭先生 回甲紀念論叢), 民音社.

鄭秀惠(1992), 譯語類解의 造語法 硏究, 德成女大 碩士學位論文.

福田和展(1989), 譯語類解中に'上同'と記された語彙について, 大東文化大學 外國語學會誌 18.

譯語類解 上

譯語類解 上

天文

譯이역語유유類뤼뤼解계계上샹샹

天텬텬文운문

天텬텬道닾땋 ○ 하놀

日시싕頭투뚱 ○ 히

太태태陽양양 ○ 上仝

日시싕頭투뚱上샹썅了랴럏 ○ 히돗다

日시싕頭투뚱發바봥紅훙훙 ○ 히곳비최다

日시싕暈윤윤 ○ 히ㅅ모로

日시싕圈쥔쥔 ○ 上仝

日시싕攔란란風봉봉 ○ 日暈ᄒᆞ면ᄇᆞ람잇다

日시싕蝕시씽 ○ ㅣ 日蝕

日시싕環환훤 ○ 히ㅅ귀엣골

日시싕頭투뚱歷야향山산산 ○ 히山에거디다

月웨웛兒술숧 ○ 돌

太태태陰인인 ○ 上仝

月웨웛明밍밍 ○ 돌ᄇᆞᆰ다

月웨웛亮량량 ○ 上仝

月웨웛暈윤윤 ○ 돌모로

譯語類解 上 一

月 웨 웽 圈 쿠 퀀 ○ 上仝

月 웨 웽 欄 란 란 雨 유 유 ○ 月暈ᄒᆞ면 비오다

月 웨 웽 蝕 시 씽 ○ ㅣ月蝕

天 텬 텬 河 히 ᄒᆡ ○ 銀河

月 웨 웽 兒 ᅀᆞᆯ ᅀᆞ 落 로 랍 了 랴 랼 ○ ᄃᆞᆯ디다

星 싱 싱 ○ 通稱별○北斗七星 南斗六星

流 릭 릳 星 싱 싱 ○ ᄡᅩ아가ᄂᆞᆫ별

賊 찌 쯩 星 싱 싱 ○ 上仝

明 밍 밍 星 싱 싱 ○ 새별

參 ᄉᆞᆫ 슨 兒 ᅀᆞᆯ ᅀᆞ ○ 參星

辰 친 찐 兒 ᅀᆞᆯ ᅀᆞ ○ 辰星

天 텬 텬 杠 강 강 ○ 므지게

虹 훙 훙 橋 꺄 꺌 ○ 쌍므지게

虹 훙 훙 霓 이 이 ○ 上仝

有 우 읻 風 봉 봉 ○ ᄇᆞ람잇다

起 키 키 風 봉 봉 ○ ᄇᆞ람니다

羊 양 양 角 교 갸 風 봉 봉 ○ 沙石놀리ᄂᆞᆫ 호로래ᄇᆞ람

旋 쉰 쉰 窩 오 워 風 봉 봉 ○ 호로래ᄇᆞ람

風 봉 봉 大 다 다 了 랴 랼 ○ ᄇᆞ람세다

風 봉 봉 住 쥬 쮸 了 랴 랼 ○ ᄇᆞ람자다

天文

無風 ○ 바람업다
五色雲彩 ○ 五色구름
雲黑了 ○ 구룸어득ᄒᆞ다
雲綻了 ○ 구룸흣터디다
雲開了 ○ 구룸것다
雷響 ○ 우뢰ㅅ소리
天鼓鳴 ○ 天動ᄒᆞ다
閃電 ○ 번게
霹靂火閃 ○ 별악
雷打了 ○ 별악티다
雷震 ○ 上仝
早霞 ○ 아ᄎᆞᆷ노올
晩霞 ○ 저녁노올
天旱 ○ ᄀᆞ므다
下雨 ○ 비오다
過路雨 ○ 쇠나기
驟雨 ○ 上仝
涷雨 ○ 上仝
濛鬆雨 ○ ᄀᆞ랑비
連陰雨 ○ 댱마비

霖 린린 雨 유유 ○ 上仝

雨 유유 晴 찡칭 了 럏랖 ○ 비개다

水 쉬쉬 漲 쟝쟝 發 방바 洪 훙훙 ○ 시위나다

水 쉬쉬 淹 연연 了 럏랖 ○ 믈ᄌᆞᆷ기이다

水 쉬쉬 沫 뭥뭐 子 즈즈 ○ 믈거품

露 루루 乾 깐깐 了 럏랖 ○ 이슬ᄆᆞ르다

罩 쟣쟢 霧 우우 ○ 안개세이다

着 쟣쟢 霜 솽솽 ○ 서리맞다

甜 텬텬 霜 솽솽 ○ ᄆᆞ서리

苦 쿠쿠 霜 솽솽 ○ 上仝

瓢 뺭퍞 倒 닿돠 雨 유유 ○ 박으로븟듯오ᄂᆞᆫ비

雨 유유 住 쮸쥬 了 럏랖 ○ 비머주ᄒᆞᆫ다

水 쉬쉬 滿 먼먼 漕 짷찬 ○ 上仝

水 쉬쉬 泡 팧퐈 ○ 믈방울

下 햐햐 露 루루 水 쉬쉬 ○ 이슬디다

下 햐햐 霧 우우 ○ 안개디다

霜 솽솽 打 다다 了 럏랖 ○ 서리티다

霜 솽솽 化 화화 了 럏랖 ○ 서리녹다

嚴 연연 霜 솽솽 ○ 된서리

花 화화 霜 솽솽 ○ 산고ᄃᆡ

時令

氷雹 빙빙 박빵 ○ 무뤼

下雹子 햐하 박빵 즈즈 ○ 무뤼오다

米粒子雪 미미 리링 즈즈 쉬쉥 ○ ᄡᆞᆯ눈

下雪 햐하 쉬쉥 ○ 눈오다

下大雪 햐하 다따 쉬쉥 ○ 눈만히오다

雪深 쉬쉥 신신 ○ 눈깁다

雪住了 쉬쉥 쥬쮸 랴랑 ○ 눈머즉ᄒᆞ다

雪晴了 쉬쉥 칭찡 랴랑 ○ 눈개다

雪化了 쉬쉥 화화 랴랑 ○ 눈녹다

時令 스씃 링링

春 츈츈 ○ 봄

夏 햐하 ○ 녀름

秋 칙칭 ○ ᄀᆞ올

冬 둥둥 ○ 겨올

今日 긴긴 시싱 ○ 오ᄂᆞᆯ

當日 당당 시싱 ○ 그날

昨日 조쫭 시싱 ○ 어제

夜來 여여 래래 ○ 上소

明밍밍日싀시 ○ 내일　前쳔쳔日싀시 ○ 그제

大따다前쳔쳔日싀시 ○ 긋그제　後흫후日싀시 ○ 모릐

外왜왜後흫후日싀시 ○ 글피　這져져箇거거月웨웨 ○ 이ᄃᆞᆯ

前쳔쳔月웨웨 ○ 거월　來래래月웨웨 ○ 來月ᄒᆞᆫ

月웨웨初추추 ○ 초싱　月웨웨半번번 ○ 보롬

上샹샹弦현현 ○ 첫조곰　下햐햐弦현현 ○ 훗조곰

月웨웨盡진진 ○ 그믐　盡진진頭듷투 ○ 上仝

大따다盡진진 ○ ᄃᆞᆯ이 커 그므다　小샾샾盡진진 ○ ᄃᆞᆯ이 져거 그므다

今긴긴年녠녠 ○ 올　頭듷투年녠녠 ○ 첫ᄒᆡ

舊깋구年녠녠 ○ 디난ᄒᆡ　往왕왕年녠녠 ○ 上仝

時令

年 년/년 時 스/쓰 ○ 젼년

前 쳔/젼 年 년/년 ○ 上仝

下 하/햐 年 년/년 ○ 닉년

開 개/개 年 년/년 ○ 上仝

明 밍/밍 年 년/년 ○ 上仝

年 년/년 節 져/졍 ○ 설

年 년/년 終 중/중 ○ 歲末

拜 배/배 年 년/년 ○ 歲拜

拜 배/배 節 져/졍 ○ 上仝

拜 배/배 歲 쉬/쉬 ○ 過歲問安

元 원/원 宵 샾/샹 ○ 正月보롬

上 샹/샹 元 원/원 ○ 上仝

打 다/다 春 츈/츈 ○ 立春노릇

寒 한/한 食 시/씽 ○ ㅣㅣ 寒食

清 칭/칭 明 밍/밍 ○ 上仝

端 된/된 午 우/우 ○ ㅣㅣ 端午

初 추/추 伏 부/봉 ○ ㅣㅣ 初伏

中 중/중 伏 부/봉 ○ ㅣㅣ 中伏

末 모/뫙 伏 부/봉 ○ ㅣㅣ 末伏

七 치/칭 夕 시/씽 ○ ㅣㅣ 七夕

譯語類解 二

中元 (중 중 / 원 원) ○ 백죵

重陽 (즁 즁 / 양 양) ○ 九月九日

冬至 (둥 둥 / 즈 즈) ○ 冬至 ᄢᅵ

臘八 (라 랑 / 바 방) ○ 臘月初八日

暮歲 (무 무 / 쉬 쉬) ○ 아ᄎᆞᆫ설

守歲 (식 싱 / 쉬 쉬) ○ 아ᄎᆞᆫ설밤 쇠오다

清早 (칭 칭 / 잔 잠) ○ 아ᄎᆞᆷ

早起 (잔 잠 / 키 키) ○ 上仝

狠早 (흔 흔 / 잔 잡) ○ 上仝

還早 (환 환 / 잔 잠) ○ 아직이르다

中秋 (중 중 / 칙 칠) ○ 가외

下元 (햐 햐 / 원 원) ○ 시월보롬

臘月 (라 랑 / 웨 웨) ○ 섯ᄃᆞᆯ

臘日 (라 랑 / ᅀᅵ ᅀᅵᆼ) ○ 납향날

除夜 (츄 쮸 / 여 어) ○ 아ᄎᆞᆫ설밤

天亮了 (텬 텬 / 량 량 / 랴 량) ○ 하ᄂᆞᆯ 밝다

早晨 (잔 잠 / 친 쳔) ○ 上仝

忒早 (퇴 퇴 / 잔 잠) ○ ᄀᆞ장이르다

老早 (랖 람 / 잔 잠) ○ 上仝

小晌午 (샾 샾 / 샹 샹 / 우 우) ○ 삿기낫

氣候

晌 샹샹 午 우우 ○ 낫

晌 샹샹 午 우우 錯 최초 ○ 낫계다

後 흫후 晌 샹샹 ○ 오후

晚 환완 夕 씽시 ○ 져녁

下 햐햐 晚 환완 ○ 上仝

白 뼁버 日 싕싀 ○ 볼근날

黑 횡허 夜 여여 ○ 밤

半 번번 夜 여여 ○ 밤늦

更 깅깅 漏 릏루 ○ 누슈

打 다다 更 깅깅 ○ 경뎜티다

攢 쭌쫜 點 뎐뎐 ○ 上仝

頭 뜰투 更 깅깅 ○ 초경

替 티티 更 깅깅 ○ 새경드다

幾 기기 時 씃스 ○ 언제

光 광광 景 깅깅 ○ 光陰

氣 키키 候 흫후

暖 눤눤 和 훠호 ○ 드스다

温 운운 和 훠호 ○ 上仝

炎 연연 天 텬텬 ( ) 덥다

天 텬텬 熱 셔셔 ( ) 上仝

天 텬텬 熰 우우 ( ) 훈우다

熰 우우 熱 셔셔 ( ) 무덥다

霧 우우 熱 셔셔 ( ) 上仝

涼 량량 快 쾌쾌 ( ) 서늘ᄒᆞ다

天 텬텬 冷 릉릉 ( ) 칩다

天 텬텬 寒 한한 ( ) 上仝

天 텬텬 陰 인인 了 랸럎 ( ) 하ᄂᆞᆯ 흐리다

天 텬텬 晴 칭칭 了 랸럎 ( ) 하ᄂᆞᆯ 개다

害 해해 熱 셔셔 ( ) 더위ᄐᆞ다

害 해해 冷 릉릉 ( ) 치위ᄐᆞ다

怕 파파 冷 릉릉 ( ) 치위젓타

害 해해 風 봉봉 ( ) ᄇᆞ람ᄡᅳ이다

冒 망망 風 봉봉 ( ) 上仝

向 향향 火 호회 ( ) 블ᄶᅬ다

爊 칸칸 火 호회 ( ) 上仝

地 디디 理 리리

地理

山頂 산산 딩당 ○ 뫼ㅅ곳

山底 산산 디디 ○ 뫼ㅅ밋

山壑 산산 허함 ○ 뫼ㅅ굴헝

峻嶺 쥰쥰 링링 ○ 上仝

盤石 펀뿬 시씽 ○ 上仝

緊坡子 긴긴 포풔 즈즈 ○ 가프론두던

陡坡子 두둥 포풔 즈즈 ○ ᄀᆞ장노픈두던

大路 다다 루루 ○ 큰길

小路 샾샾 루루 ○ 져근길

弓弦路 궁궁 현현 루루 ○ 上仝

山腰 산산 얀얀 ○ 뫼ㅅ허리

山峪 산산 유융 ○ 뫼ㅅ골

嶺頭 링링 투틍 ○ 고개

巖頭 연연 투틍 ○ 바회

尖峰 젼젼 붕붕 ○ 뾰롯혼봉

慢坡子 만만 포풔 즈즈 ○ 낫즉혼두던

野甸子 여여 뎐뎐 즈즈 ○ 드르

官路 권권 루루 ○ 上仝

抄路 찬찬 루루 ○ 즈름길

彎路 완완 루루 ○ 에옴길

弓背路 궁궁 븨븨 루루 ○上仝

直路 지찡 루루 ○바론길

斜路 셔셔 루루 ○빗근길

光路 광광 루루 ○판판호길

荒路 황황 루루 ○거츤길

涂路 차짜 루루 ○즌길

岔路 차차 루루 ○거림길

陷路 현혠 루루 ○쉬는길

路瀾 루루 란란 ○길쉬다

路泥 루루 니니 ○길즈다

路歹 루루 대대 ○길사오납다

路澁 루루 서싀 ○上仝

歹走 대대 주즁 ○도니기사오납다

十字街 시씽 즈쯔 계계 ○네거리

丁字街 딩딩 즈쯔 계계 ○세거리

衚衕 후후 퉁뚱 ○通稱골

活衚衕 호훵 후후 퉁뚱 ○ᄉ못눈골

死衚衕 스쏘 후후 퉁뚱 ○막다든골

凹子 와와 즈즁 ○우목호디

溝子 구궁 즈쯔 ○쇠공

地理

海 해해 枯 쿠쿠 ○ 바다믈여위다
潮 짷챂 退 퉤퉤 ○ 믈혀다

潮 짷챂 落 랗로 ○ 上仝
潮 짷챂 上 쌍샹 了 량랴 ○ 믈미다

漲 쟝쟝 潮 짷챂 ○ 上仝
江 걍걍 水 쉬쉬 ○ 강믈

河 허허 水 쉬쉬 ○ 냇믈
海 해해 水 쉬쉬 ○ 바닷믈

港 걍걍 汊 차차 ○ 藏舡處俗稱개
龍 룽룽 潭 딴탄 ○ 소

龍 룽룽 湫 잘작 ○ 龍소ᄂᆞᆫ디
池 찌치 塘 땅탕 ○ 못

津 진진 頭 뚱투 ○ 나르
一 이이 泓 훙웅 泉 쮠쵠 ○ 一口泉

波 뷔보 浪 랑랑 ○ 믈결
河 허허 沿 연연 ○ 믈ᄀᆞ ○河俗音호

水 쉬쉬 滸 후후 ○ 上仝
馬 마마 頭 뚱투 ○ 舡倉

埠 뿌부 頭 뚱투 ○ 비다혀흥졍ᄒᆞᄂᆞᆫ디
灘 탄탄 裡 리리 ○ 여흘

梢산삼裡리리 ○ 上仝

地디디灘탄탄 ○ 빙대 或云 벼ᄅ

氷빙빙牌패ᄲᅢ ○ 어름조각

氷빙빙凌링링 ○ 살어름

亮량랑氷빙빙 ○ 上仝

連련련氷빙빙 ○ 上仝

氷빙빙筏바빵子ᄌᆞᆺ즈 ○ 셩에

半번번氷빙빙 ○ 半氷

半번번凌링링 ○ 上仝

龍룽룽抓좌좌了랴럎 ○ 사태나다

盪탕탕流루링去큐큐 ○ 떠나다

漂퍞퍞流루링去큐큐 ○ 上仝

善션션水쉬쉬 ○ 므른믈

活호홯水쉬쉬 ○ 흐르는믈

死스ᄉᆞ水쉬쉬 ○ 끼인믈

緊긴긴水쉬쉬 ○ 센믈

旋쉰쉰窩오웡水쉬쉬 ○ 휘슈

水쉬쉬潤쥰윤了랴럎 ○ 윤습ᄒᆞ다

潮챠챻了랴럎 ○ 츅축ᄒᆞ다

放방방水쉬쉬 ○ 믈트다

宮闕

上堆 흙무디
陷坑 地陷
塡坑 굴헝메오다
掃地 싸다쓰나
窟井 우믈픠다
掘井 上仝
淘井 우믈츠다
窟壕 히자픠다
窟窖 굴픠다
石縫 돌틈
地窖 싸픠고穀食년눈디
窟窿 큰구무 ○ 小曰眼
浪柴 소삐
茅蕩 즌피리
蘆蕩 上仝
燒荒 벌블
海島子 섬

宮闕

内 뉘뉘 裡 리리 ○ 大闕
内 뉘뉘 府 부부 ○ 上仝

殿 뎐뎐 裡 리리 ○ 皇帝 겨신 ᄃᆡ
内 뉘뉘 苑 원원 裡 리리 ○ 大闕後苑

斡 와왕 兒 ᅀᆞᆯᅀᆞᆯ 朶 도더 ○ 太上皇 겨신 ᄃᆡ
朝 챠쟐 裡 리리 ○ 朝會 받ᄂᆞᆫ ᄃᆡ

中 즁즁 宮 궁궁 ○ 皇后 겨신 ᄃᆡ
東 둥둥 宮 궁궁 ○ 太子 겨신 ᄃᆡ

王 왕왕 府 부부 ○ 諸王 겨신 ᄃᆡ
正 징징 殿 뎐뎐 ○ 公事 ᄒᆞᄂᆞᆫ ᄃᆡ

正 징징 門 문문 ○ 가온 댓 門
王 왕왕 門 문문 ○ 諸王 ᄃᆞᆫ니ᄂᆞᆫ 門

左 조져 掖 이잉 門 문문 ○ 左夾門
右 익임 掖 이잉 門 문문 ○ 右夾門

主 쥬쥬 廊 랑랑 ○ 두녁 行廊
串 쳔쳔 廊 랑랑 ○ 上仝

御 유유 路 루루 ○ 皇帝 ᄃᆞᆫ니시ᄂᆞᆫ 길
陛 싱싱 殿 뎐뎐 ○ 殿坐 ᄒᆞ시다

擺 배배 班 반반 ○ 班列 셔다
班 반반 齊 지치 ○ 班列 整齊 ᄒᆞ다

官府

鳴 망밍 鞭 변변 ○ 태티다

受 씽쑤 朝 쨯챺 ○ 朝會밧다

免 면면 朝 챨챺 ○ 朝會아니밧바

晩 완완 朝 쨯챺 ○ 나죗朝會

退 튀퉤 朝 쨯챺 ○ 朝會믈러나다

上 썅샹 番 반반 ○ 番드다

攔 란란 馬 마마 木 몽무 ○ 闕門外紅馬木

官 권권 府 부부

衙 야야 門 믄믄 ○ 通稱마올

小 샹샾 衙 야야 門 믄믄 ○ 져근마올

打 다다 撻 떼댕 ○ 上仝 一云打淨鞭

有 잉악 朝 쨯챺 ○ 朝會계시다

早 짱잪 朝 쨯챺 ○ 아ᄎᆞᆷ朝會

罷 바바 朝 쨯챺 ○ 朝會못다

撤 쳐쳐 朝 쨯챺 ○ 停朝ᄒᆞ다

下 햐햐 番 반반 ○ 番나다

行 힝힝 馬 마마 ○ 上仝

大 다다 衙 야야 門 믄믄 ○ 큰마올

府 부부 ○ 外方큰마올

州 작 징 ○ 비ᄀᆞ고올

縣 현 혠 ○ 지ᄇᆞᆫ고올

衛 위 위 ○ 指揮使 잇ᄂᆞᆫ 마올

所 소 수 ○ 千戶 잇ᄂᆞᆫ 마올

遞 디 데 運 윤 윤 所 소 수 ○ 술위 ᄆᆞ음아ᄂᆞᆫ 마올

前 쳔 쪈 廳 팅 팅 ○ 앏廳

後 후 흫 廳 팅 팅 ○ 뒷廳

正 징 징 廳 팅 팅 ○ 坐起廳

甬 융 융 道 댤 땅 ○ 고ᄅᆞ路

正 징 징 道 댤 땅 ○ 上仝

甬 융 융 墻 챵 쨩 ○ 遮面墻

甬 융 융 壁 비 빙 ○ 上仝

影 잉 힝 壁 비 빙 ○ 大廳後板墻

廠 챵 챵 房 방 빵 ○ 工作廳

掌 쟝 챵 印 인 힌 官 권 권 ○ 읏듬官負

佐 조 저 貳 ᅀᆞᆯ 숭 官 권 권 ○ 버금官負

當 당 당 該 개 개 官 권 권 ○ 맛ᄐᆞᆫ官負

司 ᄉᆞ 슷 屬 슈 쓩 官 권 권 ○ 所屬官

卯 맢 맣 簿 부 뿌 ○ 公座簿

畫 화 홯 卯 맢 맣 ○ 公座簿에 일홈 두다

官府

- 文 운/문 卷 권/견 ○ 公事글월
- 坐 조/쭤 衙 야/야 ○ 坐起ᄒᆞ다
- 早 잔/잠 聚 쥬/쮜 ○ 일모다
- 稟 빈/빈 公 궁/궁 事 스/ᄉᆞ ○ 公事稟ᄒᆞ다
- 發 바/밯 放 방/방 ○ 公事出令ᄒᆞ다
- 發 바/밯 落 로/랖 公 궁/궁 事 스/ᄉᆞ ○ 公事ᄆᆞᆺ다
- 告 갇/깜 示 스/ᄉᆞ ○ 榜부티다
- 謄 둥/뜽 文 운/문 書 슈/슈 ○ 文書벗기다
- 壓 야/향 印 인/힌 ○ 印티다
- 押 야/향 子 즈/ᄌᆞ ○ 두슈
- 印 인/힌 ○ 印[illegible]
- 坐 조/쭤 堂 탕/땅 ○ 上ᄉᆞ
- 晚 완/완 散 산/산 ○ 늣게야罷ᄒᆞ다
- 承 칭/찡 奉 봉/봉 ○ 公事밧다
- 照 잔/쟌 例 리/리 ○ 前例로ᄒᆞ다
- 掛 과/꽈 榜 방/방 ○ 榜거다
- 查 차/짜 看 칸/칸 ○ 相考ᄒᆞ다
- 抄 찬/찹 文 운/문 書 슈/슈 ○ 文書빠버다
- 打 다/다 印 인/힌 ○ 上숨
- 押 야/향 了 랖/랗 ○ 두슈티다

畫字 화화 쯔즈 ○ 일홈두다

畫押 화화 야향 ○ 슈례두다

句喚 구궁 환환 ○ 公事로부ᄅᆞ다

雲板 윤윤 반반 ○ 以鐵作雲形開坐時先響之器

公式 궁궁 시싱

宣諭 쉰쉰 유유 ○ 皇帝닐ᄋᆞ시ᄂᆞᆫ 말솜

詔書 잔잘 슈슈 ○ 天下애알외시ᄂᆞᆫ 글월

開詔 캐캐 잔잘 ○ 詔書頒布ᄒᆞ다

勅書 치칭 슈슈 ○ 臣下애알외시ᄂᆞᆫ 글월

聖旨 싱싱 즈즘 ○ 聖旨ㅣ

旨意 즈즘 이히 ○ 上소

符驗 부뿌 연연 ○ 皇帝命마초ᄂᆞᆫ 글월

令旨 링링 즈즘 ○ 太子와諸王의 말솜

懿旨 이이 즈즘 ○ 皇后ㅅ命

誥命 갈강 밍밍 ○ 諸王封ᄒᆞᄂᆞᆫ 글월

冊封 처칭 붕봉 ○ 皇后以下封ᄒᆞᄂᆞᆫ 글월

赦書 서셔 슈슈 ○ 赦ᄡᅳᄂᆞᆫ 글월

頒赦 반반 서셔 ○ 赦書頒布ᄒᆞ다

皇曆 황황 리릴 ○ 皇曆ㅣ

公式

曆리링頭투뜰 ○上仝

頒반반曆리링 ○曆書頒布ᄒᆞ다

告고강身신신 ○가지

劄자쟝付부뷰 ○差帖

差채재批피피 ○上仝

帖텨텽文운믄 ○ᄒᆡ텨

照잔쟝會휘휘 ○알외다

表뱌뱡文운믄 ○皇帝ᄭᅴ엳ᄌᆞᆸ논글월

表뱌뱡章장장 ○上仝

箋젼젼文운믄 ○太子와諸王ᄭᅴ엳ᄌᆞᆸ논글월

奏주증本븐븐 ○皇帝ᄭᅴ公事로엳ᄌᆞᆸ논글월

啓키기本븐븐 ○太子ᄭᅴ公事엳ᄌᆞᆸ논글월

稟간강本븐븐 ○글월초

題티띠本븐븐 ○엳ᄌᆞᆸ논글월드리옵다

進진진本븐븐 ○上仝

奏주증下햐햐 ○엳ᄌᆞ와ᄂᆞ리다

本븐븐下햐햐 ○엳ᄌᆞ온글월ᄂᆞ리다

呈칭찡文운믄 ○呈文ᄒᆞ다

單단단目무뭉 ○物目뎍은것

呈칭찡單다단目뮤뭉 ○單子呈ᄒᆞ다

報單 (반방 단단) ○人馬數더은것

呈報單 (칭찡 반방 단단) ○다報單呈ᄒᆞ、

朝覲 (챠쟣 긴낀) ○諸侯ㅣ皇帝씌朝會ᄒᆞ다

慶賀 (킹깅 허해) ○ㅣㅣᄒᆞ다 慶賀

演禮 (연연 리리) ○習禮ᄒᆞ다

咨文 (즈조 운문) ○咨文ㅣ

呈狀 (칭찡 쟝쟝) ○所志呈ᄒᆞ다

申狀 (신신 쟝쟝) ○上소

告狀 (간갛 쟝쟝) ○上소

勘合 (간칸 허ᅘᅥᆸ) ○마초ᄂᆞᆫ글월

觧由 (계계 위ᅌᅵᇢ) ○交代ᄒᆞᄂᆞᆫ글월

文引 (운문 인인) ○行狀

公據 (궁궁 규규) ○구읫明文

撿子 (견견 즈즈) ○마촐글월

抄白 (챠챵 버ᄈᆡᆼ) ○傳書ᄒᆞᆫ白文

案驗 (안한 연연) ○ᄒᆞᆫ案

案司 (안한 스ᄉᆞ) ○上소

立劄 (리립 자잡) ○行移ᄒᆞᆫ本文

似本 (스ᄉᆞ 본븐) ○ᄀᆞ게傳書ᄒᆞᆫ글월

票帖 (반뱡 텨톙) ○뎨김

公式

說(쉬/숭)帖(텨/텽) ◯ 小錄 　名(밍/밍)帖(뎌/텽) ◯ ㅏㅣ 名帖

謝(셔/쎠)帖(텨/텽) ◯ ㅏㅣ 謝帖 　白(버/뻥)牌(패/빼) ◯ 先文

塘(탕/땅)報(봐/방) ◯ 파발 　飛(븨/븨)報(봐/방) ◯ 急히 報ᄒᆞᄂᆞᆫ글 월

牌(패/빼)子(즈/즈) ◯ ㅏㅣ 牌子 　批(피/피)文(운/믄) ◯ 路引

批(피/피)判(퓐/펀) ◯ 猶判下 　書(슈/슈)信(신/신) ◯ 유무

底(디/디)簽(쳐/쳥) ◯ 흘림文書冊 　故(구/구)紙(즈/즈) ◯ 휴지

踏(다/땅)勘(칸/칸) ◯ 드듸여마초와 보다 　驗(연/연)包(봐/방) ◯ 짐수험ᄒᆞ다

關(권/권)字(즈/즈) ◯ ㅣㅣ 關字 　馬(마/마)關(권/권)子(즈/즈) ◯ 몰文書

車(처/쳐)關(권/권)子(즈/즈) ◯ 술윗文書 　倒(닾/닿)關(권/권)子(즈/즈) ◯ 關子번뎍ᄒᆞ다

拜(배/배)帖(텨/텽) ◯ 名銜 　禮(리/라)帖(텨/텽) ◯ 上仝

官職

田帖 휘휘 텹뎌 ○ㅣㅣ 田帖

官職 권권 지징

文官 운믄 권권 ○東班

武官 우무 권권 ○西班

雜職 자짜 지징 ○ㅣㅣ 雜職

除官 츄쮸 권권 ○벼슬ᄒᆞ이다

顯官 현현 권권 ○時任

閑官 현현 권권 ○前銜

散官 산산 권권 ○上仝

罷閑 바바 현현 ○前銜되다

擡職 태때 지징 ○上仝

襲職 시씽 지징 ○祖上벼슬닛다

職事 지징 소쏘 ○實職

流官 릭릭 권권 ○流品

權官 권권 권권 ○權知

單官 탄딴 권권 ○上仝

土官 투투 권권 ○ㅣㅣ 土官

前程 쳔쪈 칭찡 ○通稱벼슬

祭祀

做官 주주 권권 ○벼슬ᄒᆞ다

陞官 싱싱 권권 ○벼슬돋다

禮上 리리 샹샹 ○出仕ᄒᆞ다

禮任 리리 신신 ○上순

欽差 긴긴 채채 ○皇旨로부리인이

考滿 캎캎 먼먼 ○箇月ᄎᆞ다

替代 티티 대때 ○벼슬마다

官銜 권권 힌현 ○官銜

祭祀 지지 스쓰

祭天 지지 텬텬 ○하ᄂᆞᆯ씌祭ᄒᆞ다

祭山川 지지 산산 춴춴 ○山川에祭ᄒᆞ다

祭四瀆 지지 스쓰 두뚱 ○四海神씌祭ᄒᆞ다

祭城隍 지지 칭찡 황뽱 ○城隍에祭ᄒᆞ다

祭太廟 지지 태태 먀먕 ○太廟에祭ᄒᆞ다

祭社稷 지지 셔쎠 지징 ○社稷에祭ᄒᆞ다

上墳 샹썅 분뿐 ○拜墓ᄒᆞ다

祭家廟 지지 갸갸 먀먕 ○祠堂에祭ᄒᆞ다

時祭 스쓰 지지 ○時祭

忌齋 기기 재재 ○忌祭

神主 씬신 쥬쥬 ○ 神主

迎神 잉잉 씬신 ○ 神靈맛다

燒紙 샿샾 즈조 ○ 紙錢ᄉᆞᆯ오다

讀祝 뚜두 쥬주 ○ 祭文닑다

進饌 진진 쫜좐 ○ 祭物밧ᄌᆞᆸ다

飲福 인인 부부 ○ 福酒먹다

城郭 칭칭 궈궈

皇城 황황 칭칭 ○ 都城

小城子 샿샾 칭칭 즈조 ○ 져근城

外羅城 왜왜 로로 칭칭 ○ 外城

影身 잉잉 신신 ○ 진영

點香 뎬뎬 향향 ○ 香픠오다

送神 숭숭 씬신 ○ 神靈拜送ᄒᆞ다

奠幣 뎬뎬 비비 ○ 幣帛드리다

享獻 향향 현현 ○ 盞밧ᄌᆞᆸ다

跳神 탈탈 씬신 ○ 굿ᄒᆞ다

大城子 따다 칭칭 즈조 ○ 큰城

城壕 칭칭 할할 ○ 城밋희ᄌᆞ

甕城 웅웅 칭칭 ○ 문마리온曲城

城郭

弓궁궁 家가갸 兒숼숼 ○ 城가긔

垜도뙤 口쿠쿻 ○ 上仝

接졔졍 陽양양 板반반 ○ 城가킈古 괴돌온널

門믄믄 樓루릏 ○ 門우희다락

懸현韓 門믄믄 ○ 門우희셔디위닷는門

扯쳐쳐 吊댜댱 橋챤걍 ○ 디웟다가것는ᄃᆞ리

烟연현 臺태대 ○ | | 烟臺

烟연현 墩둔둔 ○ 烽火니퓌오는듸

木무뭉 寨재쟤 ○ 나모셩

京깅깅 城칭찡 ○ 셔울

腹부봉 裡리리 ○ 京圻 ○ 南直隷 北直隷

砌치치 城칭찡 ○ 城ᄡᆞ나

關권권 門믄믄 ○ 門닷다

門믄믄 㰖산산 ○ 關門機木

鎖소숴 門믄믄 ○ 門ᄌᆞ무다

鎖소숴 子즈즈 ○ ᄌᆞ믈쇠

鎖소숴 殼교캉 ○ ᄌᆞ믈쇠겁질 ○ 一云 鎖소 袴쿠 子즈

鎖소숴 鬚슈슈 ○ ᄌᆞ믈쇠속 ○ 一云 鎖소 簧황 子즈

鑰요얍 匙ᄎᆞ쯔 ○ 엸쇠

開개캐 鎖소숴 ○ ᄌᆞ믄門여다

鐵텨톙鎖소숴 ○ 쇠사슬

口쿠킇子즈즈 ○ ㅣㅣ ㅁ子

口쿠킇外왜왜 ○ 口子밧

鋪푸푸舍셔셔 ○ ᄀᆞᆫ포

冷릉릉鋪푸푸 ○ 上仝

橋갸걍梁랑량

橋갸걍 ○ 通稱ᄃᆞ리

石시씽橋갸걍 ○ 돌ᄃᆞ리

板반반橋갸걍 ○ 널ᄃᆞ리

土투투橋갸걍 ○ 흙ᄃᆞ리

獨두뚱木무뭉橋갸걍 ○ 외나모ᄃᆞ리

略랴랑彴샤쟝橋갸걍 ○ 上仝

浮부뿡橋갸걍 ○ 믈에 ᄠᅴ워 노흔 ᄃᆞ리

跳탸댱過고궈橋갸걍 ○ 덩검ᄃᆞ리

梯티티子즈즈 ○ 사ᄃᆞ리

打다다橋갸걍 ○ ᄃᆞ리노타

塌타탕了랴량 ○ 믄허디다

修식싱橋갸걍 ○ ᄃᆞ리곳티다

學校

學 효 햫 校 햐 햫

學 효 햫 堂 탕 땅 ○ 글비호ᄂᆞᆫ듸

上 샹 썅 學 효 햫 ○ 學堂의가다

徒 투 뚜 弟 디 띠 ○ 弟子

敎 갼 걒 訓 휸 휸 ○ 上仝

上 샹 썅 字 즈 쯔 ○ 글듯다

念 년 년 書 슈 슈 ○ 글외오다

講 걍 걍 書 슈 슈 ○ 글강ᄒᆞ다

寫 셔 셔 倣 방 방 書 슈 슈 ○ 書品쓰다

對 뒤 뒤 句 규 규 ○ 聯句짓다

學 효 햫 裡 리 리 ○ 上仝

師 스 ᄉᆞ 傅 부 부 ○ 스승

敎 갼 걒 書 슈 슈 ○ 글ᄆᆞᄅᆞ치다

學 효 햫 書 슈 슈 ○ 글비호다

受 식 십 字 즈 쯔 ○ 上仝

背 븨 븨 書 슈 슈 ○ 上仝

寫 셔 셔 字 즈 쯔 ○ 글쓰다

作 조 잡 詩 스 ᄉᆞ ○ 글짓다

吟 인 인 詩 스 ᄉᆞ ○ 글읇다

下學 햐햐 햫효 ○學堂의 나리다

放學 방방 햫효 ○ 파學에셔 션비노타

散了 산산 랼랴 ○흐터디다

好文章 한한 운운 쟝쟝 ○글잘ᄒᆞ다

科舉 커코 규규

赴舉場 부부 규규 챵샹 ○試場에가다

鄉試 향향 ᄉᆞ스 ○鄉試 |

解試 계계 ᄉᆞ스 ○上仝

監試 견견 ᄉᆞ스 ○셔울初試

小考 샿샤 캎캬 ○上仝

會試 휘휘 ᄉᆞ스 ○會試 |

大考 따다 캎캬 ○上仝

廷試 띵팅 ᄉᆞ스 ○殿庭의셔뵈는 科舉

舉人 규규 신인 ○舉子

本事 븐븐 ᄉᆞ스 ○ᄌᆡ조

比試 비비 ᄉᆞ스 ○ᄌᆡ조밧다

考官 캎캬 권권 ○試官

學士 햫효 ᄉᆞ스 ○上仝

試題 ᄉᆞ스 디티 ○試題

科擧

出츄춯題티띠 ○ 出題내다

封봉붕彌미미官관관 ○ 封ᄒᆞᄂᆞᆫ官員

對뒤뒤讀두둥官관관 ○ 글닑ᄂᆞᆫ官員

中중중擧규규 ○ 及第ᄒᆞ다

中중중科코퀴 ○ 上仝

壯좡쫭元원원 ○ ㅣㅣ壯元

榜방방眼연연 ○ 둘재

聞운몬喜히히宴연연 ○ 恩榮宴

解계계元원원 ○ 鄕試壯元

頭두뜽踏다땅 ○ 前排戱子

試스씃卷권귄 ○ 글지은명지

謄등뜽錄루룽官관관 ○ 글벗기ᄂᆞᆫ官員

黃황횅榜방방 ○ 科擧ㅅ榜

應잉잉擧규규 ○ 上仝

下햐햐第디띠 ○ 科擧디다

第디띠一이잉甲갸걍 ○ 科擧一等

探탄탄花화회郞랑랑 ○ 셋재

附부뿌榜방방 ○ 恩賜及第

下햐햐科코쿼 ○ 오ᄂᆞᆫ科擧

屋宅 우 훙 저 쪙

房子 방 빵 즈 즈 ○ 通稱집

尾房 와 화 방 빵 ○ 디세집

草房 찬 찰 방 빵 ○ 초개집

正房 정 징 방 빵 ○ 몸채

臥房 오 어 방 빵 ○ 자ᄂᆞᆫ방

客位 커 킁 위 위 ○ 손령

樓房 루 릏 방 빵 ○ 다락집

屋裡 우 훙 리 리 ○ 집안

廚房 츄 쭈 방 빵 ○ 飮食ᄃᆞᆯ오ᄂᆞᆫ집

庖廚 팦 빵 츄 쭈 ○ 上仝

庫房 쿠 쿠 방 빵 ○ 잡자ᄇᆞᆫ것들ᄯᅮᄂᆞᆫ집

廂房 샹 샹 방 빵 ○ 翼廊

披屋 피 피 우 훙 ○ 挾室

披廈 피 피 사 사 ○ 上仝

茶房 차 짜 방 빵 ○ ㅣㅣ 茶房

花房 화 화 방 빵 ○ 花草ᄯᅮᄂᆞᆫ집

地塘板 디 띠 당 땅 반 반 ○ 마루

地平板 디 띠 평 삥 반 반 ○ 上仝

屋宅

平房子 핑삥 방빵 즈ᄌᆞ ○ 모ᄅᆞ업시、편히ᄒᆞᆫ집

凉棚 량량 풍뽕 ○ 가개

高房 오워 방빵 ○ 산막

高鋪 오워 푸푸 ○ 上소

草廈 찰참 사사 ○ 초막

窨子 인힌 즈ᄌᆞ ○ 움

寬房子 퀀퀀 방빵 즈ᄌᆞ ○ 너른집

窄房子 처칭 방빵 즈ᄌᆞ ○ 좁은집

蓋房子 개개 방빵 즈ᄌᆞ ○ 집짓다

窊瓦 와화 와화 ○ 디새니다

苫房子 션션 방빵 즈ᄌᆞ ○ 새니다

㼧瓦 퉁뚱 와화 ○ 수디새

仰瓦 양양 와와 ○ 암디새

貓頭瓦 마맣 투뚷 와왕 ○ 막새

獸頭 쉬싷 투뚷 ○ 줏개

磉石 상상 시싱 ○ 쥬츄돌 ○ 又叫 柱츄頂딩石시

磉墩 상상 둔둔 ○ 上소

停柱 팅띵 쥬쥬 ○ 가동

椽 쳔쮠 ○ 혀

脊檁 지찡 량량 ○ ᄆᆞᄅᆞ、

過樑 고거 량량 ○ 들보

樑 량량 ○ 보

檁 린린 ○ 납

托檁 토탈 린린 ○ 당혀도리

桁條 힝헝 툐턒 ○ 당히

斗拱 두둥 궁궁 ○ 대공

博風 봐밥 봉붕 ○ 박공

短柱 돤뒨 쥬쥬 ○ 동조기동

叉竪 차차 슈슈 ○ 자슈

筍子 슌슌 즈조 ○ 당부

筍插 슌슌 차차 ○ 아조바곤당부

楔子 셔셩 즈조 ○ 쇠야기

橛子 궤궤 즈조 ○ 말ᄯᅮᆨ

鋪板 푸푸 반반 ○ 블로서슬ᄭᅥ다

鋪簾 푸푸 련련 ○ 발로서슬ᄭᅥ다

天窓 텬텬 촹창 ○ 우러리窓

吊窓 댶댱 촹창 ○ 들窓

硬窓 잉잉 촹창 ○ 븟바기窓

窓扇 촹창 션션 ○ 窓ᄇᆞ작

雙扇 솽상 션션 ○ 가ᄅᆞ다디

屋宅

- 單扇 단단 션션 ○ 외다디
- 雙窓 쌍쌍 창창 ○ 雙窓ㅣㅣ
- 窓骨子 창창 구궁 즈즈 ○ 窓살
- 鏂鈸 큐쿵 슈숑 ○ 바목
- 門扇 믄믄 션션 ○ 門짝
- 門框 믄믄 쾅쾅 ○ 門얼굴
- 門縫 믄믄 봉뽕 ○ 門틈
- 板門 반반 믄믄 ○ 널門
- 稍門 샾샹 믄믄 ○ 살입門
- 撐門 충충 믄믄 ○ 門고요다
- 亮窓 량량 창창 ○ 살업순窓
- 窓櫺 창창 리링 ○ 窓가온대션엇
- 槅子 거긔 즈즈 ○ 上숲
- 釣鈵 랸량 댜냥 ○ 걸새
- 門柱 믄믄 쥬쥬 ○ 門기동
- 門坎 믄믄 칸칸 ○ 門디방
- 門斗 믄믄 두뚷 ○ 門지도리
- 笆籬門 바바 리리 믄믄 ○ 바조門
- 門枕石 믄믄 진신 시씽 ○ 門벼개ᄉ돌
- 楔門 셔셩 믄믄 ○ 門에쇠야기새오다

譯語類解 上 十八

開 캐캐 門 믄믄 ○ 門여다

眼 얀연 者 저저 開 캐캐 ○ 門반만여다

竈 잪잪 火 호훠 門 믄믄 ○ 부억아귀

房 방빵 簷 언연 ○ 집기슭

打 다다 炕 캉캉 ○ 구들ᄂᆞ리다

土 투투 炕 캉캉 ○ 흙구들

活 훠훵 炕 캉캉 ○ 블ᄣᆡᄂᆞᆫ구들

仰 양양 泥 니니 ○ 앙벽ᄒᆞ다

糊 후후 塗 투투 ○ 上仝

氈 전전 房 방빵 子 즈즈 ○ 기온집니ᄅᆞ히다

大 다따 開 캐캐 ○ 門훤히여다

腰 얖얍 栓 솬산 子 즈조 ○ 門빗댱

烟 연연 洞 둥뚱 ○ 굴ᄯᅩᆨ ○ 或呼 烟연 窗창

滴 디딩 水 쉬쉬 簷 연연 ○ 쳠하

作 조좌 炕 캉캉 ○ 上仝

死 ᄉᆞ쓰 炕 캉캉 ○ 블못ᄣᆡᄂᆞᆫ구들

和 호훠 泥 니니 ○ 흙니기다 ○ 泥或作坭

糊 후후 墻 챵쨩 ○ ᄇᆞᄅᆞᆷᄇᆞᄅᆞ다

糊 후후 窗 창챵 戶 후후 ○ 窓ᄇᆞᄅᆞ다

院 원원 落 로랖 ○ 뜰

屋宅

擺椽 배배 촨좐 ○ 혀거다

浮篷 부뿌 풍뽕 ○ 초개집의여거 띄위앉반ᄌᆞ

仰板 앙양 반반 ○ 널로앉반ᄌᆞ

遮陽 저저 양양 ○ 遮陽 ｜｜

閣板子 거궈 반반 즈즈 ○ 선반

書襻 슈슈 판판 ○ 고비

紙窩子 즈즈 오워 즈즈 ○ 고삭고비 ○ 紙俗音짓

石灰 시씽 휘휘 抿抿 민민 ○ 회솔다

石階 시씽 계계 ○ 돌섬

階級 계계 기깅 ○ 섬서흐레

階臺 계계 태때 ○ 上仝

鋪磚 푸푸 좐좐 ○ 벽ᄭᆞ다

後院 후흫 원원 ○ 집뒷터

果園 고궈 원원 ○ 果園 ｜｜

菜園 채채 원원 ○ 菜園 ｜｜

井眼 징징 연연 ○ 우물

枯井 쿠쿠 징징 ○ 여윈우물

笆子 바바 즈즈 ○ 바조

笆籬 바바 리리 ○ 上仝

淨房 징찡 방빵 ○ 뒷간

茅房 ◯ 上仝
後桶 ◯ 馬桶

茅紙 ◯ 뒷씻는죠희
草紙 ◯ 上仝

揩屁棍 ◯ 뒷나모
馬房 ◯ 몰오향

馬槽 ◯ 몰구유
牛欄 ◯ 쇠우리

羊圈 ◯ 羊의우리
羊牢 ◯ 上仝

猪圈 ◯ 돗희우리
狗窩 ◯ 개자리

鷄窩 ◯ 닭의자리
鷄栖 ◯ 上仝

鵝欄 ◯ 거유우리
鴨欄 ◯ 올희우리

鴿子窩兒 ◯ 비돌기집
鷰窩兒 ◯ 져븨집

鐵匠爐 ◯ 대장의풀무
放砂爐 ◯ 쇠불리는풀무

風(붕/봉)匣(햐/햡)爐(루/루) ○ 골풀무
瓦(와/와)窰(야오/얗) ○ 디새굽는굴

甌(강/강)窰(야오/얗) ○ 독굽는굴

教(갸오/걍)閱(위에/웡)

教(갸오/걍)場(챵/쨩) ○ 習陣ᄒᆞᄂᆞᆫ디
墩(둔/둔)子(즈/즈) ○ 人形ᄒᆞᆫ무겁

隊(뒤/뛰)墻(챵/쨩) ○ 軍士셔ᄂᆞᆫ담
作(조/좡)隊(뒤/뛰) ○ 隊짓다

下(햐/쌰)教(갸오/걍)場(챵/쨩) ○ 習陣ᄒᆞ다
操(챠오/찰)練(련/런) ○ 上仝

竪(슈/쓔)旗(키/끼) ○ 旗셰우다
吹(취/취)號(하오/향)頭(투/뜰) ○ 號令ᄒᆞᄂᆞᆫ 쥬라부다

吹(취/취)哱(보/뽕)囉(로/리) ○ 쥬라부다
吹(취/취)喇(라/랑)叭(바/팡) ○ 라발부다

吹(취/취)簫(샤오/샹) ○ 太平簫부다
吹(취/취)鎖(소/쉬)喇(라/랑) ○ 上仝

放(방/방)砲(파오/팡) ○ 불노타
打(다/다)鼓(구/구) ○ 북티다

鼓 구구 噪 산상 ○북티고들우레다

按 안한 伏 부뿡 ○上仝

扯 쳐쳐 弓 궁궁 ○활ᄃᆞ릐다

射 시씽 箭 젼젼 ○활ᄡᅩ다○或曰射箭

中 중중 了 랼량 ○맛다○一云着了

大 다다 了 랼량 ○살넘다

歪 왜왜 了 랼량 ○살기우로가다

高 갚강 些 서셔 兒 숄숤 ○져기놉다

箭 젼젼 搖 얀양 到 댜당 ○살근ᄃᆞ겨가다

把 바바 子 즈즘 紅 훙흥 心 신신 ○貫革

埋 매매 伏 부뿡 ○伏兵ᄒᆞ다

跑 팦빤 馬 마마 ○몯돌리다

開 캐캐 弓 궁궁 ○上仝

射 시씽 垛 도뙤 子 조즘 ○솔ᄡᅩ다

不 부붕 着 쟢쟣 ○못맛다○一云不中

小 샾샹 了 랼량 ○살ᄢᅥ디다

撒 사샹 過 고궈 ○살저어가다

低 디디 些 서셔 兒 숄숤 ○져기ᄂᆞᄌᆞ다

竄 촨촨 到 댜당 ○上仝

布 부부 棚 픙뻥 把 바바 子 조즘 ○솔

軍器

戳 쵸 촬 鎗 창 챵 ○ 창디르기ᄒᆞ다

放 방 방 軍 균 균 ○ 軍士놋타

軍 균 균 器 키 키

頭 투 듣 盔 퀴 퀴 ○ 투구

明 밍 밍 甲 갸 걍 ○ 水銀甲

鐵 텨 텽 甲 갸 걍 ○ 上仝

順 슌 쓘 刀 닾 당 ○ 短劍

弓 궁 궁 弰 샾 샾 ○ 활고재

弓 궁 궁 彄 쿠 쿵 子 즈 즈 ○ 활오뇌

弓 궁 궁 拿 나 나 子 즈 즈 ○ 도지게

搞 캎 캎 賞 샹 샹 ○ 軍士賞주다

撒 사 상 開 캐 캐 ○ 흣터가다

明 밍 밍 盔 퀴 퀴 ○ 水銀으로광ᄒᆞᆫ 투구

甲 갸 걍 兒 술 숤 ○ 甲옷

腰 얖 향 刀 닾 낭 ○ 長劍

弓 궁 궁 ○ 通稱활

弓 궁 궁 弝 바 바 ○ 활좀

弓 궁 궁 弦 현 현 ○ 활시위

弓 궁 궁 弭 면 면 子 즈 즈 ○ 활도고리

鋪 푸 푸 筋 긴 긴 ○ 활에 힘올리다

上 상 쌍 弓 궁 궁 ○ 활짓다

箭 젼 젼 ○ 通稱살

箭 젼 젼 口 쿠 쿵 ○ 살오니

翎 링 링 箭 젼 젼 ○ 살ㅅ짓 짓다 ○ 或云 鮍 반 翎 링

箭 젼 젼 鏃 추 충 ○ 上仝

三 산 산 叉 차 차 箭 젼 젼 ○ 세갈고리살

艾 애 애 葉 여 영 箭 젼 젼 ○ 艾葉箭

響 향 향 樸 부 봉 頭 투 뜽 ○ 제오도리

弓 궁 궁 韃 차 차 袋 대 때 ○ 활녀ᄂᆞᆫ동개

炕 캉 캉 弓 궁 궁 ○ 활블화ᄒᆞ다

卸 셔 셔 弓 궁 궁 ○ 활브리오다

箭 젼 젼 竿 간 긴 ○ 살ㅅ대

箭 젼 젼 翎 링 링 ○ 살ㅅ짓

箭 젼 젼 頭 투 뜽 ○ 살밋

鈚 피 피 子 조 조 箭 젼 젼 ○ 셔부조살

虎 후 후 爪 잔 잘 ○ 上仝

樸 부 붕 頭 투 뜽 ○ 고도리

弓 궁 궁 箭 젼 젼 撒 사 상 袋 대 때 ○ 궁뎌동개

箭 젼 뎐 韃 사 사 袋 대 때 ○ 살녀ᄂᆞᆫ동개

軍器

弓 궁궁 䩆 잔잠 子 조조 ○ 활우비

箭 젼젼 䩆 잔잠 子 조조 ○ 살우비

箭 젼젼 裙 균균 ○ 화살 차 는 치마

縚 팅팅 帶 대대 ○ 腰帶

鎗 챵챵 ○ 槍|

火 호훠 銃 츙충 ○ 호통

鳥 냐냐 銃 츙충 ○ 됴춍 ○ 一云 鳥鎗 창

炒 먀먀 鎗 챵챵 ○ 上仝

鉤 구궁 子 조조 ○ 걸 경쇠

包 밮밝 指 조조 ○ 헐거질

扮 반반 指 조조 子 조조 ○ 깍지

掛 과과 纓 잉잉 ○ 독

掛 과과 子 조조 ○ 上仝

寶 밮밝 纛 두둥 ○ 天子의 세오ᄂᆞᆫ 독

皂 잔짱 纛 두둥 ○ 독 諸侯의 세오ᄂᆞᆫ

挨 해해 牌 패패 ○ 방패 ○ 一云 團牌 패

箭 젼젼 璪 도더 子 조조 ○ 살무검무 온디

起 키키 火 호훠 箭 젼젼 ○ 장긔젼

將 쟝장 軍 균균 砲 팡팡 ○ 軍中에 以機發石砲

刀 댱댱 斗 두둥 ○ 軍中晝炊夜擊之器

古(구구)孫(도티) ○ 보리와리

田(뎐뎐)漁(유유)

打(다다)圍(위위) ○ 산영ᄒᆞ다

放(방방)鷹(잉잉) ○ 매놋타

打(다다)青(칭칭)帳(장장) ○ 프지게티다

漁(유유)戶(후ᅘᅮ) ○ 漁父

下(하ᅘᅣ)網(왕망)子(조조) ○ 그믈티다

網(왕망)綱(강강) ○ 그믈별이

網(왕망)脚(교갸)兒(ᅀᅳᆯᅀᅳ) ○ 그믈봇

釣(됴댱)鉤(구궁) ○ 낙시

獵(려령)戶(후ᅘᅮ) ○ 산장이

打(다다)捕(부ᄇᆞ) ○ 즘ᄉᆡᆼ잡다

誘(우잉)子(조조) ○ 밋셩

下(하ᅘᅣ)梁(링량)子(조조) ○ 살미다

打(다다)扮(반반)罾(증즁) ○ 그믈티다

滉(황ᅘᅪᆼ)繩(싱싱) ○ 上仝

網(왕망)瓢(퍞뺭)兒(ᅀᅳᆯᅀᅳᆯ) ○ 그믈버곳

鉤(구궁)子(조조)倒(닾담)鬚(슈슈) ○ 낙시미ᄂᆞᆯ

館驛

下誘子 ○낙시밥

甜食 ○上仝 ○南話餌

魚叉子 ○고기디르ᄂᆞᆫ담화

釣魚 ○고기낙다

插魚 ○고기디르다

擡網 ○반도

拿魚 ○고기잡다

摩魚 ○고기더듬다

笊籠 ○고기잡ᄂᆞᆫ가리

館驛

館驛 ○站驛

馬驛 ○上仝

站裡 ○上仝

急遞鋪 ○急피傳ᄒᆞᄂᆞᆫ擺撥

館夫 ○使客答應ᄒᆞᄂᆞᆫ사ᄅᆞᆷ

厨子 ○厨子

馬牌 ○ᄆᆞᆯᄆᆞ음아ᄂᆞᆫ사ᄅᆞᆷ

馬夫 ○ᄆᆞᆯ모ᄂᆞᆫ사ᄅᆞᆷ

驢牌 류류 패빼 ◯ 나귀ᄆᆞ올아ᄂᆞᆫ사ᄅᆞᆷ

驢夫 류류 부부 ◯ 나귀모ᄂᆞᆫ사ᄅᆞᆷ

糧庫子 량량 쿠쿠 조조 ◯ 穀食ᄆᆞ올아ᄂᆞᆫ庫直

料庫子 랴랴 쿠쿠 조조 ◯ 馬料ᄆᆞ올아ᄂᆞᆫ庫直

草庫子 찬상 쿠쿠 조조 ◯ 馬草ᄆᆞ올아ᄂᆞᆫ庫直

鋪陳庫子 푸푸 친쩐 쿠쿠 조조 ◯ 鋪陳庫直

坐更的 조쭤 깅깅 디디 ◯ 更點티ᄂᆞᆫ사ᄅᆞᆷ

打更的 다다 깅깅 디디 ◯ 上仝

提鈴的 디디 링링 디디 ◯ 搖鈴ᄒᆞ여更도ᄂᆞᆫ사ᄅᆞᆷ

巡更的 쓘쓘 깅깅 디디 ◯ 更도ᄂᆞᆫ사ᄅᆞᆷ

叫更的 갼갼 깅깅 디디 ◯ 更부ᄅᆞᄂᆞᆫ사ᄅᆞᆷ

敲梆 캎캎 방방 ◯ 나모두드려更알외다

鞴鞍子 비삐 안안 조조 ◯ 기ᄅᆞ마짓다

鞴馬 비삐 마마 ◯ 上仝

摘鞍子 저쥥 안안 조조 ◯ 기ᄅᆞ마벗기다

雙馬 상상 마마 ◯ 밧븐제두ᄆᆞᆯ가져가ᄂᆞᆫ푸마

對馬 뒤뒤 마마 ◯ ᄆᆞᆯᄆᆞ다

換馬 환훤 마마 ◯ 上仝

套轡頭 탚탚 피피 투뚷 ◯ 굴릐씨다

麻轡頭 마마 피피 투뚷 ◯ 굴릐벗기다

倉庫

摘져짐纓피퍼頭투뚱 ◯ 上仝

上샹쌍了랴량嚼죠쟣子즈즈 ◯ 마십씨다

取츄츄了랴량嚼죠쟣子즈즈 ◯ 마합벗기다

扯치쳐鐙능능 ◯ 鐙子잡다

綴쥐쥐鐙등등 ◯ 上仝

壹이흥起키키 ◯ 호힝太

兩량량起키키 ◯ 두힝太

鋪푸푸盖개개 ◯ 나부자리

鋪푸푸鋪푸푸盖개개 ◯ 자리펴다

鋪푸푸陳친쩐 ◯ 上仝

打다다那나나路루루來래래 ◯ 어느길로온다

迷미미了랴량路루루 ◯ 길일타

悞우우了랴량路루루 ◯ 길머무다

收삭싱拾시씽鋪푸푸盖개개 ◯ 자리깃다

前쳔쩐站잔잔的디딩 ◯ 先站ᄒᆞ여가ᄂᆞᆫ이

倉창창庫쿠쿠

倉창창 ◯ 穀食녀흔ᄃᆡ

開캐개倉창창 ◯ 開倉ᄒᆞ다

上 샹상 糧 량량 ○ 穀食바티다

收 식싱 糧 량량 ○ 穀食밧다

監 견견 納 나낭 ○ 上仝

盤 펀뻔 糧 량량 ○ 反庫ᄒᆞ다 ○ 盤 或叫판

支 즈즛 糧 량량 ○ 穀食차하ᄒᆞ다

散 산산 糧 량량 ○ 上仝

關 권권 米 미미 ○ ᄡᆞᆯ트다

關 권권 糧 량량 ○ 上仝

對 뒤뒤 籌 착짷 ○ 사ᄉᆞᆷ마초다

過 고궈 籌 착짷 ○ 사ᄉᆞᆷ주다

量 량량 糧 량량 ○ 穀食되다

斗 두둫 量 량량 ○ 말로되다

斛 후ᅘᅮᇢ 起 키키 ○ 휘로되다

斗 두둫 子 즈ᄌᆞ 錢 쳔젼 ○ 말삭

脚 교걓 錢 쳔젼 ○ 삭갑

小 샾샿 脚 교걓 錢 쳔젼 ○ 倉밧긔내는삭갑

稅 쉬쉬 錢 쳔젼 ○ 글월벗긴갑

囤 둔둔 倉 창창 ○ 露積

寺 스ᄊᆞ 觀 권권

寺觀

寺 쓰스 院 원원 ○ 뎔
庵 한안 子 즈즈 ○ 上仝
禪 쳔쪈 堂 탕탕 ○ 좌션ᄒᆞᄂᆞᆫ듸
鼓 구구 樓 루룸 ○ 갓북도누
碑 븨비 殿 뎐뎐 ○ 비셴집
伽 캬꺄 藍 란란 ○ 浮屠所居
佛 보뿡 像 샹쌍 ○ 부텨 ○ 一云佛爺
供 궁궁 佛 보뿡 ○ 부텨공양ᄒᆞ다
齋 재재 僧 승승 ○ 즁이밧다
長 쟝쟝 老 랄랄 ○ 즁위ᄒᆞᄂᆞᆫ말

庵 안한 堂 탕탕 ○ 져근뎔
佛 보뿡 殿 뎐뎐 ○ 法堂
齋 재재 堂 탕탕 ○ 밥먹ᄂᆞᆫ집
鐘 중중 樓 루룸 ○ 쇠북도누
佛 보뿡 堂 탕탕 ○ 佛堂 | |
塔 타탕 兒 ᅀᆞᆯᅀᆞᆯ ○ 탑
拜 배배 佛 보뿡 ○ 부텨ᄭᅴ 저읍다
做 주주 好 할핳 事 스쓰 ○ 됴흔일ᄒᆞ다
壇 탄딴 主 쥬쥬 ○ 법쥬
和 호훠 尙 샹샹 ○ 通稱즁

尼姑 니니 구구 ○ 숭 ○ 尼俗呼이

行者 힝힝 저저 ○ 上仝

坐禪 조쬐 천쪈 ○ 佛法의正坐ᄒᆞ고 움즈기디아니타

念經 년텬 깅깅 ○ 經닑다

法師 바뽤 ᄉᆞ소 ○ 上仝

善友 션션 익잉 ○ 가ᄉᆞ

修行 식싱 힝힝 ○ 조심ᄒᆞ다

懺悔 찬찬 휘휘 ○ 改過ᄒᆞ야 뉘웃다

上香 샹쌍 향향 ○ 香밧ᄌᆞᆸ다

成道 징찡 다땅 ○ 得道ᄒᆞ다

沙彌 사사 미미 ○ 샹제

數珠 수수 쥬쥬 子 즈즈 ○ 념쥬

念佛 년년 보뽕 ○ ㅣㅣᄒᆞ다 念佛

道士 단땅 ᄉᆞ소 ○ ㅣㅣ 道士

道童 단땅 둥뚱 ○ ㅣㅣ 道童

修養 식싱 양양 ○ 修身養性

修真 식싱 진진 ○ 上仝

燒香 샾샹 향향 ○ 香픠오다

燒紙 샾샹 즈즈 ○ 죵희ᄉᆞᆯ오다 ○ 紙䥫呼징

布施 부부 ᄉᆞ소 ○ 보시ᄒᆞ다 ○ 一云 䞋錢 츤쳔

尊卑

捨施 서 셔 스 숭 ○ 픙ᄐᆡᆨᄒᆞ다

攙化 찬 창 화 화 ○ 동냥ᄒᆞ다

隨喜 취 쮜 히 히 ○ 귀경ᄒᆞ다

吹海螺 취 취 해 해 로 러 ○ 골와부다

打銅鈸 다 다 퉁 뚱 보 뽱 ○ 바라티다

打鼓 다 다 구 구 ○ 갓북티다

撞鍾 좡 장 중 중 ○ 쇠북티다

箬笠 요 샾 리 링 ○ 굴갓

袈裟 갸 갸 사 사 ○ 袈裟ㅣㅣ

涅槃 녀 녕 펀 뻔 ○ 成道ᄒᆞ죵죽다 ○ 槃俗呼반

圓寂 원 원 지 찡 ○ 죵죽다 ○ 燒之曰茶毗 차 비

羽化 유 유 화 화 ○ 道士죽다

尊卑 준 준 븨 비

皇帝 황 황 디 디 ○ 皇帝ㅣㅣ

上位 샹 썅 위 우 ○ 上仝

萬歲 완 완 쉬 쉬 ○ 上仝

官家 권 권 갸 갸 ○ 上仝

朝廷 챺 짷 팅 띵 ○ 上仝

皇太子 황 황 태 태 즈 조 ○ 皇太子ㅣㅣ

君 군군 王 왕왕 ○ 諸王

王 왕왕 妃 비븨 ○ ㅣㅣ 王妃

王 왕왕 孫 순순 ○ ㅣㅣ 王孫

駙 부부 馬 마마 ○ 皇帝ㅅ사회

閣 거거 老 랖랖 ○ 정승

宰 재재 相 샹샹 ○ 宰相 ㅣㅣ

朝 쟢챺 士 스스 ○ 上仝

貴 귀귀 人 신신 ○ 上仝

尊 존존 長 쟝쟝 ○ 얼운

妳 내내 妳 내내 ○ 각시님

殿 뎐뎐 下 햐햐 ○ 上仝

王 왕왕 子 즈즈 ○ ㅣㅣ 王子

王 왕왕 女 뉴뉴 ○ ㅣㅣ 王女

儀 이이 賓 빈빈 ○ 諸王의사회

丞 칭칭 相 샹샹 ○ 上仝

朝 쟢챺 官 관관 ○ 朝官 ㅣㅣ

大 따다 人 신신 ○ 노픈사ᄅᆞᆷ

官 관관 人 신신 ○ 벼슬ᄒᆞᄂᆞᆫ사ᄅᆞᆷ

使 스스 長 쟝쟝 ○ 노연

正 징징 娘 냥냥 子 즈즈 ○ 안해

尊卑

大 다 따 娘 냥 냥 子 즈 즈 ○ 上仝

小 샾 샾 娘 냥 냥 子 즈 즈 ○ 쳡 ○ 舊釋 고마

小 샾 샾 人 신 싄 ○ 낫가온사ᄅᆞᆷ

賤 젼 젼 人 신 싄 ○ 上仝

外 왜 왜 郎 랑 랑 ○ 셔리

序 슈 슈 班 반 반 ○ 外國사ᄅᆞᆷ ᄃᆡ접ᄒᆞᄂᆞᆫ사ᄅᆞᆷ

伴 번 뻔 當 당 당 ○ 跟隨人

頭 투 뜰 目 무 뭉 ○ 上仝

跟 근 근 馬 마 마 的 디 딍 ○ 물구죵

門 믄 믄 子 즈 즈 ○ 통인아ᄒᆡ

奴 누 누 婢 비 삐 ○ ㅣㅣ 奴婢

䑼 큐 큐 口 쿠 쿠 ○ 죵

奴 누 누 材 채 쨰 ○ 上仝

皂 잪 짬 隷 리 리 ○ 나장

牢 랖 랑 子 즈 즈 ○ 군뢰

班 반 반 頭 투 뜰 ○ 패두ᄉᆞ령

夜 여 여 不 부 붕 收 식 싱 ○ ᄉᆞ령

軍 균 균 民 민 민 ○ 百姓 ○ 一云 百비 姓싱 人인

餘 유 유 丁 딩 덩 ○ 軍士봉족

小 샾 샾 厮 ᄉᆞ ᄉᆞ ○ 아ᄒᆡ놈

丫頭 야야 투ᄐᆞᇢ ○ 마리다ᄒᆞᆫ계집아ᄒᆡ

人品 신싄 핀핀

秀才 식싁 재째 ○ 션비

聽令官 팅팅 링링 권권 ○ 軍官

歹人 대대 신싄 ○ 사오나온사ᄅᆞᆷ

癡人 치칭 신싄 ○ 어린사ᄅᆞᆷ

鬆漢子 숭숭 한한 즈ᄌᆞ ○ 섭섭ᄒᆞᆫ놈

端公 둰둰 궁궁 ○ 박ᄉᆞ

童靈哥 퉁뚱 링링 거거 ○ 태ᄌᆞ

相士 샹샹 스ᄊᆞ ○ 相보ᄂᆞᆫ사ᄅᆞᆷ

妮子 니니 즈ᄌᆞ ○ 계집년

將軍 쟝쟝 균균 ○ ㅣㅣ 將帥

好人 할화 신싄 ○ 용ᄒᆞᆫ사ᄅᆞᆷ

蠢人 츈츈 신싄 ○ 미혹ᄒᆞᆫ사ᄅᆞᆷ

憨頭 한한 투ᄐᆞᇢ ○ 上仝

飛膀子 뷔비 방방 즈ᄌᆞ ○ 남치도ᄃᆞᆫ사ᄅᆞᆷ

騷婆子 스ᄉᆞ 포ᄲᅥ 즈ᄌᆞ ○ 무당

頂童子 딩딩 퉁뚱 즈ᄌᆞ ○ 上仝

呪水的 착짐 쉬쉬 디듸 ○ 물에부작ᄒᆞᄂᆞᆫ이

人品

弄룽룽戲히히法바방的디딩 ○도섭ᄒᆞᆫ이

耍솨솨把바바戲히히的디딩 ○上仝

筭숸숸命밍명的디딩 ○上仝

山산산人신신 ○경ᄉᆞ

太태태醫이히 ○醫負

獸식싱醫이히 ○즘싱고티ᄂᆞᆫ사ᄅᆞᆷ

拐괘괘棍군군 ○눈ᄀᆞᆫ의막대

伶링링俐리리的디딩 ○上仝

老랖랖實시싱的디딩 ○고디식ᄒᆞᆫ이

勤긴긴謹긴긴的디딩 ○조심ᄒᆞᄂᆞᆫ이

變변변戲히히法바방的디딩 ○上仝

陰인인陽양양人신인 ○陰陽아ᄂᆞᆫ사ᄅᆞᆷ

筭숸숸卦과과的디딩 ○上仝

觀관권風봉봉水쉬쉬的디딩 ○上仝

大다다夫부부 ○上仝

老랖랖頭투투子즈즈 ○늘근사ᄅᆞᆷ

爽솽솽利리리的디딩 ○영노ᄒᆞᆫ이

細시시詳샹샹人신신 ○ᄌᆞ셔ᄒᆞᆫ사ᄅᆞᆷ

老랖랖成칭칭的디딩 ○上仝

詭귀귀詐자자的디딩 ○쳔변ᄒᆞᄂᆞᆫ이

詭譎的 ○上仝
蜢動的 ○점즉ᄒᆞ야

邋遢的 ○게으른놈
懶惰的 ○上仝

謊鬆的 ○거즛말ᄒᆞ고섭섭ᄒᆞ이
倴人 ○무ᄃᆞᆫᄒᆞᆫ사ᄅᆞᆷ

莊家 ○향ᄆᆞᆫ
派賴的 ○못ᄡᅳᆯ놈

胡癩的 ○上仝
奸猾的 ○간사ᄒᆞ야

撒謊的 ○거즛말ᄒᆞᄂᆞᆫ놈
諂佞的 ○아당ᄒᆞᄂᆞᆫ이

攢唆人 ○헌ᄉᆞᄒᆞᄂᆞᆫ사ᄅᆞᆷ
調嘴的 ○上仝

乖覺的 ○정셩업고공교로온놈
乜斜的 ○마옥ᄒᆞ야

用强的 ○셩악ᄒᆞᆫ이
好强的 ○上仝

蟒漢子 ○모리와든놈
矮子 ○난장이

人品

矬(쬐 초)漢(한 한)	킈 젹은 놈
長(쨩 챵)大(다 다)漢(한 한)	킈 큰 놈
光(광 광)頭(뚱 투)	上仝
光(광 광)嘴(쮜 쥐)子(즈 조)	鬚髯 업슨 사롬
瘦(숭 수)子(즈 조)	여윈 사롬
斜(셔 셔)眼(연 연)的(딩 디)	눈 흘긘 놈
瞎(햐 햐)子(즈 조)	上仝
矇(뭉 뭉)子(즈 조)	清盲
啞(야 야)吧(바 바)	上仝
齆(웅 웅)鼻(비 삐)子(즈 조)	코 머근 놈
矬(쬐 초)廝(亽 스)	上仝
禿(퉁 투)子(즈 조)	믠 머리
鬍(후 후)子(즈 조)	鬚髯 만흔 사롬
胖(팡 팡)子(즈 조)	술 씬 사롬
仰(양 앙)子(즈 조)	天上 보라기
瞎(햐 햐)廝(亽 스)	눈 먼 놈
明(밍 밍)杖(쨩 쟝)	소경의 막대
啞(야 야)子(즈 조)	벙어리
結(겨 겨)吧(바 바)子(즈 조)	더투어리ᄂᆞᆫ 놈
狼(랑 랑)鼻(비 삐)子(즈 조)	上仝

糟잔장鼻비삐子조즈 ○ 쥬복코

鱣자자鼻비삐子조즈 ○ 上仝

齙반방牙야야子조즈 ○ 니버든놈

豁호홯唇츈쥰子조즈 ○ 엇텽이

痆토뇌子조즈 ○ 곱댱이

龜귀귀腰얀햔子조즈 ○ 등구븐놈

蹶궤쿵子조즈 ○ 자ᄂᆞᆫ놈

地디띠不부붕平핑삥的디띵 ○ 上仝

痄쟤재子조즈 ○ 갈목업슨놈

齁후흫子조즈 ○ 흘근ᄂᆞ리ᄂᆞᆫ놈

歪왜왜嘴쥐쥐子조즈 ○ 부리기온놈

歪왜왜脖보뿡子조즈 ○ 목기온놈

癭잉잉脖보뿡子조즈 ○ 목에혹도든놈

疣우잉子조즈 ○ 혹도든놈

聾룽룽子조즈 ○ 귀먹은놈

粧좡좡聾룽룽的디띵 ○ 귀먹은톄ᄒᆞᄂᆞᆫ이

推퉤퉤啞야야的디띵 ○ 벙어린톄ᄒᆞᄂᆞᆫ이

風붕붕漢한한子조즈 ○ 미친놈

太태태監견견 ○ 고자위ᄒᆞᄂᆞᆫ말

內뉘뉘相샹샹 ○ 上仝

人品

火者 ○ 通稱 고자

空袴子 ○ 上仝

匠人 ○ 셩녕바치

樂工 ○ 풍뉴아치

養漢的 ○ 花娘

表子 ○ 굿나희

衏衏 ○ 女妓

寡婦 ○ 寡婦

曠夫 ○ 계집업슨놈

光棍 ○ 계집업고無賴호놈

屠牛的 ○ 뵈댱

宰牛的 ○ 上仝

屠戶 ○ 上仝

批頭的 ○ 마리빗기는이

剃頭的 ○ 마리ᄭᅡᆨ는이

掌櫃的 ○ 돈거도는主人

掌鞭的 ○ 馬主 牌頭

叫化子 ○ 거어지

乞討子 ○ 上仝

討飯的 ○ 上仝

敬重 깅깅 중즁

老大人 란랑 다따 신신 ○ 大人위ᄒᆞᄂᆞᆫ말

賢尊 현현 준쥰 ○ ᄂᆞᆷ의아비공경ᄒᆞᄂᆞᆫ말

老哥 랖랑 거거 ○ 兄위ᄒᆞᄂᆞᆫ말

老孃 랖랑 냥냥 ○ 어미위ᄒᆞᄂᆞᆫ말

老官人 랖랑 권권 신신 ○ 官人공경ᄒᆞᄂᆞᆫ말

高姓 갚강 싱싱 ○ 上仝

寶眷 밮방 견견 ○ 上仝 ○ 眷舊釋아ᄋᆞᆷ

貴庚 귀귀 긍긍 ○ 上仝

貴宅 귀귀 져쪄 ○ ᄂᆞᆷ의宅뭇ᄂᆞᆫ말

老爹 랖랑 뎌뎌 ○ 아비위ᄒᆞᄂᆞᆫ말

令堂 링링 탕땅 ○ ᄂᆞᆷ의어미공경ᄒᆞᄂᆞᆫ말

大哥 다따 거거 ○ ᄆᆞᆮ兄

大舍 다따 셔셔 ○ 얼운

貴姓 귀귀 싱싱 ○ ᄂᆞᆷ의姓뭇ᄂᆞᆫ말

貴眷 귀귀 견견 ○ ᄂᆞᆷ의안해공경ᄒᆞᄂᆞᆫ말

貴壽 귀귀 ᄾᆡᆼ씽 ○ ᄂᆞᆷ의年甲뭇ᄂᆞᆫ말

同庚 퉁둥 긍긍 ○ 同甲

表德 뱦뱌 더뎌 ○ ᄂᆞᆷ의字뭇ᄂᆞᆫ말

罵辱

貴(귀귀)表(뱌뱌) ○ 上소 | 服(부부)事(스스) ○ 섬기다

保(반방)重(중쭝) ○ 위대 | 托(토퉁)庇(비비) ○ 德分

德(더등)蔭(인힌) ○ 上소 | 不(부붕)敢(간간) ○ 싱심이나

怎(즘즘)麽(마마)敢(간간) ○ 어딕셥 | 惶(황황)恐(쿵쿵) ○ 젓ᄉᆞ와이다

誠(칭쩡)心(신신) ○ 졍셩ᄒᆞᆫ모옴 | 敬(깅깅)心(신신) ○ 공경ᄒᆞᆫ모옴

頂(딩딩)戴(대대)不(부붕)起(키키) ○ 德分만ᄒᆞ이다 | 多(도더)承(칭쩡)厚(후훙)意(이히) ○ 上소

上(샹쌍)覆(부붕) ○ 말솜엿줍다 | 萬(완완)福(부붕) ○ 猶今之稱平安

罵(마마)辱(수숭)

驢(류류)養(양양)的(디딩) ○ 나귀삐 | 狗(쿠긍)娘(냥냥)的(디딩) ○ 가희ᄇᆡ

賊(즤쩡)頭(투뚱) ○ 도적놈 | 賊(즤쩡)漢(한한) ○ 上소

好賊 ○ 심호도적

該死的 ○ 주글놈

覓死的 ○ 주글뒤언는놈

小畜生 ○ 즘싱의삐

生分忤逆 ○ 아니완혼놈

這廝 ○ 이놈

那廝 ○ 뎌놈

喝他 ○ 우리티나

嚇他 ○ 저히다

罵他 ○ 꾸짓다

罵的㕘 ○ 뎌러이셔 짓다

㕘話 ○ 뎌러온말

歹話 ○ 몹쓴말

喫罵 ○ 꾸지람듯다

罵不住 ○ 무수히셔 짓다

罵不盡 ○ 上소

胡罵人 ○ 간대로셔 짓다

打他 ○ 티다

喫打 ○ 맛다

小看 ○ 업슈이너기다

身體

王 왕왕 八 바바 漢 재재 子 조조 ○ 계집ᄯᅩᆫ 놈의ᄲᅵ
狗 구구 漢 재재 子 조조 ○ 가희삿기

雜 자ᄍᆞᆼ 種 중중 ○ 잡ᄲᅦ
狗 구구 奴 누누 才 ᄶᅢᄶᅵ ○ 개ᄀᆞᄐᆞᆫ 놈

死 ᄉᆞ스 漢 한한 子 조조 ○ ᄇᆞᆯ되업슨 놈
砍 칸칸 頭 투투 的 디디 ○ 목버힐 놈

呆 여여 種 중중 ○ 어린 놈의 ᄲᅦ

身 신신 體 티티

身 신신 子 조조 ○ 몸
摸 무무 樣 양양 ○ 양ᄌᆞ

頭 투투 腦 나나 ○ 머리 골슈
頭 투투 頂 딩딩 ○ 졍박이

頭 투투 旋 쉬쉬 ○ 마리ㅅ가마
天 텬텬 門 믄믄 ○ ᄉᆞᆺ구무

腦 나나 後 후후 ○ 곡뒤
腦 나나 拘 씨씨 子 조조 ○ 上소

頭 투투 頂 딩딩 心 신신 ○ 박회
頭 투투 顱 루루 ○ 니마

額 여 읭 顱 루 루 ○ 上仝

額 여 읭 腦 노 낭 盖 개 개 ○ 니마ㅅ박

天 텬 텬 靈 링 링 盖 개 개 ○ 뎡박기예 더피뼈

腦 노 낭 袋 대 때 ○ 뒤곡

額 어 읭 角 교 걓 ○ 니마ㅅ두ㅅ쁠

頭 투 뚷 髮 바 방 ○ 마리터럭

爭 중 징 食 시 씽 窩 오 워 子 즈 즁 ○ 니ㅅ통 소

浮 부 뿧 皮 피 삐 ○ 비듬

風 봉 봉 屑 서 셯 ○ 上仝

眉 미 미 毛 만 멍 ○ 눈ㅅ섭

眉 미 미 頭 투 뚷 ○ 눈ㅅ섭머리

眼 연 연 ○ 눈

眼 연 연 睛 정 징 ○ 눈망올

烏 우 우 珠 쥬 쥬 ○ 上仝

眼 연 연 瞳 퉁 뚱 子 즈 즁 ○ 눈ㅅ부텨

眼 연 연 仁 인 인 ○ 上仝

眼 연 연 角 교 걓 ○ 눈초리

眼 연 연 眶 광 광 ○ 눈어엿

眼 연 연 胞 팦 빵 ○ 눈ㅅ두에

眼 연 연 脂 즈 즁 兒 숼 슬 ○ 눈ㅅ곱

身體

眼淚 면면 리릐 ○ 눈ㅅ물
耳朶眼 숄슬 도더 연연 ○ 귀ㅅ구무
耳凹 숄슬 와와 ○ 上仝
耳根 숄슬 근근 ○ 귀밋
耳[illegible] 숄슬 취쮜 ○ 귀ㅅ밥
鼻子 비쁴 조즈 ○ 코
鼻準 비쁴 쥰쥰 ○ 코ㅅ굿
鼻柱 비쁴 쥬쮸 ○ 코ㅅ대
鼻凹 비쁴 와와 ○ 上仝
剳毛 타탕 마망 ○ 上仝

耳朶 숄슬 도더 ○ 귀
耳殼 숄슬 캬캉 ○ 上仝
耳城郭 숄슬 칭찡 궈괍 ○ 귀ㅅ전 ○ 郭俗呼고
耳輪 숄슬 륜륜 ○ 귀ㅅ바회 ○ 輪俗呼른
耳尖 숄슬 스슴 ○ 귀머지
鼻樑 비쁴 량량 ○ 코ㅅ모로
鼻尖 비쁴 젼젼 ○ 上仝
鼻孔 비쁴 쿵쿵 ○ 코ㅅ구무
鼻毛 비쁴 마망 ○ 코ㅅ구무엣털
鼻涕 비쁴 티티 ○ 코ㅅ물

人 인인 中 중중 ○ 코아래

鬢 빈빈 毛 뫄망 ○ 귀밋털

面 면면 皮 피삐 ○ 낯갓

兩 량량 臉 렴렴 骨 구궁 ○ 광디뼈

嘴 쥐쥐 ○ 上소

口 쿠쿠 上 샹썅 唇 츈쭌 ○ 웃입시울

牙 야야 齒 츠츠 ○ 니

鬼 귀귀 牙 야야 ○ 암니

牙 야야 框 광광 ○ 닛블희붓튼 뒤니

齠 댶댱 牙 야야 ○ 上소

兩 량량 鬢 빈빈 ○ 두귀밋

臉 렴렴 ○ 낯 ○ 一云 臉렴 鳴단

腮 새새 頰 갸경 ○ 뺨

口 쿠쿠 ○ 입

口 쿠쿠 涎 션션 ○ 춤

口 쿠쿠 下 햐햐 唇 츈쭌 ○ 아래입시울

門 문문 牙 야야 ○ 압니

牙 야야 根 근근 ○ 닛므음

退 튀튀 齒 츠츠 ○ 니마다

舌 셔썽 頭 투뚱 ○ 혀

身體

舌尖 셔쎵 쳠젼 ○ 혀ㅅ긋
咽喉 연련 후흫 ○ 목구무

髭 즈즈 ○ 입웃나롯
鬚 슈슈 ○ 입아랫나롯

鬢 션션 ○ 톡앳나롯
三角鬚 산산 교갸 슈슈 ○ 三角鬚

連鬢鬍子 련련 빈빈 후흐 즈즈 ○ 구레나롯
雜頭髮 자짜 투투 바밯 ○ 사태

下頦 햐햐 해해 ○ 톡
下把頦子 햐햐 바바 거꺼 즈즈 ○ 上仝

下把 햐햐 바바 ○ 上仝
頸項 보뿡 항향 ○ 목

脖子 보뿡 즈즈 ○ 上仝
嗓子 상싱 즈즈 ○ 목줄셔

氣嗓 키키 상상 ○ 上仝 ○ 氣俗呼치
嗓子骨 상상 즈즈 구구 ○ 목뎜쥬ㅅ뼈

嗉帒 수수 대대 ○ 숨통
肩膀 견견 방방 ○ 엇게

肐膊 그긍 보방 ○ 풀쑥
大肐膊 디따 그긍 보빙 ○ 웃풀쑥

小肐膊 ○아래ㅅ풀독

手腕子 ○손목

拐肘子 ○풀ㅅ구머리

肐子窩 ○겨드랑

手背 ○손ㅅ등

手虎口 ○손벅아귀

手心 ○손ㅅ바당

手掌 ○上仝

手紋 ○손ㅅ금

手指頭 ○손ㅅ가락

手指甲 ○손ㅅ돕

手丫子 ○손ㅅ삿

拳頭 ○주머귀

拇指 ○第一指

大拇指 ○上仝

指人指 ○第二指

長指 ○第三指

中拇指 ○上仝

無名指 ○第四指

小指 ○第五指

身體

小 샤 샾 拇 무 무 指 즈 즈 ○上숀

嬭 내 내 子 즈 즈 ○젓

嬭 내 내 膀 방 방 ○젓가슴

胸 훙 훙 膛 탕 탕 ○가슴

腔 캉 캉 子 즈 즈 ○一身○又수俗稱羊之體曰羊腔子

肋 릐 리 扇 션 션 ○녑팔지

肋 릐 리 條 탼 턍 ○가리뼈

脊 지 징 背 비 비 ○등

脊 지 징 梁 량 량 ○등모로

腰 얀 양 身 신 신 ○허리

心 신 신 窩 오 휘 ○명치

肚 두 뚜 子 즈 亽 ○배

肚 두 뚜 臍 치 찌 兒 숼 숤 ○바ㅅ보록

心 신 신 ○념통

肝 간 간 花 화 화 ○肝

肺 비 비 子 즈 즈 ○부하 ○肺俗呼

沙 사 시 肝 간 간 ○만화

腰 얀 양 子 즈 즈 ○콩팟

大 다 따 腸 창 쨩 子 즈 즈 ○큰챵즈

小 샾 샾 腸 창 쨩 子 즈 즈 ○서근챵즈

肚두뚜子조즈膽단단 ○ 쓸개

卵뢴뢴毛말망 ○ 불ㅅ거웃 ○卵或呼뢴

卵뢴뢴子조즈 ○ 불

卵뢴뢴根근근子조즈 ○ 불ㅅ줄기

水쉬쉬脬팦팡 ○ 오좀통

尿냪냥脬팦팡 ○ 上仝

⿱髟乞기기⿱髟巴바바 ○ 陽物

鳥냪냥子조즈 ○ 됴 上仝 ○鳥俗呼

屄비비⿰糸係쥬쥬 ○ 陰門

八바바子조즈 ○ 上仝

臀둔뚠子조즈 ○ 볼기

屁피피眼연연 ○ 믿구무

屁피피骨구쿵 ○ 上仝

肛항항門믄믄 ○ 항문

大다따腿튀뒤 ○ 넙덕다리

小샾샹腿튀뒤 ○ 죵아리

腿튀뒤肚두뚜 ○ 허틔ㅅ비

曲큐쿵膝시싱 ○ 무롭

曲큐쿵膝시싱盖개개 ○ 장긔뼈

博보밥落로랍盖개개 ○ 上仝

身體

腿 퉤퉤 頂 딍딍 骨 궁구 ○ 다리ㅅ뫼ᄅᆞᆫ
臁 련련 梂 량량 骨 궁구 ○ 上仝

脚 걓교 腕 완완 子 즈ᄌᆞ ○ 발목
脚 걓교 子 즈ᄌᆞ ○ 발 ○ 脚或呼 걒

脚 걓교 後 훟후 跟 근근 ○ 발뒷측
脚 걓교 背 븨븨 ○ 발ㅅ등

脚 걓교 心 신신 ○ 발ㅅ바당
脚 걓교 掌 샹쟝 ○ 上仝

內 뉘뉘 踝 꾀고 ○ 발안ᄉᆞᆨ머리
外 왜왜 踝 꾀고 ○ 발밧ᄉᆞᆨ머리

踝 꾀고 子 즈ᄌᆞ 骨 궁구 ○ 복숑아뼈
脚 걓교 指 즈즈 頭 뜰투 ○ 발가락

痣 징지 子 즈ᄌᆞ ○ 검의
黶 련연 子 즈ᄌᆞ ○ 사마괴

黑 흥히 子 즈ᄌᆞ ○ 上仝
黃 황황 子 즈ᄌᆞ ○ 므사마괴

紅 훙훙 子 즈ᄌᆞ ○ 上仝
喜 히히 身 신신 ○ 산사ᄅᆞᆷ의긔별

大 따다 便 뻔변 ○ 큰물
屎 亽스 ○ 上仝

譯語類解 上 三十六

小샤샿 便변볜 ○ 져근몸

尿냪냫 ○ 上仝

腎신씬 水쉬쉬 ○ 음슈

鬆숭숭 水쉬쉬 ○ 上仝

少샤샹 白배빙 ○ 무白ᄒᆞ다

老랖랑 蒼창칭 ○ 늙어되다

嫩눈눈 瞧챤쟝 ○ 져머뵈다

手삭싱 破포풔 落로랑 ○ 손솜에끄리

手삭싱 簸보뷔 箕기기 ○ 손솜에키

孕인인 產찬찬

懷홰홰 身신신 ○ 아기비다

懷홰홰 躭단단 ○ 上仝

重충쭝 身신신 ○ 上仝

生승승 下햐햐 ○ 낫타

產찬찬 下하햐 ○ 上仝

娩면면 臥오어 ○ 아기나코누엇다

分븐븐 娩면면 ○ 아기낫타

月위웡 未위위 成칭징 ○ 돌못차다

孕產

小產了(산샾 찬찬 랖량) ○ 다 낫타

剪臍帶兒(전젼 치찌 대대 ᅀᅳᆯᅀᅳ) ○ 삼ᄭᅮᆯ 베히다

盪血來(탕탕 훼훵 레래) ○ 피 흐르다 ○ 血 俗音 혀

小哇哇(산샾 와화 와화) ○ 아ᄒᆡ

綳子(붕븡 조즛) ○ 비부로기

乳哺(슈유 부뿌) ○ 젓먹이다

摘奶子(저쳥 내니 조즈) ○ 젓ᄶᅡ다 ○ 一云 擠奶子

咂奶子(자잠 내니 조즈) ○ 젓ᄲᆞ다

天癸(텬텬 키킈) ○ 上仝

月布(웨웡 부부) ○ 조ᄒᆞᆫ 세답

丟孩子(두듬 해해 조즈) ○ 아ᄒᆡ 디다

衣包下來(이 봐밮 햐햐 레래) ○ 衣包 낫타

炕上鋪草(캉캉 상쌍 푸푸 찬찰) ○ 가적 ᄭᅵ다

褯子(져졓 조즈) ○ 아기 깃

福子(우훙 조즈) ○ 아ᄒᆡ 츰밧기

喫奶(치칭 내내) ○ 젓먹다

麻奶頭(마마 내내 투듷) ○ 上仝

月經(웨웡 깅깅) ○ 月經 ㅣ

盪紅(탕탕 훙훙) ○ 月經 흐르다

產房(찬찬 방빵) ○ 아기 나흔 房

譯語類解 上 三十二

添텬텬甚숨씀麼마마 ○무섯나ᄒᆞᆺ ᄂᆞᆫ고

穩운운婆포뻐 ○이기나히ᄂᆞᆫ게 집

收삭싱生승승婆포뻐 ○上仝

氣키키息시상

打다다嗄애해哺봉뽕 ○트림ᄒᆞ다

打다다嚏디디噴픈픈 ○ᄌᆞ최옴ᄒᆞ다

呵허허欠컨컨 ○하피옴

打다다寒한한噤긴긴 ○ᄌᆞᆫ저리티다

打다다身신신顫젼젼 ○上仝

欬키커嗽수숭 ○기춤

打다다噎여평 ○피이질ᄒᆞ다

打다다醋추추心신신 ○신목곱다

心신신中중중發바방酸쉰쉰 ○上仝

惡어헝心신신 ○아닉곱다

餳창창了랴량 ○사리드다

吐투투噀토뒤沫모뭥 ○춤밧ᄂᆞ다

吐투투痰탄단 ○ᄀᆞ래춤밧다

咂자장嘴쥐쥐 ○입다시다 ○一云咂자口쿠

氣息

噎 (여/평) 了 (랸/량) ○ 목메다

[illegible] (현/현) 了 (랴/량) ○ 목소다 ○ 一云 嗓(상)子(즈)刺라

淘 (탄/ᄄᆞᆼ) 氣 (키/키) ○ 애쓰다

氣 (키/키) 不 (부/부) 忿 (븐/븐) ○ 애도래다

悶 (믄/믄) 的 (디/디) 慌 (황/ᅘᅪᆼ) ○ 답답ᄒᆞ다

悶 (믄/믄) 得 (더/디) 慌 (황/ᅘᅪᆼ) ○ 上仝

長 (창/짱) 吁 (휴/휴) 短 (돤/된) 歎 (탄/탄) ○ 한숨디다

呺 (갸/걍) 苦 (쿠/쿠) ○ 셜웨라

哎 (애/애) 吆 (요/얍) ○ 셜워ᄒᆞ는소리

咕 (구/구) 噥 (농/농) ○ ᄆᆞᄋᆞᆷ에노ᄒᆞ여구두더리다

緊 (긴/긴) 皺 (주/중) 眉 (미/미) ○ 눈살ᄶᅵ퓌오다

喉 (후/흫) 急 (기/김) 了 (랴/량) ○ 애ᄇᆡ목ᄆᆞᄅᆞ다

嗓 (상/상) 子 (즈/즈) 渴 (커/컹) 了 (랴/량) ○ 목ᄆᆞᄅᆞ다

酥 (수/수) 軟 (쉰/쉰) 了 (랴/량) ○ 가ᄉᆞᆷ완ᄒᆞᆨᄒᆞ다

驚 (깅/깅) 恐 (쿵/쿵) ○ 놀랍다

吃 (치/칭) 驚 (깅/깅) ○ 놀라다 ○ 一云 失驚

恐 (쿵/쿵) 怕 (파/파) ○ 저프다

害 (해/ᅘᅢ) 怕 (파/파) ○ 上仝

遮 (저/저) 羞 (식/심) ○ 븟그림ᄀᆞ리오다

害 (해/ᅘᅢ) 羞 (식/심) ○ 븟그럽다

忍인신住쥬쮸 ○ ᄎᆞᆷ다

撒사삼惺싱싱子즈ᄌᆞ ○ 셩내다

性싱싱急기깅 ○ 셩ᄆᆞᄅᆞ다

捱애애不부붕過고거 ○ 견ᄃᆡ디못ᄒᆞ다

想상상一이잉想상상 ○ ᄉᆡᇰ각ᄒᆞ다

估구구想상상 ○ 짐작ᄒᆞ여ᄉᆡᇰ각ᄒᆞ다

懂둥둥得더텅 ○ 上仝

不부붕懂둥둥得더덩 ○ 上仝 ○ 一云不曉得

打다다舒슈슈伸신신 ○ 上仝 ○ 一云伸신腰얀

嶄잔잔眼연연 ○ 눈곰ᄌᆞ기다 ○ 一云眨자眼연

忍싄인不부붕住쥬쮸 ○ ᄎᆞᆷ디못ᄒᆞ다

使스ᄉᆞ性싱싱子즈ᄌᆞ ○ 上仝

快패패性싱싱 ○ 上仝

喝허헝彩채채 ○ 하ᄎᆞ다

想상상起키키來래래 ○ 上仝

知지징道단닿 ○ 아다 ○ 一云曉햗得더

不부붕知지징道닿닿 ○ 아디못ᄒᆞ다

舒슈슈腕완완 ○ 기지개켜다

眼연연澁서삼了랴랑 ○ 눈ᄌᆞ벽ᄌᆞ벅ᄒᆞ다

閣거궁眼연연淚리리 ○ 눈믈먹이다

動靜

下하햐眼연연淚리리 ○ 눈믈디다

放방방氣피피 ○ 방긔ᄒᆞ다

大다따見변변風붕봉 ○ 큰믈보신다

大다따淨징찡手식심 ○ 上仝 ○ 一云大解

出츄츈恭궁궁 ○ 上仝 ○ 按中國官人之家廁門懸牌尙書出恭背書入敬入廁則現面出廁則還背要使人知

出츄츙後후흫 ○ 큰믈보리가ᄂᆞ、이다

撒사삼屎스ᄉᆞ ○ 큰믈보다 ○ 一云下[illegible]屎스

小샤샴見견견風붕붕 ○ 져근믈보신다

小샤샴淨징찡手식심 ○ 上仝 ○ 一云小解

撒사상尿냔냥 ○ 져근믈보다 ○ 一云撒水放水

出쥬츈外왜왜 ○ 져근믈보라가ᄂᆞ이다

動둥뚱靜징찡

叉차차手식심 ○ 졀ㅅ당미ᄅᆞ다

拱궁궁手식잉 ○ 上仝

背비비叉차차手식심 ○ 뒤짐지다

搓차처手식심 ○ 손비비다

撇볘볘脂즈즈 ○ 바븨다

點뎐뎐手식심 ○ 손티다

譯語類解上 三十九

手(싸/싱)勢(시/싱) ◯ 손빗변ᄒᆞ다

起(키/키)身(신/신) ◯ 니러나다 ○ 一云 起(키)動(뚱)

低(디/디)頭(투/뚷) ◯ 머리수기다

點(뎬/뎐)頭(투/뚷) ◯ 마리좃다

仰(양/양)看(칸/칸) ◯ 울어러보다

轉(쥰/쥰)眼(연/연) ◯ 눈두로다

閃(션/션)眼(연/연) ◯ 눈금저기다

眼(연/연)勢(시/싱) ◯ 눈치

扭(누/뉵)嘴(쥐/쥐) ◯ 입주다 ○ 一云 扭(누)口(쿠)

𠹳(친/친)嘴(쥐/쥐) ◯ 입마초다

轉(쥰/쥰)身(신/신) ◯ 몸도로혀다

跳(탄/땅)身(신/신) ◯ 몸뻐노다

回(휘/휘)頭(투/뚷) ◯ 머리두로혀다

回(휘/휘)看(칸/칸) ◯ 도라보다

偷(투/퉁)看(칸/칸) ◯ 며어보다 ○ 一云 張(장)看(칸)

睜(쭝/쯩)眼(연/연) ◯ 눈브릅ᄠᅳ다 ○ 一云 睜(쯩)開(캐)

擠(지/지)眼(연/연) ◯ 눈ᄭᅳᆷ기다

丟(뒤/딍)眼(연/연)色(서/싕) ◯ 눈주다

陪(페/뻬)笑(샨/샹) ◯ 햇우음

口(쿠/킁)吧(바/바)吧(바/바) ◯ 입벙웃거리다

動靜

揩揩眼 캐캐 캐캐 연연 ○ 눈슷다

擤鼻涕 힝힝 비삐 티티 ○ 코프다

揩鼻涕 캐캐 비삐 틔티 ○ 코슷다

靠前 캎캎 쳔젼 ○ 앏프로나아가다 ○ 一云進前

靠後 캎캎 후훟 ○ 뒤흐로므르다 ○ 一云退後

往後些 왕왕 후훟 서서 ○ 뒷녀마작

坐者 조쭤 저져 ○ 안ㅅ다

正坐 징징 조쭤 ○ 정히안ㅅ다

歪坐 왜왜 조쭤 ○ 기오로안ㅅ다

穩坐 운훈 조쭤 ○ 편히안ㅅ다 ○ 一云盤坐

跧者坐 둔둔 저져 조쭤 ○ 조쇠리켜안ㅅ다

支者坐 조주 저져 조쭤 ○ 上仝

跪者坐 귀귀 저져 조쭤 ○ 꾸러안ㅅ다

臥倒 오어 도담 ○ 눕다

仰白臥 양양 버뻥 오어 ○ 잣바더눕다

往後倒 왕왕 후훟 단담 ○ 잣바디다

伏者 부봉 저져 ○ 업듸다

踢者 탕탕 저져 ○ 四肢펴브리고업듸다

瘫了 바빵 랖랖 ○ 것부다

打盹 다다 둔둔 ○ 조우다

睡覺 쉬쉬 갼강 ○倒사다 ○一云睡

打鼾睡 다다 한한 쉬쉬 ○코고오고자다

一打裡睡 이잉 다다 리리 쉬쉬 ○ᄒᆞᆫ듸셔자다

露天睡 루루 텬텬 쉬쉬 ○한듸셔자다

通脚睡 퉁퉁 갸갸 쉬쉬 ○발마가자다

顚倒睡 뎐뎐 댭닾 쉬쉬 ○上仝

擠着睡 지지 져져 쉬쉬 ○비게자다

睡醒了 쉬쉬 싱싱 랼랼 ○잠셰다

會跪 휘휘 괴괴 ○ᄃᆞᆺ기ᄒᆞ다

會爬 휘휘 파파 ○긔기ᄒᆞ다

爬不起來 파파 부부 키키 래래 ○긔디못ᄒᆞ다

禮度 리리 두두

禮數 리리 수수 ○禮數｜｜

叩頭 커쿻 투투 ○마리좃다

頓首 둔둔 식식 ○首上仝 ○一云稽首

唱喏 창창 셔셔 ○揖ᄒᆞ며ᄒᆞᄂᆞᆫ소리 ○一云作揖

跪 귀귀 ○우ᇇ다

拜 배배 ○절ᄒᆞ다

婚娶

納拜 나배 ○ 절드리다
受禮 식리 ○ 禮밧다

叫喚 갸환 ○ 브르다
答應 다잉 ○ 디답ᄒᆞ다

哦 오 ○ 미이디답ᄒᆞ다
回話 휘화 ○ 말ᄉᆞᆷ회답ᄒᆞ다

恭喜 궁히 ○ 깃게라 致賀ᄒᆞᄂᆞᆫ말
親想 친샹 ○ 上仝

婚娶 훈츄

媒人 믜신 ○ 듕매 ○ 一云媒婆 一云氷人
說婚 숴훈 ○ 議婚ᄒᆞ다

議婚 이훈 ○ 上仝
主婚 쥬훈 ○ 혼인ᄀᆞ음알아ᄒᆞ다

庚帖 궁텨 ○ 오듀
女孩兒 뉴해ᅀᆞᆯ ○ 새악시

黃花女 황화뉴 ○ 未嫁女
紅花女 훙화뉴 ○ 已嫁女

後婚 후훈 ○ 나믈리기 ○ 一云後嫁 一云晩娘子
親事 친ᄉᆞ ○ 혼인ᄒᆞᄂᆞᆫ일

送禮去 ○送彩ᄒᆞ다

下紅定 ○婚書보내다

下財禮 ○본옷보내다

成親 ○成婚ᄒᆞ다

做親 ○上仝

親家 ○사돈

養老女壻 ○반사회

豚養媳婦 ○미리며느리

娶娘子 ○겨집엇다

招女壻 ○사회엇다

嫁與人 ○셔방맛다

配與人 ○上仝

配耦 ○配匹

拜門 ○새절 後九日新郎又拜於妻家

開口筵席 ○언약ᄒᆞᄂᆞᆫ잔치

開慢筵席 ○三日돈좌

餪飯 ○女嫁三日에夫家의보내ᄂᆞᆫ차반

歸宗 ○本家에보내다

贅居 ○겨집의집의셔사다

出舍 ○세ᄉᆞ나다 ○或云分본家

喪葬

休書 힉힝 슈슈 ○ 계집 마ᄂᆞᆫ 글

離異 리리 이이 ○ 말리다

媒婆 믜믜 포뽀 ○ 듕인ᄉᆞ갑

花紅 화화 훙훙 ○ 綵緞

利市 리리 ᄉᆞᄊᆞ ○ 中人 錢 (玄纁 中錢)

喪葬 상상 장장

丁憂 딩딩 우잉 ○ 在喪ᄒᆞ다

啼哭 티띠 쿠쿵 ○ 우다

哀哭 애해 쿠쿵 ○ 슬허우다

哀痛 애해 퉁퉁 ○ 슬허셜워ᄒᆞ다

吊孝 댜댱 햔향 ○ 吊問ᄒᆞ다

吊問 댜댱 운운 ○ 上仝

裝裹 좡좡 고궈 ○ 신테ᄉᆞ리다

盛得棺材 칭찡 더듸 권권 채쨰 ○ ᄌᆞᆫᄒᆞ다 (入棺ᄒᆞ다)

停尸 팅띵 ᄉᆞ숭 ○ 빙소ᄒᆞ다

孝服 햔향 부뿡 ○ 거상옷

斬衰 잔잔 취취 ○ 아븨거상옷

齊衰 ᄌᆞ좃 취취 ○ 어믜거상옷

麻帶 마마 대대 ○ 삼ᄯᅴ

孝帶 햔향 대대 ○ 딧뵈ᄯᅴ

穿孝 춴 춴 햪 햪 ○ 거상닙다

孝家 햪 햪 갸 갸 ○ 喪家

喫齋 칭 치 재 재 ○ 소ᄒᆞ다

路祭 루 루 지 지 ○ 路祭

下葬 햐 하 장 장 ○ 묻다

虞祭 유 유 지 지 ○ 虞祭

小祥 샾 샾 썋 샹 ○ 小祥

禫祭 딴 단 지 지 ○ 禫祭

免孝 면 면 햪 햪 ○ 上仝

起復 키 키 뿡 부 ○ 거상즐에벗기다

掛孝 꽈 과 햪 햪 ○ 복닙다

做齋 주 주 재 재 ○ 齋ᄒᆞ다

送殯 숭 숭 빈 빈 ○ 送葬ᄒᆞ다 ○ 或云断된送숭

開齋 캐 캐 재 재 ○ 히소ᄒᆞ다

埋葬 매 매 장 장 ○ 上仝

卒哭 쥬 쥬 쿠 쿠 ○ 卒哭

大祥 따 다 썋 샹 ○ 大祥

脫孝 퉣 토 햪 햪 ○ 거상벗다

服闋 뿡 부 큐 큐 ○ 上仝

服在身 뿡 부 째 재 신 신 ○ 복이셰라

打路兒 다더 루루 귀귀 ○方相氏

先道人 션션 닿닾 진신 ○上仝

服飾 부봉 시싱

梁冠 량량 권권 ○ㅣㅣ 梁冠

簪子 잔잔 즈즈 ○梁冠의 뵈ᄂᆞᆫ 빈혀 ○簪俗音잔

紗帽 사사 망맏 ○ㅣㅣ 紗帽

紗帽翅兒 사사 망맏 ᄎᆞᄎᆞ 슬슬 ○사모뿔

插上翅兒 차창 상썅 ᄎᆞᄎᆞ 슬슬 ○사모뿔 나뭇

展翅 쳔젼 ᄎᆞᄎᆞ ○上仝

剛叉帽 강강 차차 망맏 ○뒤 타도마 기 도 온 갓

幞頭 부뿡 투뜽 ○ㅣㅣ 幞頭

頭巾 투뜽 긴긴 ○ㅣㅣ 頭巾

珠冠 쥬쥬 권권 ○女冠

花冠 화화 권권 ○上仝

大帽子 다따 맏밍 ᄌᆞᄌᆞ ○갓

小帽子 샾샹 맏망 ᄌᆞᄌᆞ ○감토

纓帽子 쥭즁 맏망 ᄌᆞᄌᆞ ○종갓

氈帽子 젼젼 맏망 ᄌᆞᄌᆞ ○털갓

草帽子 챂창 맏망 ᄌᆞᄌᆞ ○초갓

譯語類解 上 [illegible]

帽 만 망 頂 딩 딩 兒 슐 슝 ○ 갓뒤우

帽 만 망 珠 쥬 쥬 兒 슐 슝 ○ 갓센

大 다 따 帽 만 망 雲 윤 윤 頂 딩 딩 兒 슐 슝 ○ 운 월

凉 량 량 圈 권 쳔 子 즈 중 ○ 뒤우업슨 갓

斗 두 등 篷 풍 뽕 ○ 上仝

網 왕 망 子 즈 중 ○ 上仝

雨 유 유 籠 룽 룽 ○ 갓모

頭 투 등 面 먼 면 ○ 곳갈 ○首飾一件謂之頭面

箍 구 구 子 즈 중 ○ 테

苫 션 션 肩 견 견 ○ 耳掩

帽 만 망 簷 연 연 兒 슐 슝 ○ 갓드르

頂 딩 딩 子 즈 중 ○ [illegible]

雲 윤 윤 月 워 월 兒 슐 슝 ○ 上仝

蓑 소 서 笠 리 링 ○ 삿갓

網 왕 망 兒 슐 슝 ○ 망건

圈 권 쳔 子 즈 중 ○ 관ᄌᆞ

油 위 임 罩 잪 정 ○ 上仝

首 식 싱 帕 파 피 ○ 마리덥는슈건

包 밮 발 頭 투 뜽 ○ 마리ᄡᆞᄂᆞᆫ것

披 피 피 肩 견 견 ○ 上仝

服飾

帽套 모 맘 토 탚 ○ 紗帽이엽

鶴袖 허 헝 식 쎵 ○ 舊本 호슈 ○ 잇ㅅ매 ○ 함ㅅ매

玉簪 유 융 잔 존 ○ ㅣㅣ 玉簪

玉釵子 유 융 차 차 즈 쯔 ○ 玉빈혀

耳墜 ㅿㅓᆯ ㅿㅓᆯ 쥐 쮜 ○ 귀엿골

耳窩子 ㅿㅓᆯ ㅿㅓᆯ 와 와 즈 쯔 ○ 귀우개

朝服 챺 쨯 부 뿡 ○ ㅣㅣ 朝服

手板 식 싱 반 반 ○ 홀 ○ 或云笏후

銅鉤 퉁 뚱 구 긓 ○ 珮玉거는갈고리

裳 상 썅 ○ 朝服뎃치마

狐帽 후 후 맢 망 ○ 上仝 ○ 一云 현帽 맢

頂簪 딩 딩 잔 존 ○ 圓簪 ○ 簪俗呼 잔

金釵子 긴 긴 차 사 즈 쯔 ○ 金빈혀

鈿子 텬 뎐 즈 쯔 ○ 부뎐

戒指 계 계 즈 쯔 ○ 가락지

耳墜 ㅿㅓᆯ ㅿㅓᆯ 즈 쯔 ○ 上仝

朝帶 챺 쨯 대 대 ○ 朝服에 ᄯᅴᄂᆞᆫ ᄯᅴ

繡 식 심 ○ 朝服뒤헤 슈비

珮玉 븨 삐 유 융 ○ ㅣㅣ 珮玉

蔽膝 비 비 시 시 ○ 朝服엣 ㅣㅣ 蔽膝

朝 챠 쟣 鞾 훠 훠 ○ 朝服에 신ᄂᆞᆫ 훠

蟒 망 앙 龍 룽 룽 袍 팦 빵 ○ 蟒龍옷

團 된 뛴 領 링 링 ○ 團領 ㅣㅣ

圓 원 원 領 링 링 ○ 上仝

搭 다 당 護 후 후 ○ 더그레

比 비 비 甲 갸 갸 ○ 비게옷

直 지 지 身 신 신 ○ 直領옷

衣 이 이 撒 사 상 ○ 이삭옷

帖 텨 톙 裡 리 리 ○ 텰릭

䌷 쉐 쉐 褶 져 졍 ○ 上仝

道 도 똥 袍 팦 빵 ○ 道袍 ㅣㅣ

氅 챵 챵 衣 이 이 ○ 氅衣 ㅣㅣ

襯 츤 츤 衣 이 이 ○ 속에다혀닙ᄂᆞᆫ 옷

汗 한 한 衫 산 산 ○ ᄯᆞᆷ밧기젹삼

衫 산 산 兒 ᅀᅳᆯ ᅀᅳᆯ ○ 上仝

單 단 단 衫 산 산 ○ 單衫 ㅣㅣ

氊 젼 젼 衫 산 산 ○ 담옷

開 캐 개 襟 긴 긴 衣 이 이 裳 샹 샹 ○ 뒤트기옷

對 뒤 뒤 襟 긴 긴 衣 이 이 裳 샹 쌰 ○ 섭업슨옷

襖 와 함 子 즈 ᄌᆞ ○ 핫옷

服飾

綿襖 면면 와앟 ○上仝

胖襖子 팡팡 와앟 조즈 ○두터온핫옷

小襖子 샾샿 와앟 조즈 ○져구리옷

皮襖 피삐 와앟 ○갓옷

貂裘 댠댱 쿠낌 ○돈피옷

頓子 둔둔 조즈 ○둔조

光皮襖 광광 피삐 와앟 ○털업슨갓옷

衲襖 나낭 와앟 ○누비옷

油衣 우잉 이히 ○유삼

蓑衣 소서 이히 ○누역

襏襫 보봥 시상 ○上仝

品帶 핀핀 대대 ○品帶

匾條 변변 탄탕 ○너븐다회

條兒 탄탕 술슬 ○細條셰

呂公條 류류 궁궁 탄탕 ○上仝

革帶 거긍 대대 ○가족띄

鑾帶 뤈뤈 대대 ○아롱띄

纏帶 쳔쳔 대대 ○젼디

繫腰帶 기기 얀양 대대 ○띄씌다

小帶子 샾샿 대대 조즈 ○다님션

褲兒 ○고의 ○一云褲子

衲褲兒 ○누비바디

緜褲兒 ○핫바디

長裙 ○긴치마

紐子 ○암돈마기

方勝兒 ○四面미줍

衲襪子 ○누비청

皮襪 ○가족청

抹口 ○청ㅅ깃

靴子 ○通稱훠

單褲 ○홋고의

甲褲 ○겹바디

裙兒 ○치마

紐子 ○수돈마기

流蘇 ○미줍

襪子 ○청

氊襪 ○시욹청

護膝 ○膝甲

緣口 ○上仝

皂靴 ○거믄훠

服飾

旱靴 ○ 마룬훠

蠟靴 ○ 존훠

快靴子 ○ 슈여조

靴靿 ○ 훳돈

靴頭 ○ 훳머리

靴底子 ○ 훳창

靴膀子 ○ 훳뒷볼

穿靴子 ○ 훠신다

鞋子 ○ 通稱신

禮鞋 ○ 上仝

油靴 ○ 들온훠

釘靴 ○ 딩박근훠

兀剌靴 ○ 돌오기훠

靴扇 ○ 훳옴

靴跟子 ○ 훳뒷축

靴臉子 ○ 훳볼

鴈爪 ○ 훳고

脫靴子 ○ 훠벗다

壇鞋 ○ 殿內에신는신

撒鞋 ○ 쇼음신

鞝 운 훙 鞋 혜 혜 ○ 운혀
介 상 장 鞋 혜 혜 ○ 신창밧다
鞰 훤 훤 鞋 혜 혜 ○ 신마뭇박다
襯 츤 츤 布 부 부 ○ 上仝
爛 란 란 皮 피 삐 ○ 서근가족
熏 훈 훈 皮 피 삐 ○ 닉드린가족
打 다 다 扮 반 반 ○ 바이다
接 져 쪙 衣 이 이 裳 상 썅 ○ 옷밧다
抖 두 둥 衣 이 이 裳 상 썅 ○ 옷떠다
脫 토 퉁 衣 이 이 裳 상 썅 ○ 옷벗다

兀 우 웅 剌 라 랑 ○ 돌오기
鞰 훤 훤 頭 투 뜰 ○ 신마뭇
撐 충 충 布 부 부 ○ 비김
褾 뱌 뱡 褙 븨 비 ○ 비뎌
熟 수 쓩 皮 피 삐 ○ 닉인가족
主 쥬 쥬 顧 구 구 的 디 딩 ○ 마초임것
遞 디 디 衣 이 이 裳 상 썅 ○ 옷밧좁다
穿 춴 췐 衣 이 이 裳 상 썅 ○ 옷닙다
剝 보 밥 衣 이 이 裳 상 썅 ○ 옷벗기다 剝 或 呼 보
寬 쿤 쿤 衣 이 이 裳 상 썅 ○ 上仝

服飾

搭(다/당)衣(이/히)裳(샹/썅) ○ 옷거다

黷(전/졉)汚(우/후)了(랴/랑) ○ 옷더러이다

鹼(견/견)洗(시/시) ○ 물에타옷에뻬디오눈돌

洗(시/시)衣(이/히)裳(샹/썅) ○ 옷빨다

扭(닉/닝)下(햐/뺘)水(쉬/쉬) ○ 비트러물ᄧᅡ다

擰(닝/닝)下(햐/뺘)水(쉬/쉬) ○ 上仝

生(승/승)糨(강/깡) ○ 무리

搶(장/장)糨(강/깡) ○ 上仝

打(다/다)糨(강/깡)子(즈/즘) ○ 구리먹이다

糨(강/깡)衣(이/히)裳(샹/썅) ○ 옷에무리먹기다

運(윤/윤)衣(이/히)裳(샹/썅) ○ 옷다리다

疊(뎌/뎡)衣(이/히)裳(샹/썅) ○ 옷가혀다

疊(뎌/뎡)藏(창/짱)了(랴/랑) ○ 옷가혀곰초다

衣(이/히)服(부/뿡)卧(오/어)了(랴/랑) ○ 옷구기다

攤(탄/탄)開(개/캐)衣(이/히)裳(샹/썅) ○ 옷혜티다

褲(쿠/쿠)子(즈/중)褪(툰/툰)了(랴/랑) ○ 고의벗다

帍(후/후)裙(쥰/쥰)子(즈/중) ○ 항조치마 ○ 舊本帍巾

褁(교/귀)脚(교/갼) ○ 발싸개

木(무/뭉)屐(기/긩) ○ 격지

脚(교/깅)韈(시/싱) ○ 上仝

譯語類解 上

梳수수 洗시시

撧피피 頭투뚷 ○마리빗다 ○一云梳수頭투

刮과꽝 風봉봉 屑셔셩 ○바듬긁빗다

梳수수 頭투뚷 髮피삐 ○됴리빗기다

纘좐좐 子조즈 ○상토

辮변뼌 子조즈 ○다흔것

雲윤윤 鬟환환 ○마리ᄯᅮ윤것

戴대대 花화화 兒슬슯 ○곳ᄭᅩᆺ다

洗시시 臉련련 ○ᄂᆞᆺ싯다

扣쿠큼 扣쿠쿵 牙야야 ○니뱌시다

洗시시 頭투뚷 ○마리싯다

刮과꽝 麩부뿌 皮피삐 ○上仝

綰완완 頭투뚷 髮바방 ○마리ᄧᅡ다

編변뼌 頭투뚷 髮바방 ○마리닷바

鬅편뼌 頭투뚷 ○마리사뮤다 ○鬅成呼판

戴대대 冠권권 ○冠쓰다

戴대대 鬏디딩 髻기기 ○鬏髻쓰다

剔티팅 牙야야 ○니닥다

漱수승 口쿠쿵 ○양치믈ᄒᆞ다

梳洗

搽(차 짜)粉(븐 븐) ○ 분ᄇᆞᄅᆞ다

抹(모 뭥)胭(인 연)脂(즈 즈) ○ 胭脂ᄇᆞᄅᆞ다

洗(시 시)澡(잘 짱) ○ 목욕ᄀᆞᆷ다

皂(잘 짱)角(교 걍) ○ 비노

肥(뵈 뻬)皂(잘 짱) ○ 上仝

洗(시 시)手(식 싱) ○ 손싯다

修(식 싱)手(식 싱) ○ 손ᄯᅩᆸ다ᄃᆞᆷ다

洗(시 시)脚(교 걍) ○ 발싯다

修(식 싱)脚(교 걍) ○ 발ᄯᅩᆸ다ᄃᆞᆷ다

籠(룽 룽)網(왕 망)兒(슐 슬) ○ 망건쓰ᇫ서

戴(대 대)網(왕 망)子(즈 즈) ○ 上仝

包(반 방)網(왕 망)兒(슐 슬) ○ 망건쓰라

摩(모 뭐)鬍(후 후)子(즈 즈) ○ 鬚髥므지다

弄(룽 룽)鬍(후 후)子(즈 즈) ○ 上仝

鑷(녀 녕)鬍(후 후)子(즈 즈) ○ 鬚髥뽑다

編(변 뱬)鬍(후 후)子(즈 즈) ○ 鬚髥닷타

搓(초 치)鬍(후 후)子(즈 즈) ○ 鬚髥ᄭᅩ다

抿(민 민)子(즈 즈)抿(민 민) ○ 삸적ᄡᅳ다

掏(닾 땅)耳(슬 슬)朶(도 티) ○ 귀어지내다

寒(한 빤)毛(뫼 망) ○ 얼운털

扣耳朶眼 ○ [illegible]

搯搯頭 ○ 마리닉이다

孝椿子 ○ 둥근기

抓抓頭 ○ 마리긁다

快快癢 ○ ᄀ려온디 긁다

快癢子 ○ 上仝

食餌

白米 ○ ᄡᆞᆯ슬타

搗米 ○ 上仝

舀水 ○ 믈ᄯᅳ다

潑水 ○ 믈세티다

沙米 ○ 上仝

煮飯 ○ 上仝

舂米 ○ 上仝

打水 ○ 믈깃다

歪水 ○ 上仝

淘米 ○ ᄡᆞᆯ이다

做飯 ○ 밥짓다

大米飯 ○ 니ᄡᆞᆯ밥

食餌

小 샾 샾 米 미 미 飯 반 빤 ○조발밥

悶 믄 믄 飯 반 빤 ○밥뜨오다

餿 수 슴 飯 반 빤 ○쉰밥

氣 키 기 飯 반 빤 ○上仝

爛 란 란 飯 반 빤 ○무른밥

胡 후 후 飯 반 빤 ○누른밥

燋 쟢 쟣 飯 반 빤 ○上仝

舀 얀 햠 飯 반 빤 ○밥담다

歪 왜 왜 飯 반 빤 ○上仝○一云 端飯 돤반

湯 탕 탕 飯 반 빤 ○물온밥

撈 랖 랑 飯 반 빤 ○밥건디다

水 쉬 쉬 飯 반 빤 ○물모밥

和 호 훠 和 호 훠 飯 반 빤 ○온반

飯 반 빤 粒 리 링 兒 올 ᅀᅳᆯ ○밥풀

飯 반 빤 葉 여 염 兒 올 ᅀᅳᆯ ○上仝

鍋 고 궈 巴 바 비 水 쉬 쉬 ○숭농○鍋俗呼귀

做 주 주 下 햐 햐 飯 반 빤 ○반찬민ᄃᆞ

做 주 주 飯 반 빤 湯 탕 탕 ○갱민ᄃᆞ다

早 잪 쟣 飯 반 빤 ○아ᄎᆞᆷ밥

晌 샹 샹 飯 반 빤 ○낫밥

晩飯 ○저녁밥
熬粥 ○죽쑤다
稀粥 ○묽은죽
稠粥 ○된죽
起粥皮 ○죽에니블지다
粥糢了 ○上仝
酒 ○通稱술
麴子 ○누룩
酒米飯 ○지에
酒酵 ○서김 酵或哮
釀酒 ○술빗다
做酒漿 ○上仝
酒發 ○술괴다
上槽 ○술고조에언따
榨酒 ○술들이오다
閣酒 ○술거르다
酒糟 ○지강
水酒 ○무술
酒醴龍多 ○上仝
光水酒 ○上仝

食餌

釅酒 ○ 마온술

醅酒 ○ 다몰기

臘酒 ○ 臘月酒

常行酒 ○ ㅣㅣㅣ 常行酒

氣酒 ○ 上仝

白酒 ○ 上仝

黃酒 ○ 上仝

蓮花白酒 ○ 빗희고 든 淸酒

魚 ○ 믈고기

鹿肉 ○ 사슴의고기

酒怍兜 ○ 들미쥬ᄀᆞᆫ ᄒᆞ다

醲酒 ○ 믈긔안즌술

五香酒 ○ 五香 든술

燒酒 ○ ㅣㅣ 燒酒

渾酒 ○ 濁酒

淸酒 ○ ㅣㅣ 淸酒

菊花酒 ○ ㅣㅣㅣ 菊花酒

鋼頭酒 ○ 고조목술

肉 ○ 고기 ○ 肉俗呼 유 又

獐子肉 ○ 노릐고기

猪肉 쥬쥬 수숭 ○ 돗희고기

兔肉 투투 수숭 ○ 톳긔고기

牛肉 낙닝 수숭 ○ 쇠고기

馬肉 마마 수숭 ○ 물고기

驢肉 류류 수숭 ○ 나귀고기

牛肚兒 낙닝 두뚜 ᅀᆞᆯ ᅀᆞᆯ ○ 쇠양

猪肚子 쥬쥬 두뚜 ᄌᆞ ᄌᆞ ○ 돗희양

牛心 낙닝 신신 ○ 쇠념통

百葉 버빙 여영 ○ 천엽

牛蹄 낙닝 티띠 ○ 쇠족

馬板腸 마마 반반 창쨩 ○ 물조름

驢板腸 류류 반반 창쨩 ○ 나괴조금

生肉 숭숭 수숭 ○ 늘고기

熟肉 수쓩 수숭 ○ 숨은고기

煮肉 쥬쥬 수숭 ○ 고기솖다

燒肉 샾샹 수숭 ○ 고기굽다

炒肉 찰챵 수숭 ○ 고기복다

臘肉 라랑 수숭 ○ 臘月에자은고기

乾肉 간간 수숭 ○ ᄆᆞ른고기

硬肉 잉잉 수숭 ○ 질긴고기

食餌

軟숸 쉰 肉ᅀᅮ ᅀᅮᆼ ○연ᄒᆞᆫ고기 ／ 肉ᅀᅮ ᅀᅮᆼ 鑯쳔 쳔 ○고기젹

煎젼 젼 魚유 유 ○믌고기젼ᄒᆞ다 ／ 打다 다 鱗린 린 ○비늘긁다

打다 다 生승 승 ○화티다 ／ 饍갸 강 ○通稱떡

蒸징 징 饍갸 강 ○증편 ／ 蒸징 징 餅빙 빙 ○上仝

雪쉬 쉬 饍갸 강 ○설교 ／ 糖탕 땅 饍갸 강 ○엿

乾간 간 饍갸 강 ○미시떡 ／ 粢ᄌᆞ 쯔 饍갸 강 ○인졀미

芝ᄌᆞ 쯔 麻마 마 饍갸 강 ○새인졀미 ／ 饅면 먼 頭투 뚷 ○상화

燒샤 샹 餅빙 빙 ○구은떡 ／ 餅빙 빙 餚저 져 ○빙쟈

麵면 면 ○국슈 ／ 餄허 헝 餎로 랑 ○굴근국슈 ○餄或作胡

麵면 면 飩그 긍 饄다 땅 ○슈져비 ／ 粉본 분 羹긍 깅 ○상화ᄭᅵ

粉(분 본)湯(탕 탕) ○ 싀면

掛(과 과)麪(면 면) ○ 무론국슈

粉(분 븐)漏(루 릏) ○ 면디다

起(키 키)畨(반 반) ○ 석긔쥬ᄒᆞ다

肉(수 숭)包(밮 방) ○ 고기소너ᄒᆞᆫ샹화 ○ 俗呼 슈바

肉(수 숭)餡(현 햔) ○ 고기소

素(수 수)餡(현 햔) ○ 민소

匾(변 변)食(시 씽) ○ 변시

榨(자 사)豆(두 뚱)腐(부 뿌) ○ 두부ᄧᆞ다

油(우 잉)果(고 궈)子(ᄌᆞ ᄌᆞ) ○ 과줄

細(시 시)粉(분 본) ○ 上仝

炒(찬 챵)麪(면 면) ○ 미시

料(랸 량)物(우 ᄆᆞᆼ) ○ 교뫼 ○ 或云大料 다랸

糖(탕 땅)包(반 방) ○ 사탕소너ᄒᆞᆫ샹화

菜(채 채)餡(현 햔) ○ 채소

豆(두 뚱)餡(현 햔) ○ ᄑᆞᆺ소

薄(보 밥)餅(빙 빙) ○ 젼병

豆(두 뚱)腐(부 뿌) ○ 豆腐

豆(두 뚱)腐(부 뿌)粃(자 자) ○ 비지

饊(산 산)子(즈 ᄌᆞ) ○ 饊子

食餌

海 해 해 凍 둥 둥 ○ 우무

蜂 봉 봉 蜜 미 밍 ○ 울

酥 수 수 ○ 몰졋 고은것

摘 저 징 馬 마 마 嬭 내 내 子 즈 즈 ○ 몰졋 ᄧᅡ다

熬 와 앟 嬭 내 내 子 즈 즈 ○ 졋 고으다

鹵 루 루 魚 유 유 ○ 上仝

飯 반 빤 鹵 루 루 魚 유 유 ○ 上仝

芝 즈 즈 麻 마 마 油 우 잉 ○ 上仝

榨 자 자 油 우 잉 ○ 기름 ᄧᅡ다

油 우 잉 骨 구 궁 ○ 上仝 ○ 一云 麻糀 마 손

粆 사 사 糖 당 땅 ○ 粆糖

酪 로 랄 ○ 타락

摘 저 징 牛 니 닝 嬭 내 내 子 즈 즈 ○ 쇠졋 ᄧᅡ다

熬 와 앟 酪 로 랄 ○ 타락 고으다

魚 유 유 鮓 자 자 ○ 믌고기젓

醯 혜 혜 ○ 식혜

香 향 향 油 우 잉 ○ 참기름

蘇 수 수 油 우 잉 ○ 들기름

油 우 잉 粽 사 시 ○ 빈묵

乾 간 간 鹽 연 연 ○ 소곰

海 해해 沙 사사 ○ 上仝

滷 루루 水 쉬쉬 ○ 간슈

乾 간간 醬 쟝장 ○ ᄆᆞ론쟝

麪 면면 醬 쟝장 ○ ᄀᆞᄅᆞ쟝

醬 쟝쟝 油 일우 ○ 고쟝

清 칭칭 醬 쟝장 ○ 上仝

篩 ᄉᆡ시 醬 쟝장 ○ 쟝거르다

醬 쟝쟝 麴 큥큐 ○ 메조

醬 쟝쟝 瓜 과과 子 즈ᄌᆞ ○ 쟝에ᄃᆞᆷ은외

醬 쟝쟝 蘿 러로 蔔 뽕부 ○ 쟝에ᄃᆞᆷ은무오

醃 련연 瓜 과과 ○ 저린외

芥 계계 末 뭥모 ○ 계ᄌᆞᆺᄀᆞᄅᆞ

醋 추추 ○ 초

胡 후후 椒 쟣잔 ○ 胡椒

花 화화 椒 쟣잔 ○ 쳔쵸 ○ 一云川椒 쟉

秦 친친 椒 쟣잔 ○ 예고쵸

生 승숭 薑 강강 ○ 生薑

生 승숭 葱 충충 ○ 파

大 다다 蒜 숸숸 ○ 마ᄂᆞᆯ

小 샿샾 蒜 숸숸 ○ ᄃᆞᆯ리

食饌

燒茶 샨샹 차짜 ○ 차 달히다

湯茶 탕탕 차짜 ○ 上仝

頓茶 둔뚠 차짜 ○ 上仝

肥的 븨쀠 디딍 ○ 빈 기름 고기

瘦的 수슝 디딍 ○ 기름긔 업슨 고기

烙了 로랍 랸량 ○ 굽다

炙炙 지징 지징 ○ 上仝

爛煮 란란 쥬쥬 ○ 믈으게 숢다

半生 번번 숭승 ○ 반만 서다

半熟 번번 수쓕 ○ 반만 닉다

嘗味 챵쨩 위뮈 ○ 맛보다

鹽點喫 연연 뎐뎐 치칭 ○ 소곰 딕어 먹다

醮醬喫 잔잔 쟝쟝 치칭 ○ 쟝 딕어 먹다

湯翻滾了 탕탕 반반 군군 랸량 ○ 믈이 셜다

湯的慌了 탕탕 디딍 황황 랸량 ○ 셜는 믈에 데다

湯了脣 탕탕 랸량 츈쭌 ○ 입슈얼 데다

口湯了 쿠큳 탕탕 랸량 ○ 입 데다

香 향향 ○ 고소다

薰 훈훈 ○ 구소다

甜 텬뎬 ○ 돌다

苦 쿠 구 ◯ 쓰다

酸 숸 쉰 ◯ 싀다

腥 싱 싱 ◯ 비리다

葷 훈 훈 ◯ 누리다

醎 현 현 ◯ 짜다

淡 단 단 ◯ 슴겁다

辢 라 랑 ◯ 맵다

澁 서 싀 ◯ 떫다

臭 착 챃 ◯ 더럽다 ◯ 一云 膻 상

氣 키 키 到 단 당 ◯ 쉬다

臊 산 상 氣 키 키 ◯ 노린내

胡 후 후 撥 보 뽀 氣 키 키 ◯ 누른내

吊 단 댱 塵 친 쪈 灰 휘 휘 ◯ 다지 버러디

白 버 뻥 殕 부 뿡 ◯ 곰픠다 ◯ 一云 長 챵 白 버 毛 마

餿 수 숨 氣 키 키 上 상 썅 衣 이 이 鋪 푸 푸 ◯ 上仝

上 상 썅 墻 이 이 了 랴 랑 ◯ 당마의 곰 탕피다

霾 매 매 了 랸 랑 ◯ 上仝

生 승 승 白 버 뻥 皮 피 삐 ◯ 고라지세 다

下 햐 햐 白 버 뻥 子 즈 즈 ◯ 쉬스다

爛 란 란 了 랸 랑 ◯ 석나

食餌

咬(얀/양) ◯ 므다

齦(큰/큰) ◯ 나흐다

餂(텬/텬)喫(치/칭) ◯ 핥아먹다

含(한/햔)著(져/저) ◯ 먹음다 ○ 一云 噙(킨)

吐(두/투) ◯ 吐ㅣ흐다

不(부/봉)中(중/중)喫(치/칭) ◯ 먹엄즉디 아니타

愛(애/애)喫(치/칭) ◯ 上仝

要(얀/향)喫(치/칭) ◯ 먹고져흐다

胡(후/후)喫(치/칭) ◯ 간대로먹다

埋(매/매)火(호/훠) ◯ 上仝

嚼(쟢/쟣) ◯ 씹다

抓(좌/좌)喫(치/칭) ◯ 쥐먹다

吮(쥰/쮼)喫(치/칭) ◯ 빠라먹나

呑(튼/튼)下(하/햐) ◯ 숨세다

中(중/중)喫(치/칭) ◯ 먹엄즉흐다

好(한/항)喫(치/칭) ◯ 즐겨먹다

不(부/봉)肯(큰/큰)喫(치/칭) ◯ 즐겨먹디 아니타

難(란/란)喫(치/칭) ◯ 못먹을새시로다

種(중/중)火(호/훠) ◯ 블묻다

弄(룽/룽)火(호/훠) ◯ 블픠오다

華語類抄 五十四

熰火 우호 응휘 ○불무휘다

燒火 샾호 샹휘 ○블셧다

砍柴 칸채 칸째 ○나모버히다

木楂子 무자즈 뭉지중 ○나모ᄉᆞ기 족

石炭 시탄 씽탄 ○石炭

黑烟子 허연즈 헝연중 ○니조차ᄂᆞᆫ리 눈거믜양

海菜 해채 해채 ○머욕

樹果 슈고 쓔궈 ○通稱과실

荔支 리즈 리중 ○荔支

柿子 스즈 쓰중 ○감

輳火 추호 충휘 ○불모호다

打火 다호 다휘 ○부쇠

劈柴 피채 핑째 ○나모ᄣᅡ리다

煤炭 미탄 믜탄 ○숫

烟頭子 연투즈 연뜰중 ○넝까기

骨董炭 구둥탄 궁둥탄 ○등걸숫

海帶 해대 해대 ○나ᄉᆞ마

龍眼 룽연 룽연 ○龍眼

橙丁 충딩 쯩딩 ○橙丁

柿餅 스빙 쓰빙 ○곳감

食餌

棗兒 잗술 짷숧 ○ 대쵸

栗子 리즈 링중 ○ 밤

白果 버교 빙궈 ○ 은힝

核桃 허탚 훵땅 ○ 호도

榧子 뵈즈 비중 ○ 榧子ㅣ

梨兒 리술 리슳 ○ 비

棠梨 탕리 땅리 ○ 좀비

沙果 사교 사궈 ○ 沙果ㅣ

白檎 버긴 빙낀 ○ 上仝

李子 리즈 리중 ○ 외얏

蜜棗 미잗 밍짷 ○ 꿀조차번대쵸

蜜栗子 미리즈 밍링중 ○ 꿀에조린밤

松子 숭즈 숭중 ○ 잣

榛子 즌즈 즌중 ○ 개암

橄欖 간란 간란 ○ 橄欖ㅣ

香水梨 향쉬리 향쉬리 ○ 믈한비

抄梨 찬리 창리 ○ 문비 ○ 一云 山梨 산리

蘋婆果 핀포교 삔뽀궈 ○ 굴근님금

小紅 샾훙 샿훙 ○ 죠곤님금

杏子 힝즈 힝중 ○ 술고

桃 단/땅 子 즈/쯔 ○ 복숑와

匾 변/변 桃 단/땅 ○ 또 애복숑와

毛 마오/망 桃 단/땅 ○ 복숑와ᄠᅩ기

山 산/산 桃 단/땅 ○ 멋 ○ 或云 櫻잉桃땅 爲ᄋᆞ

櫻 잉/잉 桃 단/땅 ○ 櫻桃ㅣ

柰 내/내 子 즈/쯔 ○ 멋

葡 푸/부 萄 단/땅 多 도/더 羅 로/러 ○ 葡萄 숑이

馬 마/마 乳 슈/슈 萄 단/땅 ○ 黑葡萄

白 비/뻥 葡 푸/뿌 萄 단/땅 ○ 青葡萄

山 산/산 葡 푸/뿌 萄 단/땅 ○ 멀위

軟 원/원 棗 잔/잘 ○ 두래

圓 원/원 棗 잔/잘 ○ 上仝

羊 양/양 矢 스/슿 棗 잔/잘 ○ 괴옴

石 시/씽 榴 릭/릳 ○ 石榴ㅣ

柑 간/간 子 즈/쯔 ○ 柑子ㅣ

柚 익/잉 子 즈/쯔 ○ 柚子ㅣ

金 긴/긴 橘 규/귱 ○ 귤

洞 둥/뚱 庭 팅/띵 橘 규/귱 ○ 洞庭橘ㅣ

山 산/산 裡 리/리 紅 훙/훙 ○ 아가외

虎 후/후 刺 라/랑 賓 빈/빈 ○ 굴근외얏

親屬

摘來 (저래 징레) ○ ᄯᅡ오라 　 劃松子 (화숭즈 횅숭즈) ○ 지ᄉᆞᆺ다

打榛子 (다즌즈 다즌즈) ○ 개얌ᄯᆞ다 　 嗑核桃 (커허탄 컹헝땅) ○ 호도ᄭᆞ다

剝菱角 (박링교 밥링걒) ○ 말암ᄯᆞ다 剝或呼보 ○ 剝梨兒皮 (박리ᅀᅳᆯ피 밥리ᅀᅳᆯ삐) ○ ᄇᆡ 벗기다

嗑西瓜子 (커시과즈 컹시과즈) ○ 슈박ᄡᅵ ᄭᆞ다

親屬 (친슈 친쓩)

大大公 (다다궁 따따궁) ○ 高祖父 　 大大婆 (다다포 따따뻐) ○ 高祖母

大公 (다궁 따궁) ○ 曾祖父 　 大婆 (다포 따뻐) ○ 曾祖母

祖公 (주궁 주궁) ○ 한아비 　 祖父 (주부 주뿌) ○ 上仝

老爺爺 (랖여여 랑여여) ○ 上仝 　 婆婆 (포포 뻐뻐) ○ 한어미

阿婆 (아포 하뻐) ○ 上仝 　 父親 (부친 뿌친) ○ 아비

爺여여爺여여○上仝
爹뎌뎌爹뎌뎌○上仝

老랖랖子ᄌᆞ조○上仝
母무무親친친○어미

孃냥냥孃냥냥○上仝
伯버븽伯버븽○同姓뭇아ᄌᆞ비

伯버븽父부뿌○上仝
伯버븽娘냥냥○同姓뭇아ᄌᆞ븨쳐

伯버븽母무무○上仝
姆무무姆무무○上仝

叔수숭叔수숭○同姓아ᄋᆞ아ᄌᆞ비
叔수숭父부뿌○上仝

嬸신신娘냥냥○同姓아ᄋᆞ아ᄌᆞ븨쳐
嬸신신子ᄌᆞ조○上仝

嬸신신嬸신신○上仝
姑구구姑구구○아븨누의

姑구구娘냥냥○上仝
大다따姑구구娘냥냥○아븨뭇누의

小샾샴姑구구娘냥냥○아븨아ᄋᆞ누의
姑구구夫부부○同姓叔母夫

親屬

外公 왜/왜 공/궁 ○ 外祖父

外婆 왜/왜 포/뻐 ○ 外祖母

舅父 구/굳 부/뿌 ○ 異姓아자비

舅舅 구/굳 구/굳 ○ 上仝

大舅 다/따 구/굳 ○ 異姓몯아자비

小舅 샾/샿 구/굳 ○ 異姓아ᄋᆞ아자비

舅母 구/궁 무/무 ○ 異姓아자비쳐

妗母 긴/낀 무/무 ○ 上仝

妗子 긴/낀 조/즈 ○ 上仝

嬸母 신/신 무/무 ○ 異姓아ᄋᆞ아자비쳐

姨姨 이/이 이/이 ○ 엄의계집동싱

姨娘 이/이 냥/냥 ○ 上仝

大姨娘 다/따 이/이 냥/냥 ○ 어믜형

小姨娘 샾/샿 이/이 냥/냥 ○ 엄의아ᄋᆞ

姨夫 이/이 부/부 ○ 異姓叔母夫

親哥哥 친/친 거/거 거/거 ○ 동싱형

親兄弟 친/친 흉/흉 디/띠 ○ 동싱아ᄋᆞ

嫂子 산/샹 조/즈 ○ 兄弟之妻

嫂嫂 산/샹 산/샹 ○ 上仝

姊妹 즈/즈 믜/믜 ○ 누의들

姐 쳬 져 姐 져 져 ○ 맛누의
姐 져 져 夫 부 부 ○ 맛누의남편

妹 믜 믜 子 즈 즈 ○ 아ᄋᆞ누의
妹 믜 믜 夫 부 부 ○ 아ᄋᆞ누의남편

姪 지 찗 兒 ᅀᆞᆯ ᅀᆞᆯ ○ 아ᄎᆞᆫ아ᄃᆞᆯ
姪 지 찗 女 뉴 뉴 ○ 아ᄎᆞᆫᄯᆞᆯ

兒 ᅀᆞᆯ ᅀᆞᆯ 子 즈 즈 ○ 아ᄃᆞᆯ
媳 시 싱 婦 부 뿌 兒 ᅀᆞᆯ ᅀᆞᆯ ○ 며ᄂᆞ리

大 다 따 媳 시 싱 婦 부 뿌 ○ 맛며ᄂᆞ리 ○ 大一作長 쟝
小 샾 샹 媳 시 싱 婦 부 뿌 ○ 쟈근며ᄂᆞ리 小亦作兒

女 뉴 뉴 兒 ᅀᆞᆯ ᅀᆞᆯ ○ ᄯᆞᆯ
女 뉴 뉴 壻 시 시 ○ 사회

孫 순 순 子 즈 즈 ○ 孫子
外 왜 왜 甥 숭 승 ○ 外孫

孫 순 순 女 뉴 뉴 壻 시 시 ○ 孫壻
外 왜 왜 甥 숭 승 女 뉴 뉴 壻 시 시 ○ 外孫壻

叔 수 숭 伯 버 븽 哥 거 거 哥 거 거 ○ 同姓四寸兄
叔 수 숭 伯 버 븽 兄 훙 훙 弟 디 띠 ○ 아ᄋᆞ

姑 구 구 舅 각 귱 哥 거 거 哥 거 거 ○ 오누의게난형
姑 구 구 舅 각 귱 兄 훙 훙 弟 디 띠 ○ 아ᄋᆞ

親屬

- 兩姨哥哥 ○ 兩姨의게난형
- 阿嫂 ○ 同姓四寸兄의妻 ○ 阿或呼오
- 公公 ○ 싀아비
- 丈夫 ○ 남진
- 當家的 ○ 上仝
- 岳公 ○ 上仝 ○ 一云岳父
- 岳母 ○ 上仝
- 娘子 ○ 계집尊稱ᄒᆞᄂᆞᆫ말
- 家小 ○ 自稱家屬
- 妯娌 ○ 계집동셰
- 兩姨兄弟 ○ 아ᄋ
- 小嫂子 ○ 同姓四寸아ᄋ의妻
- 婆婆 ○ 싀어미
- 漢子 ○ 上仝
- 丈人 ○ 妻父
- 丈母 ○ 妻母
- 舅子 ○ 妻娚
- 婆子 ○ 通稱계집 ○ 一云老婆
- 連衿 ○ ᄉᆞ나희동세
- 姆姆 ○ 지아비형의안해 몯동셰

譯語類解上 五十八

嬸신신 嬸신신 ○지아븨아ᅀᆡ안해니 아ᅀᆞ동셰

拙쥐쉬 婦뿌부 ○謙稱己妻

墳뗜뎐 房빵방 ○後妻

偏편편 房빵방 ○妾○或云小房

渾훈훈 家갸가 ○上仝

養양양 子ᄌᆞ조 ○養子ㅣ

義이이 子ᄌᆞ조 ○上仝

房빵방 親친친 ○同姓六寸

重쭝충 山산산 兄흉흉 弟디디 ○二父所生兄弟

奴누누 家갸가 ○婦女謙稱之辭○一云奴奴

宴연연 享향향

請칭칭 客킈키 ○손쳥ᄒᆞ다○客俗呼키

客킈키 來래래 ○손오다

接졉져 客킈키 ○接客ㅣ

請칭칭 坐쭤조 ○안ᄌᆞ쇼셔

陪빼피 客킈키 ○대킈ᄒᆞ다

看칸칸 茶짜차 ○차예비ᄒᆞ다

請칭칭 茶짜차 ○차쳥ᄒᆞ다

接졉져 鍾즁즁 ○鍾밧다

遞디띠茶차짜 ○ 차드리다 換환훤茶차짜 ○ 主客茶鍾밧고다

筵연연宴연연 ○ 이바디 抹마뫄卓조좌兒술울 ○ 상슷다

擺배배卓조좌兒술울 ○ 상버리다 卓조좌面면면 ○ 이바디상

遞디띠卓조좌兒술울 ○ 상드리다 割거꺼肉수숭 ○ 고기버히다

遞디띠肉수숭 ○ 고기드리다 湯당탕酒작징 ○ 술데이다

遞디띠酒작징 ○ 술드리다 篩새새酒작싱 ○ 술붓다

篩새새滿먼먼 ○ 술ᄀᆞ독이붓다 灑견견酒작징 ○ 술넘삐다

篩새새淺쳔쳔 ○ 술굴게붓다 凹와와面면면盞잔잔 ○ 곤혼잔

酒작징寒한한 ○ 술치다 酒작징冷릉릉 ○ 上仝

酒작징熱셔셩 ○ 술덥다 酒작징大다따了랴랑 ○ 술너무덥다

請酒 ○ 술쳥ᄒᆞ다

請乾 ○ 술다자옵

完酒 ○ 완비

通完 ○ 다완비대되ᄒᆞ먹

完三不完四 ○ ᄂᆞ니라 완비ᄂᆞᆫ세ᄉᆞ만ᄒᆞ고네흘아니ᄒᆞ

喫雙不喫單 ○ ᄒᆞᄂᆞ니라 쌍비을먹고단비을먹디아니

量淺 ○ 쥬량엿다

天戒酒 ○ 먹다 본ᄃᆡ술못

不用酒 ○ 다 술아니먹

量寬 ○ 술량너ᄅᆞ디

海量 ○ 바다ᄀᆞ툰쥬량

奢量 ○ 無量酒

飮心不飮酒 ○ 나라 ᄆᆞᄋᆞᆷ을먹디술을먹ᄂᆞᆫ줄이아

主不喫客不飮 ○ 客이못먹으리로다 主人이먹디아니ᄒᆞ시면

單鍾 ○ 단비

串鍾 ○ 둥비

宴享

雙 솽솽 鍾 즁즁 ○ 쌍비

底 디디 酒 징작 ○ 뒤작

酒 징작 海 해해 ○ 술이하다

遞 띠디 湯 텅탕 ○ 탕드리다

放 방방 料 럏랼 物 웅우 ○ 교퇴노타

請 칭칭 菜 채채 ○ 안쥬자오

下 햐햐 箸 쥬쥬 ○ 上仝

動 뚱둥 樂 양요 ○ 풍뉴ᄒᆞ다

呈 찡칭 把 바바 戲 히히 ○ 뎡지노롯ᄒᆞ다

遞 띠디 大 따다 飯 빤반 ○ 대육드리다

回 휘휘 酒 징작 ○ 회비

殘 짠찬 酒 징작 ○ 上仝

舀 햫얀 湯 탕탕 ○ 탕ᄯᅳ다 ○ 一云 舀왜湯탕

遞 띠디 麪 면면 ○ 면드리다

請 칭칭 湯 탕탕 ○ 탕쳥ᄒᆞ다

請 칭칭 饍 쎤신 ○ 上仝

補 부부 菜 새채 ○ 안쥬텸ᄒᆞ다

歌 거거 唱 창창 ○ 노래브ᄅᆞ다

打 다다 舞 우우 ○ 춤추다 ○ 一云 舞우蹈doc

擡 때태 桌 좌조 兒 ᅀᅳᆯ ○ 상서ᄅᆞᆺ다

辭 츠/쓰 酒 쟉/징 ○ 하딕술 ○ 辭字本無變音而俗呼츠

告 갇/갇 辭 츠/쓰 ○ 하딕ᄒᆞ다

定 딩/띵 害 해/해 ○ 녀러다

送 숭/숭 客 키/킹 ○ 손보내다

留 릭/릳 步 부/뿌 ○ 드르쇼셔

請 칭/칭 上 샹/썅 馬 마/마 ○ 물ᄐᆞ쇼셔

打 다/다 攪 갇/갇 ○ 너리ᄢᅦ라

疾 지/찡 病 빙/삥

證 징/징 候 후/후 ○ 빙

害 해/해 病 빙/삥 ○ 병알타

不 부/붕 耐 내/내 繁 반/빤 ○ 병드다

身 신/신 上 샹/썅 欠 켠/켠 安 안/한 ○ 上仝

頭 투/뜽 疼 통/뚱 ○ 마리알타

頭 투/뜽 眩 현/현 ○ 마리어즐ᄒᆞ다

頭 투/뜽 暈 윤/윤 ○ 上仝

害 해/해 眼 연/연 ○ 눈알다

眼 연/연 疼 통/뚱 ○ 눈알프다

腿 투/뜽 風 봉/봉 眼 연/연 ○ 눈조므르다

疾病

眼眵 연연 치칭 ○ 눈곱

眼昏 연연 훈훈 ○ 눈어둡다

生眼丹 승승 연연 단단 ○ ᄆᆞ라치

眼生珠 연연 승승 쥬쥬 ○ 上仝

雀目眼 쵸챵 무뭉 연연 ○ 밤눈못보다

鷄眼 기기 연연 ○ 上仝 ○ 或云 발의티눈

羅匐眼 로러 부뿡 연연 ○ 눈의알ᄃᆞᆨ히다

羅匐花 로러 부뿡 화화 ○ 上仝

眼花了 연연 화화 랴랑 ○ 눈밤의다

耳聾 ᅀᅳᆯᅀᅳᆯ 룽룽 ○ 귀먹다

鼻淵 비삐 웬원 ○ 곳블

嗓子啞了 상상 즈즈 야야 랴랑 ○ 목쉬다

喉聾 후훙 룽룽 ○ 上仝

喉閉 후훙 비비 ○ 모ᄀᆡ젓디다 ○ 或云 咽喉倒了

感冒 간간 맢망 ○ ᄇᆞ람드다

傷風 상상 붕붕 ○ 上仝

風癱了 붕붕 탄탄 랴랑 ○ ᄇᆞ람마자손발못ᄡᅳ다

胸疼 훙훙 텅틍 ○ 가ᄉᆞᆷ알ᄑᆞ다

心疼 신신 텅틍 ○ 上仝

肚疼 두두 텅틍 ○ ᄇᆡ알ᄑᆞ다

脚 교 갸 疼 퉁 뚱 ○ 발알프다

害 해 해 痢 리 리 疾 지 찡 ○ 나질ᄒᆞ다

卧 오 어 痢 리 리 ○ 上仝

血 혀 혜 痢 리 리 ○ 븕은ᄯᅩᆼ

瘧 요 양 疾 지 찡 ○ 고곰

發 바 방 午 우 우 哥 거 거 子 즈 즈 ○ 上仝

癩 래 래 頭 투 뚤 ○ 고ᄃᆡ머리

出 츄 츙 瘡 창 촹 ○ ᄇᆞ으름나다

癤 저 졍 子 즈 즈 ○ ᄇᆞ으름

楊 양 양 梅 믜 믜 瘡 창 촹 ○ 당옴

腿 뒤 뒤 疼 퉁 뚱 ○ 다리알프다

走 주 쭘 痢 리 리 ○ 조츼다

水 쉬 쉬 痢 리 리 ○ 믈근ᄯᅩᆼ

行 힝 헹 陽 양 양 ○ 가랏돗 ○ 一云 便변毒두

半 번 번 日 시 싕 病 빙 빙 ○ 上仝

癩 래 래 瘡 창 촹 ○ 허러ᄲᅳᆷᄠᅳᄂᆞᆫ병

禿 투 퉁 頭 투 뚤 ○ 上仝

生 승 승 瘡 창 촹 癤 저 졍 ○ 上仝

疥 게 계 瘡 창 촹 ○ 옴

天 텬 텬 疱 반 빵 瘡 창 촹 ○ 上仝

疾病

疙(그/긍)瘩(재/재) ○ 더뎅이

瘡(창/챵)痂(가/갸) ○ 上仝

膿(눙/눙)水(쉬/쉬) ○ 고롬

起(키/키)疱(팦/팡) ○ 부릇다

刺(라/랑)刺(라/랑)疼(등/뜽) ○ 쏨알히다

疙(그/긍)疸(단/단) ○ 헌 허믈렛 미딥

癜(뎐/뗜)疾(지/찡) ○ 어루러기

生(승/승)癬(션/션) ○ 버솜

癮(인/힌)疹(친/친) ○ 두드러기

起(키/키)痱(븨/비)子(즈/즁) ○ 쏨도야기

出(츄/츄)痘(두/뜽)兒(ᅀᅳᆯ/ᅀᅳᆼ) ○ 힝역

斑(반/반)子(즈/즁) ○ 上仝 ○ 子一作兒(ᅀᅳᆯ)

疹(친/친)子(즈/즁) ○ 되야기

砂(사/사)子(즈/즁) ○ 上仝

癎(현/쎤)疾(지/찡) ○ 달알 ○ 驚(깅)癎(현) ○ 瘨(뎐)疾(지) ○ 發(바)暈(윤)風(봉) ○ 羊(양)吽(뮤)風(봉) ○ 牛(뉴)吼(후)風(봉)

蠱(구/구)疾(지/찡) ○ 로올병

下(하/햐)蠱(구/구) ○ 노올구다

寸(춘/춘)白(버/뻥)蟲(충/쭝) ○ 촌튱 ○ 寸白蚘

下(하/햐)蚯(킦/킹)蚓(인/인) ○ 가위나다

中 중 중 暑 슈 슈 ○ 더위 드다

疰 우 잉 疸 단 단 ○ 학 ○ 一云 瘧 잉 瘸 리

瓔 잉 잉 偏 비 때 顙 보 뽕 子 즈 조 ○ 목에 혹 도돈이

麻 마 마 病 빙 빙 ○ 자리는 병

脚 교 걍 麻 마 마 ○ 발 자리다

凍 둥 둥 了 랖 럏 手 식 싱 ○ 上仝

凍 둥 둥 了 랖 럏 脚 교 걍 ○ 上仝

起 키 키 瘤 릭 릭 漲 쟝 쟝 疱 포 팡 ○ 疖瘡 나다

氣 키 키 卵 뤈 뤈 子 즈 조 ○ 上仝

疝 산 산 氣 키 키 ○ 산증

中 중 중 惡 어 헝 ○ 中惡 ᄒ다

氣 키 키 顙 보 뽕 子 즈 조 ○ 저 근 혹

手 식 싱 顫 전 전 ○ 손 버다

手 식 싱 麻 마 마 ○ 손 자리다

皸 교 교 手 식 싱 ○ 손 트다

皸 교 교 脚 교 걍 ○ 발 트다

疤 바 바 癩 래 래 ○ 허물

潮 찬 쨩 毬 킥 낑 ○ 외블

生 승 승 牙 야 야 疳 간 간 ○ 감질

痳 린 린 疾 지 찡 ○ 남질

醫藥

漏白(루릉 버뼁) ○上仝○一云流白一云盪白
生搔疳(숭숭 산삼 간간) ○陽物곧어위허는瘡

痔漏(지징 루릉) ○티질
生漏瘡(숭숭 루릉 쫭촹) ○上仝

不得命(부붕 더듸 밍밍) ○죽다

醫藥(이히 요얍)

藥材(요얍 채째) ○藥材
剉藥(초최 요얍) ○약싸흐다

碾藥(년년 요얍) ○약가다
磨藥(모뭐 요얍) ○上소

合藥(거겅 요얍) ○약짓다○配피藥요
丸藥(원원 요얍) ○약환짓다

湯藥(탕탕 요얍) ○약달히다
煎藥(전젼 요얍) ○上仝

服藥(부뿡 요얍) ○약먹다
搽藥(차짜 요얍) ○약바르다

洗藥(시시 요얍) ○싯논약
膏藥(갇감 요얍) ○고은약

卷二 三

一貼 이텨 잉텽 ○약 ᄒᆞᆫ 텹

一丸 이원 잉원 ○약 ᄒᆞᆫ 환

看脉 칸머 칸멍 ○믹 보다

診脉 진머 진멍 ○上仝

醫治 이치 이찌 ○上仝

虛灸 휴갸 휴겅 ○우각 뜸

出汗 츄한 츙한 ○ᄯᆞᆷ 내다

燥汗 산한 삽한 ○ᄯᆞᆷ 모ᄅᆞ다

將息 쟝시 쟝싱 ○됴리ᄒᆞ다 ○一云 養病 양빙

卜筮 부시 봉씽

一服 이부 잉뿡 ○약 ᄒᆞᆫ 복

引子 인즈 인즈 ○對症ᄒᆞ여 藥 쓰ᄂᆞᆫ 法

把脉 바머 바멍 ○믹 잡다 ○脉係音 매

醫病 이빙 이쀵 ○병 고티다

灸了 갸랸 걍량 ○뜸 ᄯᅳ다

下針 햐진 햐진 ○침 주다

溻汗 탕한 탕한 ○ᄯᆞᆷ ᄒᆞᄅᆞ다

好些兒 헢셔ᅀᆞᆯ 햫셔ᅀᆞᆯ ○병 머즈다

痾了 커랸 커량 ○병ᄒᆞᆯ 이다

筭數

筭命 ◯ 팔ᄌᆞ혜아려 보다　選命 ◯ 上仝 ◯ 一云 課命

筭卦 ◯ 졈티다　破卦 ◯ 파ᄉᆞ시기다

選課 ◯ 上仝　占問 ◯ 졈복ᄒᆞ다

抽簽 ◯ 졈복사슬빼히다　賣卜 ◯ 졈ᄑᆞ다

賣卦 ◯ 上仝　揀箇日子 ◯ 날ᄀᆞᆯ히다

擇箇時候 ◯ ᄢᅢᄀᆞᆯ히다

筭數

數數兒 ◯ 수혜다　數數目 ◯ 上仝

打筭 ◯ 산두다 ◯ 一云 마쿠筭　筭數 ◯ 혜다

筭盤 ◯ 筭盤　一箇 ◯ ᄒᆞ나

一 이힝 十 시쓩 箇 거기 ○ 열낫

一 이힝 千 쳔쳔 箇 거거 ○ 일쳔

一 이잉 拆 셔쳥 ○ 흔뼘 ○ 一云一虎口 이 후 쿠

三 산신 托 토톻 ○ 세발

五 우우 錢 쳔쪈 ○ 닷돈

七 치칭 斤 긴긴 ○ 닐곱근

九 갸깅 斗 두둫 ○ 아홉말

一 이핑 包 반방 ○ 흔뽁 ○ 或云一 使

一 이잉 抄 챠챻 ○ 흔줌

火 호휘 帳 쟝쟝 ○ 턱은것

一 이힝 百 버빙 箇 거거 ○ 일빅

一 이힝 萬 완완 箇 거거 ○ 일만

二 올슈 尺 치칭 ○ 두자

四 스亽 分 분분 ○ 너푼

六 릭릭 兩 량량 ○ 엿냥

八 바빵 升 싱싱 ○ 여듧되

十 시씽 甔 단단 ○ 열셤

一 이링 粒 리링 ○ 흔낫

一 이힝 撮 초쵱 ○ 흔자봄

一 이힝 總 중중 幾 기기 箇 거거 ○ 대되 몃고

争訟

争訟 (장송/증숭)

喫打 (치다/칭다) ○ 맛다

喫賊 (치적/칭젹) ○ 도적 맛다

喫罵 (치마/창마) ○ 석지람듯다

喫奪了 (치도랴/칭뭐량) ○ 아이다

告官 (갈권/갈권) ○ 告官ᄒᆞ다

告状 (갈장/갈창) ○ 上소

接状 (저장/경장) ○ 所志 밧다

准了状 (쥰랴장/쥰량장) ○ 다 所志ᄇᆞ이

不准了状 (부쥰랴장/봉쥰량장) ○ 所志退ᄒᆞ다

招供 (잔궁/장궁) ○ 다딤 ○ 一云 招認 잔신

打官司 (다권스/다권소) ○ 구의 숑ᄉᆞᄒᆞ다

告訴 (갈수/갈수) ○ 하다

喫告 (치갈/칭갈) ○ 할이다

被告 (븨갈/쁴갈) ○ 上소

打關節 (다권저/다권졍) ○ 쇼청ᄒᆞ다

打告 (다갈/다갈) ○ 발괄ᄒᆞ다

接受東西 (저싟둥시/졍씽둥시) ○ 자븐것 밧다

承告 (칭갈/찡갈) ○ 受理ᄒᆞ다

聽 팅 팅 理 리 리 ○ 공ᄉᆞᄒᆞ다

事 스 쓰 主 쥬 쥬 ○ 上仝

證 징 징 見 견 견 人 신 신 ○ 본증

連 련 련 累 뤼 뤼 人 신 신 ○ 버믄사ᄅᆞᆷ

揹 조 좊 攀 편 판 的 디 딩 ○ 上仝

保 밮 밯 人 신 신 ○ 上仝

對 뒤 뒤 口 쿠 큳 ○ 上仝

交 갸 걍 手 식 싱 ○ 싸호다

失 시 싱 誤 우 우 ○ 誤决ᄒᆞ다

决 귀 궝 斷 둰 둰 ○ 결단ᄒᆞ다

元 원 원 告 갚 갛 ○ 元告ㅣ

正 징 징 犯 반 빤 人 신 신 ○ 正犯人ㅣ

干 간 간 連 련 련 人 신 신 ○ 간련ᄒᆞᆫ사ᄅᆞᆷ

攀 편 판 連 련 련 人 신 신 ○ 上仝

保 밮 밯 官 관 관 ○ 보방ᄒᆞ다

合 거 갛 口 쿠 쿻 ○ 입힐흠

刁 댜 댱 蹬 덩 덩 ○ 허겨힐후다

反 반 반 嘴 쥐 쥐 ○ 上仝

丟 룽 룽 壞 홰 홰 了 랴 랗 ○ ᄒᆡ짓다

勸 권 젼 解 계 계 ○ 말리다

刑獄

勸開 ○上仝

講和 ○화논ᄒᆞ다

陪者 ○무다

追陪 ○믈리다

追他 ○上仝 ○一云陪他

枉陪 ○이모히무다

他告着我 ○태날을뎡ᄒᆞ다

刑獄

強盜 ○強盜

竊盜 ○竊盜

白眼強盜 ○낫도적

正賊 ○도적

猾賊 ○上仝

搶狗的 ○개[illegible]ᄂᆞᆫ놈

剪絹的 ○단쵸도적ᄒᆞᄂᆞᆫ놈

擰了絹子 ○上仝

犯罪的人 ○罪犯ᄒᆞᆫ사ᄅᆞᆷ

牢裡監者 ○가도다

縢 등 뚱 房 방 빵 子 즈 ᄌᆞ ◯ 집뒤다

揉 채 채 帽 만 망 子 ᄉ ᄌᆞ 來 레 래 ◯ 갓벗개 드리다

背 븨 븨 綁 방 방 來 레 래 ◯ 북볼ᄒᆞ여 오라

監 견 견 了 랸 랑 ◯ 上仝

鐵 텨 텅 鎖 수 쉬 ◯ 시슬

枷 가 갸 ◯ 칼

團 툰 뛴 枷 갸 가 ◯ 둥구레칼○或云盤편枷갸

手 식 싱 杻 칙 칭 ◯ 손에 뉴박다

攢 잔 잔 指 즈 ᄌᆞ ◯ 손가락의 ᄭᅧ미ᄂᆞᆫ 것

夾 가 걍 棍 군 군 ◯ 쥬뢰 트ᄂᆞᆫ 나모

揉 채 채 來 레 래 ◯ 스드려오다

搯 캬 컁 領 링 링 來 레 래 ◯ 멱잡이ᄋ다

監 견 견 囚 칙 찡 ◯ 가도다

鎖 소 쉬 了 랸 랑 ◯ 사슬머이다

枷 가 가 了 랸 랑 ◯ 칼머이다

長 샹 쨩 枷 갸 가 ◯ 긴칼

行 힝 ᅘᅵᆼ 枷 갸 가 ◯ 힝太칼

脚 교 걍 鐐 랸 랑 ◯ 족쇄○一云帶대鐐랸

索 소 상 板 반 반 ◯ 손가락 ᄭᅧ미고 티ᄂᆞᆫ 널뫄

杠 강 강 子 즈 ᄌᆞ 撞 촹 쫭 ◯ 가군ᄒᆞ고 티ᄂᆞᆫ 나모

刑獄

竹 주 죵 板 반 반 子 즈 즈 ○ 사로티노 竹鞭

笞 치 챵 ○ 태

鞭 변 변 打 다 다 背 븨 븨 ○ 등티다

棍 군 군 打 다 다 ○ 곤댱으로 티다

打 다 다 臀 둔 둔 ○ 볼기 티다

伏 부 뿡 罪 쥐 쥐 ○ 上仝

打 다 다 拷 캎 캉 ○ 上仝

取 츄 츄 招 쟢 쟝 ○ 다딤 밧다

檻 현 현 車 쳐 쳐 ○ 檻車

決 궈 궝 罪 쥐 쥐 ○ 죄 결ᄒᆞ다

皮 피 삐 鞭 변 변 子 즈 즈 ○ 皮鞭

杖 쟝 쨩 ○ 매

竹 주 죵 板 반 반 打 다 다 ○ 대쪽으로 티다

乱 뤈 뤈 棍 군 군 打 다 다 ○ 뭇매로 티다

伏 부 뿡 打 다 다 ○ 죄 넙다

拷 캎 캉 問 운 운 ○ 져조다

盤 펀 뻔 問 운 운 ○ 두로 힐워 뭇다

擊 기 깅 鼓 구 구 叫 갸 걍 冤 원 원 ○ 猶今擊錚

囚 칙 칭 車 쳐 쳐 ○ 上仝

斷 뒨 뒨 罪 쥐 쥐 ○ 上仝

決 궤 궈 案 안 한 ○ 公事 못다

採 채 채 出 츄 츙 去 큐 큐 ○ 스그어내티 다

碾 년 년 出 츄 츙 去 큐 큐 ○ 마러내티 다

叉 차 차 出 츄 츙 去 큐 큐 ○ ᄃᆞᆯ리내티 다

趕 간 간 出 츄 츙 去 큐 큐 ○ ᄧᅩ차내티 다

徒 두 두 ○ 모반

流 릭 릭 ○ 유비

貶 변 변 ○ 上仝

擺 배 배 站 잔 잔 去 큐 큐 ○ 站향가다

充 츙 츙 軍 균 균 去 큐 큐 ○ 充軍ᄒᆞ다

臉 련 련 上 샹 샹 刺 ᄎᆞ ᄎᆞ 字 ᄍᆞ ᄌᆞ ○ 뺨에ᄌᆞ ᄌᆞᄒᆞ다

絞 갈 갈 ○ 목ᄌᆞᄅᆞ다

斬 잔 잔 ○ 목버히다

砍 칸 칸 了 랑 랴 ○ 上仝

監 견 견 斬 잔 잔 官 권 권 ○ 刑官

劊 귀 귀 子 ᄌᆞ ᄌᆞ 手 식 식 ○ 목버히ᄂᆞᆫ 놈

剮 과 과 了 랑 랸 ○ ᄉᆞᆯᄯᅳ데죽이다

陵 링 링 遲 ᄧᅵ 치 ○ 오차ᄒᆞ여죽이 다

枷 갸 갸 號 항 한 ○ 칼메우다 ○同 釋 에님시ᄒᆞ다

脫 퉁 토 放 방 방 ○ 놋타

賣매매賣매매

買매매主쥬쥬 ○ 사ᄂᆞᆫ 님자 賣매매主쥬쥬 ○ ᄑᆞᆫ 님자

夥후훠計긔기 ○ 동무 牙야와子즈ᄌᆞ ○ 즈름

大다다市스ᄉᆞ ○ 큰져ᄌᆡ 街계계上샹샹 ○ 져젯거리

角교갸頭투틓 ○ 거릿모롱이 東둥둥館권권裡리리 ○ 各商 뫼ᄂᆞᆫ ᄃᆡ

西시시館권권裡리리 ○ [illegible] 集지찡 ○ 外方各處의 몰려 나ᄂᆞᆫ 져제

赶간간集지찡 ○ 장보라가다 ○ 或云 着찬場챵 鋪푸푸子즈ᄌᆞ ○ 흥졍ᄒᆞᄂᆞᆫ ᄃᆡ

雜자쟝貨호훠鋪푸푸 ○ 雜貨푸ᄌᆞ 店뎐뎐房방빵 ○ 外方 흥졍ᄒᆞ리 오ᄂᆞᆫ ᄃᆡ

飯반빤店뎐뎐 ○ 밥ᄑᆞᄂᆞᆫ ᄃᆡ 酒직징店뎐뎐 ○ 술ᄑᆞᄂᆞᆫ ᄃᆡ

油우잉房방빵 ○ 기름ᄑᆞᄂᆞᆫ ᄃᆡ 糖탕땅房방빵 ○ 엿ᄑᆞᄂᆞᆫ ᄃᆡ

開鋪 캐캐 푸푸 ○ 흥졍 시작ᄒᆞ다

肉案 ᅀᅮ수 안안 ○ 고기 노하 ᄑᆞᄂᆞᆫ 디

青帘 칭칭 련련 ○ 술 ᄑᆞᄂᆞᆫ 집 표ᄒᆞᆫ 기 ○ 一云 酒望子

幌子 황황 ᄌᆞᄌᆞ ○ 사 본 것 ᄑᆞᄂᆞᆫ 집 이 보람ᄒᆞᆫ 것

貨車 후후 쳐쳐 ○ 흥졍ᄒᆞᄂᆞᆫ 술위

利家 리리 가가 ○ 흥졍바치 ○ 一云 鋪家

老杭家 랖랖 항항 가가 ○ 上仝

老江湖 랖랖 걍걍 후후 ○ 商賈尊稱ᄒᆞᄂᆞᆫ 말

搖貨郎 얖얖 후후 랑랑 ○ 소ᄅᆡ 북 흔들고 도ᄂᆞᆫ 댱ᄉᆞ

倡價 챵챵 갸가 ○ 빋 내다

講價 걍걍 갸가 ○ 갑 혀기다

賤時價 쟌쟝 ᄉᆞᄉᆞ 갸가 ○ 시가대로 ᄒᆞ다

賤行市 쟌쟝 힝힝 ᄉᆞᄉᆞ ○ 上仝

發賣 바바 매매 ○ ᄑᆞ다

收買 식식 매매 ○ 거두어 사다

成交 칭칭 갸갸 ○ 흥졍 못다

對換 뒤뒤 환환 ○ 막 밧고다

將就 쟝쟝 직직 ○ 두어라 ᄒᆞ다

一倒兩斷 이이 단단 량량 뒨뒨 ○ ᄒᆞᆫ번에 뭇다

拖欠 토토 켠켠 ○ 갑 드리 옷다

賣買

轉錢 좐쳔 좬쪈 ○ 니내다

虧了 퀴랴 퀴량 ○ 섭다

打倒 다닾 다담 ○ 흥정므르다 ○ 一云悔交 휘쟌

不濟事 부지스 붕지씅 ○ 쇽졀업다

真的 진디 진딩 ○ 진짓것

絶高 쥬갸 쮱갛 ○ ᄀᆞ장됴다

稀罕 히한 히한 ○ 귀ᄒᆞ다

廣 광 광 ○ 흔ᄒᆞ다 ○ 多 도 ○ 或云廣 광

稅錢 쉬쳔 쉬쪈 ○ 질지

折本 셔븐 쎵븜 ○ 밋디다

不肯 부큰 붕큰 ○ 슬타

退換 퉈환 퉈훤 ○ 도로 쇼 ○ 一云倒裝 닾쫭

地頭的 디투디 띠뜽딩 ○ 밋ᄯᅡ 맛ᄯᅡ

假的 갸디 갸딩 ○ 거즛것

常行的 챵힝디 쨩ᅘᅵᆼ딩 ○ 녜ᄉᆞ것

不稀罕 부히한 붕히한 ○ 貴 귀 ᄐᆡ 아니

稅契 쉬키 쉬키 ○ 글월벗기다

牙錢 야쳔 야쪈 ○ 즈름갑

譯語類解 上

譯語類解 下

譯語類解 下

譯語類解 下

珍寶

寶貝 ○ ㅣㅣ

金子 ○ 금

赤金 ○ 븕근금

銀子 ○ 은

花銀 ○ 十分銀

細絲 ○ 세살쿠ᄌᆞ

玉 ○ 옥

真珠 ○ ㅣㅣ

風磨銅 ○ 色賽金而貴於金

烏金 ○ 거믄금

黃金 ○ 누른금

官銀 ○ 구읫나기은

元寶 ○ 몰굽쇠

青絲 ○ 九成銀

羊脂玉 ○ 양의곱ᄀᆞ툰옥

珠子 ○ 구슬

珊산산 瑚후후 ○ㅣㅣ

琥후후 珀퍼픵 ○ㅣㅣ ○珀俗音패

琱밍밍 珀퍼픵 ○명패

金긴긴 珀퍼픵 ○금패

瑪마마 瑙나낭 ○ㅣㅣ

琉랴릳 璃리리 ○ㅣㅣ

猫먀먕 睛징징 ○夜光珠

水쉬쉬 晶징징 ○ㅣㅣ

蜜미밍 蠟라랑 珠쥬쥬 ○ㅣㅣ

剌라랑 兒슬슬 ○날

硨쳐쳐 磲규규 ○쟈개

海해해 蚆바바 ○上仝

珠쥬쥬 珂커커 子즈즈 ○上仝

玳대대 瑁믜믜 ○ㅣㅣ

鈿뎐뎐 螺로러 ○나뎐

犀시시 角교갿 ○ㅣㅣ

通퉁퉁 天텬텬 犀시시 ○ㅣㅣ

烏우후 犀시시 角교갿 ○ㅣㅣ

黃황황 犀시시 角교갿 ○ㅣㅣ

靑칭칭 金긴긴 石시씽 ○ㅣㅣ

茅 망마 山 산산 石 씽시 ○ 구은옥

孔 쿵쿵 雀 챨쵸 石 씽시 ○ ｜

花 화화 斑 반반 石 씽시 ○ ｜

寶 밯바 石 씽시 ○ ｜

金 긴긴 剛 강강 鑽 쥰쥰 ○ 옥뚤ᄂᆞᆫ것

燻 휸휸 金 긴긴 ○ 皮金

金 긴긴 箔 빵바 ○ ｜

銀 인인 箔 빵바 ○ ｜

紫 즈즈 石 씽시 瑛 잉임 ○ 紫水晶

磁 쯔츠 石 씽시 ○ 指南石

象 썅샹 牙 야야 ○ ｜

紅 훙훙 銅 뚱퉁 ○ 구리

水 쉬쉬 銀 인인 ○ ｜

銀 인인 硃 쥬쥬 ○ 쥬홍

錫 싱시 鑞 랑라 ○ 납

黑 흥허 鉛 연연 ○ 함셕 연或云黑허鉛켠

石 씽시 鱗 린린 ○ ｜

蚕 짠찬 桑 상상

蠶種 (찬짠 중중) ○누에씨

蠶子 (찬짠 즈즈) ○上仝

養蠶 (양양 찬짠) ○누에치다

掃下 (산삼 하햐) ○누에ᄡᅳ다

頭眠 (투뜰 면면) ○첫ᄌᆞᆷ

二眠 (을슿 면면) ○둘재ᄌᆞᆷ

三眠 (산산 면면) ○한ᄌᆞᆷ

上草 (샹샹 찬참) ○섭헤올리다

上樹 (샹샹 슈쓔) ○上仝

結繭 (거겅 견견) ○고티짓다

摘繭 (저징 견견) ○고티ᄠᆞ다

繅絲 (산삼 스슿) ○실혀다

扯絲 (쳐쳐 스슿) ○上仝

絡絲 (로랑 스슿) ○실리다

蠶蛹子 (찬짠 융융 즈즈) ○본도기

出蛾子 (츄츙 오어 즈즈) ○나뷔나다

成對 (칭징 뒤뒤) ○나븨어우다

下子 (하햐 즈즈) ○누에알스다

織造 (지징 잔잠)

絲 스 ᄉᆞ 料 랴ᇢ 랑 ○ 실ᄉᆞ옴

旋 숸 쓘 線 션 션 ○ 실모리다

紉 쿠 큼 線 션 션 ○ 실어우로다

籰 야 락 子 즈 ᄌᆞ ○ 어리 ○ 籰俗音 요

簆 쿠 큼 ○ 上仝

簆 쿠 큼 匣 햐 뺭 ○ 上仝

掙 즈ᇰ 징 線 션 션 ○ 비단ᄧᆞ논빙아

紬 주 쥬ᇢ 頭 투 뜰ᇢ ○ 몰속 紬又音칙

三 산 산 脚 ᄀᆢ 걍 ○ 베거리

扚 인 인 杖 쟝 쟝 ○ 上仝

理 리 리 理 리 리 絲 스 ᄉᆞ ○ 실ᄀᆞᆯ히다

纏 쳔 쪈 線 션 션 ○ 上仝

紇 그 긍 繨 다 닿 ○ 실ᄆᆡ딥

筬 칭 찡 ○ 바듸

筬 칭 찡 筐 쾅 광 ○ 바듸집

綜 중 중 線 션 션 ○ 잉아

梭 소 서 ○ 북

捲 권 권 布 부 부 棍 군 군 ○ 上仝

攪 갸 걍 棍 군 군 ○ 사츰대

機 기 기 身 신 신 ○ 뵈틀

機기기頭투뜰 ○ 도토마리
鞦칙칭頭투뜰 ○ 쇳기리

織지징金긴긴段뒨뒨子즈즈 ○ 금션비단 二字 ○ 自草金至月白去段子

草찬참金긴긴 ○ 사오나온비단
金긴긴黃황뽱 ○ 금차할비단

大다따紅홍흫 ○ 다홍비단
小샾삼紅홍흫 ○ 쇼홍비단

桃탚땋紅홍흫 ○ 도홍비단
粉븐븐紅홍흫 ○ 분홍비단

水쉬쉬紅홍흫 ○ 버슨분홍비단
礬반빤紅홍흫 ○ 번홍비단

木무뭉紅홍흫 ○ 목홍비단
肉수숭紅홍흫 ○ 육홍비단

茜쳔쳔紅홍흫 ○ 곡도숑믈든비단
鵝오어黃황횅 ○ 버슨금차할비단

火호훠炎연연桃탚땋紅홍흫 ○ 심도홍비단
丁딩딩香향향褐허뻥 ○ 거믄차할비단

酒직징沉친찐茶차쨔褐허뻥 ○ 감차할비단
藕우읗絲스쓰褐허뻥 ○ 우헐비단

鷹背褐 ○ 매등빗쳇비단

串香褐 ○ 향ᄎᆡ빗쳇비단

文褐 ○ 밗빗쳇바단

麝香褐 ○ 샤향빗쳇비단

蜜褐 ○ 쑬빗쳇비단

葱白 ○ 옥식비단

栢枝綠 ○ 딧튼ᄎᆞ록비단

明綠 ○ ｜비단

鸚哥綠 ○ 연ᄎᆞ록비단

草綠 ○ ｜비단

鴨頭綠 ○ 야토록비단

油綠 ○ ｜비단

柳青 ○ ｜비단

閃黃 ○ 쥬황비단

天青 ○ ｜비단

柳黃 ○ ｜비단

鴉青 ○ ｜비단

黑青 ○ 거믄야청비단

黑墨綠 ○ 희무로비단

月白 ○ 연남비단

膝(시/싱)欄(란/린)紋(운/믄) ○ ㅣㅣ문

界(계/계)地(디/띠)雲(윤/윤) ○ 벽드르운 믄

海(해/해)馬(마/마) ○ ㅣㅣ문

嵌(견/견)八(바/방)寶(봐/밤) ○ 八寶신문

蜂(붕/붕)赶(간/간)梅(믜/믜) ○ 벌이梅花 바로논문

四(스/亽)季(기/기)花(화/화) ○ ㅣㅣㅣ문

骨(구/궁)朶(도/터)雲(윤/윤) ○ 베구룸문

穿(춴/춴)花(화/화)鳳(붕/뽕) ○ 봉이곳치 나드논문

六(릭/릭)花(화/화) ○ ㅣㅣ문

四(스/亽)雲(윤/윤) ○ ㅣㅣ문

光(광/광)素(수/수) ○ 민비단

暗(안/한)花(화/화) ○ 스민문

紫(즈/즈)紵(쥬/쥬)絲(스/亽) ○ 즈디비단

渾(훈/훈)金(긴/긴)搭(다/당)子(즈/즈) ○ 슌금비단

縐(주/즐)紗(사/사) ○ 즈우샤

帽(뫄/맘)紗(사/사) ○ 무로

白(버/뻥)羅(로/러) ○ 흰노

藍(란/란)紗(사/사) ○ 남사

綾(링/링)子(즈/즈) ○ 通稱綾

聖(싱/싱)綾(링/링) ○ 됴흔능

中 중중 綾 링링 ○ 丨丨

顔 연현 色 서승 絹 편편 ○ 믈든깁

毷 허훙 子 즈즈 ○ 무ᄾᅩ

紡 방방 緣 스숭 紬 착쯤 ○ 丨丨丨

羽 유유 段 뒨뒨 ○ 짓ᄾᅵ비단

大 다따 細 시시 三 산산 梭 소서 ○ 세삼승

小 샾샾 三 산산 梭 소서 ○ 쇼삼승

錦 긴긴 被 비븨 ○ 금의

績 지징 麻 마마 ○ 삼삼다 ○ 績 俗音치

牽 견견 布 부부 ○ 上소

水 쉬쉬 光 광광 絹 편편 ○ 제믈엣깁

碾 년텬 絹 편편 ○ 다듬은깁

潞 루투 州 쥐쥥 紬 착쯤 ○ 丨丨丨

花 화화 緣 스숭 紬 착쯤 ○ 丨丨丨

倭 오워 段 뒨뒨 ○ 上소

中 중중 三 산산 梭 소서 ○ 듕삼승

大 다따 布 부부 ○ 丨丨

扯 쳐쳐 段 뒨뒨 子 즈즈 ○ 비단쓴타

撒 사상 布 부부 ○ 뵈ᄂᆞ다

牽 견견 經 깅깅 ○ 비단ᄂᆞ다

糨 걍걍 布 부부 ○ 뵈에플머기다

刷 솨솽 布 부부 ○ 뵈믹다

苧 쥬쥬 麻 마마 布 부부 ○ 모시뵈

夏 햐햐 布 부부 ○ 뵈

稀 히히 糲 라량 布 부부 ○ 열믠뵈

淆 햐향 布 부부 ○ 열온뵈

緊 긴긴 密 미밍 布 부부 ○ 칙칙ᄒᆞᆫ뵈

洗 시시 白 버뻥 布 부부 ○ 누은뵈

漂 퍞퍙 白 버뻥 布 부부 ○ 上仝

零 링링 布 부부 ○ 자토리

綿 면면 子 즈즁 ○ 플소옴

花 화화 絨 숭숭 ○ 去核綿花

壓 야양 的 디딩 綿 면면 花 화화 ○ 上仝

彈 탄딴 的 디딩 綿 면면 花 화화 ○ 튼소옴

線 션션 繐 쉬쒸 子 즈즁 ○ ᄉᆔ리

綿 면면 繐 쉬쒸 兒 ᅀᆞᆯᅀᅳᆯ ○ 플소옴고토리

摇 얀양 擣 단당 ○ 두드림질ᄒᆞ다

碾 년텬 ○ 上仝

舒 슈슈 扯 처처 ○ 다ᄅᆞ다

擺 배배 一 이잉 擺 배배 ○ 上仝

裁채째縫봉뽕

裁채째帛버뻥 ○ 옷ᄆᆞ음

裁채째兒쑬쑬 ○ 上仝

裁채째衣이이裳샹썅 ○ 옷ᄆᆞᄅᆞ다

身신신子즈ᄍᆞ ○ 옷길

上샹썅身신신 ○ 옷웃동

下햐ᅘᅣ身신신 ○ 옷아랫동

顚텬텬倒닾닿裁채째 ○ 엇ᄆᆞᄅᆞ다

蹊히ᅘᅵ蹺캎꺟裁채째 ○ 上仝

前쳔쪈襟긴긴 ○ 압자락

底디디襟긴긴 ○ 안자락

後후흫襟긴긴 ○ 뒷자락

衩차차兒쑬쑬 ○ 무

領링링 ○ 깃

護후후領링링 ○ 동졍

託토탕肩견견 ○ 깃바대

袖수씽子즈ᄍᆞ ○ 소매

大다따袖수씽 ○ 소매밋동

小샤샹袖수씽 ○ 듕동

袖 씩식 口 큭쿠 ○ 소맷부리

滾 군군 邊 변변 ○ 단

搓 처초 線 션션 ○ 실븨다

引 인인 了 랼랴 ○ ᄉᆞᆺ다

句 큭쿠 針 진진 ○ 딩침

綽 챵챠 邊 변변 ○ 上仝

順 쓘슌 風 붕붕 褶 졍져 兒 ᅀᅳᆼᅀᅳᆯ ○ ᄡᅳ레 주롬

裓 반반 褶 졍져 兒 ᅀᅳᆼᅀᅳᆯ ○ 너븐주롬

上 썅샹 表 뱧밮 ○ 上仝

縫 뿡붕 連 련련 ○ 어우로다

補 부부 靦 큰큰 ○ 방조각

悶 믄믄 邊 변변 ○ 단두로다

水 쉬쉬 線 션션 ○ 스츰실

一 잉이 列 령려 針 진진 ○ 힝침

綽 챵챠 針 진진 ○ 기슭각다

死 ᄼᅳᄉᆞ 縫 뿡붕 ○ 막ᄒᆞ다

細 시시 褶 졍져 兒 ᅀᅳᆼᅀᅳᆯ ○ ᄀᆞᄂᆞᆫ주롬

吊 댱댜 面 면면 ○ 옷것올리다

樹 쓔슈 綿 면면 花 화화 ○ 소옴두다

行 향항 的 딩디 ○ 드믄누비

衲 나 낭 的 디 딍 ○ 존누비

衣 이 이 襻 판 판 ○ 골홈

釘 딩 딩 帶 대 대 子 즈 즁 ○ 골홈드다

綴 쥐 쥐 帶 대 대 子 즈 즁 ○ 上仝

裩 군 군 襠 당 당 ○ 듕읫밋

補 부 부 綻 잔 짠 ○ 깁다

帵 원 원 片 편 편 ○ 헝것

針 진 진 子 즈 즁 ○ 바ᄂᆞᆯ

大 다 따 針 친 진 ○ 굴근바ᄂᆞᆯ

小 샤 샹 針 진 진 ○ 죤바ᄂᆞᆯ

綉 삭 싱 針 진 진 ○ 슈쓰ᄂᆞᆫ바ᄂᆞᆯ

機 기 기 頭 투 뜰 ○ 화도곳

布 부 부 頭 투 뜰 ○ 뵛조각

段 된 뒨 頭 투 뜰 ○ 비단조각

田 텬 뗜 農 눙 눙

壯 쟝 쟝 田 텬 뗜 ○ 됴흔밧

好 한 할 田 텬 뗜 ○ 上仝

薄 보 밯 田 텬 뗜 ○ 사오나온밧

水 쉬 쉬 田 텬 뗜 ○ 논

旱 한 햔 田 텬 뎐 ○ 밧

開 캐 개 荒 황 황 田 텬 뎐 ○ 다시닐온밧

糞 븐 뻔 田 텬 뎐 ○ 밧걸오다

犁 리 리 兒 ᅀᆞᆯ ᅀᅳᆯ ○ 보

犁 리 리 底 디 디 兒 ᅀᆞᆯ ᅀᅳᆯ ○ 上仝

犁 리 리 漿 쟝 쟝 ○ 보ㅅ부출나모

鏵 화 ᅘᅪ 子 즈 즈 ○ 볏

犁 리 리 轅 원 원 ○ 보십ᄂᆞ릇나모

套 토 탐 鞅 양 약 子 즈 즈 ○ 멍에메오다

钁 교 걒 子 즈 즈 ○ 上仝

破 포 풔 荒 황 황 田 텬 편 ○ 처음닐온밧

查 차 쟈 過 고 궈 田 텬 뎐 ○ 세번셰닐온밧

頃 킹 킹 畝 무 무 ○ 이랑

犁 리 리 頭 투 뜰 ○ 보십놀희박ᄂᆞᆫ나모

犁 리 리 鏵 화 ᅘᅪ 兒 ᅀᆞᆯ ᅀᅳᆯ ○ 보십놀

犁 리 리 把 바 바 ○ 上仝

犁 리 리 凹 와 와 兒 ᅀᆞᆯ ᅀᅳᆯ ○ 上仝

犁 리 리 柱 쥬 쥬 ○ 보십허리예세온기동

鋤 추 쭈 子 즈 즈 ○ 호미

鏟 찬 찬 子 즈 즈 ○ 셔셔기음ᄆᆡᄂᆞᆫ호믜

木무뭉 把바바 子즈즈 ○ 나모쇼시랑

木무뭉 杴현현 ○ 나모가래

鐵텨텽 鍬챠챵 ○ 삽

钁궤궹 頭투뜽 ○ 上仝

連련련 耞갸갸 ○ 도리채

種즁즁 田텬뗜 ○ 밧시므다

子즈즈 粒리링 ○ 上仝

秧양향 針진진 ○ 깃난벼

出츄츙 苗먀망 ○ 엄나다

發바방 穗쉬쉬 ○ 이삭픠다

鐵텨텽 把바바 子즈즈 ○ 쇠쇼시랑

鐵텨텽 杴현현 ○ 쇠가래

鐵텨텽 鎬고귀 ○ 광이

鐮련련 刀다당 ○ 낫

耕긍깅 田뎐뗜 ○ 밧가다

種즁즁 子즈즈 ○ ᄡᅵ

撒사상 穀구공 ○ ᄡᅵ셔타

揷차창 秧양향 ○ 모옴기다

包반방 ○ 이삭비다

莠무임 子즈즈 草찬참 ○ 기음

豆 듣두 子 즈즈 結 겨겨 斑 반반 兒 슬슬 ○콩고토리미치다 ○結實曰豆角교兒슬

小 샤샤 豆 듣두 結 겨겨 角 갸교 兒 슬슬 ○팟고토리미치다 ○菉豆芝麻結子亦曰結角兒

田 텬텬 壠 룽룽 ○밧두듥

鋤 추추 田 텬텬 ○밧미다

鋤 추추 地 디디 ○上仝

鋤 추추 草 찬찬 ○기음미다

收 식식 田 텬텬 禾 호호 ○곡식거두다

收 식식 成 칭칭 ○上仝

年 년년 成 칭칭 好 한한 ○녀름됴타

割 거거 穀 구구 子 즈즈 ○곡식븨다

打 다다 連 련련 楷 게게 ○도리채질ᄒᆞ다

揚 양양 穀 구구 子 즈즈 ○붓도티다

簸 보보 一 이이 簸 보보 ○싸보로다

擣 닶닶 碓 뒤뒤 ○방하ᄶᅵᆺ타

帥 바바 一 이이 帥 바바 ○밤술타

佃 텬텬 户 후후 ○農人

禾 호호 穀 구구

稻子 닫땋 즈즈 ○ 벼

稻米 닫땋 미미 ○ 니ᄡᆞᆯ

大米 다따 미미 ○ 上仝

水稻米 쉬쉬 닫땋 미미 ○ 논에난ᄡᆞᆯ

旱稻米 한ᄒᆞᆫ 닫땋 미미 ○ 산도미

桃花米 탈땋 화화 미미 ○ 블근ᄡᆞᆯ

大麥 다하 머멍 ○ 보리

小麥 샾샿 머멍 ○ 밀

蕎麥 꺞꺞 머멍 ○ 모밀

穈子 미미 즈즈 ○ 기장

黍子 슈슈 즈즈 ○ 上仝

黃粘穈子 황ᅘᅪᇰ 녇년 미미 즈즈 ○ 찰기장

穀子 구공 즈즈 ○ 피조

小米 샾심 미미 ○ 조ᄡᆞᆯ

大黃米 다따 황ᅘᅪᇰ 미미 ○ 가장ᄡᆞᆯ

黃小米 황ᅘᅪᇰ 샾심 미미 ○ ᄎᆞ조ᄡᆞᆯ

黑粘穀米 허흫 년년 구공 미미 ○ 청냥미

稗子 배빼 즈즈 ○ 피

蜀蜀 슈쓯 슈쓯 ○ 슈슈

高粱 간강 량량 ○ 上仝

玉유융蜀슈쓩蜀슈쓩 ◯ 옥슈슈

黃황쾅豆두뜸 ◯ 누른콩

黑허흥豆두뜸 ◯ 가믄콩

小샤샴豆두뜸 ◯ 퐃

菉루롱豆두뜸 ◯ 一

豌원원豆두뜸 ◯ 광쟝이

豇강강豆두뜸 ◯ 上仝

長챵짱豆두뜸 ◯ 上仝

玉유융米미미珠쥬쥬子즈즈 ◯ 율모밠 玉兒米

蚕찬짠豆두뜸 ◯ 누에홈싀먹는 퐃

芝즈즈麻마마 ◯ 춤깨

蘇수수子즈즈 ◯ 들깨

零링링大다따麥머멍 ◯ 귀우리

粘년녀的디딍 ◯ 출

籼션션的디딍 ◯ 뫼。 수俗音산

麩부부皮피삐 ◯ 밀기울

麫머멍麩부부 ◯ 上仝

熟수쑹了랴랴 ◯ 닉다

成칭쩡熟수쑹 ◯ 上仝

實시싱了랸랑 ◯ 염그다

秕 비비 了 랴랴 ○ 죽다

糠 캉캉 ○ 겨 ○ 稲糠 니발겨 穀糠 조발겨

稻 닾뚷 草 찬참 ○ 낫딥

豆 두뚷 楷 계계 ○ 콩각대

芝 즈즘 麻 마마 楷 계계 ○ 춤깨새

麻 마마 楷 계계 ○ 겨릅대

菜 채채 蔬 수수

豆 두뚷 芽 야야 菜 채채 ○ 녹두기름

葵 키끼 菜 채채 ○ 아혹

蓬 팅띵 子 즈즘 ○ 부룻대

穀 구궁 穰 샹샹 ○ 조부거미

穀 구궁 草 찬찰 ○ 좃딥

豆 두뚷 角 쬬갿 ○ 콩고도리

蜀 슈쓩 蜀 슈쓩 楷 계계 ○ 슈슛대

蘇 수수 子 즈즘 楷 계계 ○ 들깻대

麻 마마 刀 닾담 ○ 삼서올

蓼 랴랑 芽 야야 菜 채채 ○ 역괴기름

萵 오워 苣 규규 菜 체체 ○ 부로

白 버뻥 菜 채채 ○ 비지

蘿(로/러)蔔(부/뿡) ○ 댓무우
蔓(먼/먼)菁(쟝/징) ○ 쉿무우

水(쉬/쉬)蘿(로/러)蔔(부/뿡) ○ 물한댓무우
胡(후/ᅘᅮ)蘿(로/러)蔔(부/뿡) ○ 노른댓무우

芥(계/계)菜(채/재) ○ 갓
水(쉬/쉬)芹(긴/견)菜(채/채) ○ 미나리

葱(충/충)菜(채/채) ○ 파
蒜(숸/숸)菜(채/채) ○ 마늘

韭(긱/깁)菜(채/채) ○ 염규
薤(혜/혜)菜(채/체) ○ 부칙

赤(치/칭)根(근/근)菜(채/채) ○ 싀근칙
牛(누/닏)蒡(방/방)菜(채/채) ○ 우웡

芋(유/유)頭(투/뜰) ○ 토란
芋(유/유)奶(내/내) ○ 토란알

莞(원/원)荽(쉬/쉬) ○ 고싀
荊(깅/깅)芥(계/계) ○ 뎡가

薄(보/볼)荷(허/허) ○ ᅵᅵ
紫(즈/즈)蘇(수/수) ○ ᄎᆞ조기

冬(둥/둥)瓜(과/과) ○ 동화
黃(황/황)瓜(과/과) ○ 외

瓜 과과 瓤 샹양 ○ 욋속

三 산산 辦 빤반 瓜 과과 ○ 세골외

四 슴스 辦 빤반 瓜 과과 ○ 네골외

甜 뎐텬 瓜 과과 ○ 춤외

香 향향 瓜 과과 ○ 上소

西 시시 瓜 과과 ○ 슈박

稍 삼산 瓜 과과 ○ 소과

絲 슴스 瓜 과과 ○ 수세외

天 텬텬 瓜 과과 ○ 하놀다리

土 투투 瓜 과과 ○ 쥐춤외

葫 ᅘᅮ후 蘆 루루 ○ 박

葫 ᅘᅮ후 蘆 루루 絲 슴스 ○ 박고지 으云葫蘆條

葫 ᅘᅮ후 蘆 루루 旋 쒼쉰 ○ 上소

茄 겨겨 子 즈즈 ○ 가지

水 쉬쉬 茄 겨겨 子 즈즈 ○ 믈가지

旱 ᅘᅡᆫ한 茄 겨겨 子 즈즈 ○ 외가지

曲 큥큐 曲 큥큐 菜 채채 ○ 샤라부로

田 뗜텬 菁 징징 ○ 샤태올

苦 쿠쿠 菜 채채 ○ 上소

洛 랑로 藜 리리 ○ 도ᄐᆞ랏

莧 현현 菜 채채 ◯ 비름

荏 ᅀᅵᆫᅀᅵᆫ 荇 힝ᅘᅵᆼ ◯ 上仝

薺 지찌 菜 채채 ◯ 나히

茼 퉁뚱 蒿 화항 ◯ 동고치

馬 마마 蹄 티띠 菜 채채 ◯ 곰돌릐

酸 숸숸 蔣 쟝쟝 ◯ 승아

羊 양양 蹄 티띠 菜 채채 ◯ 솔옷

黃 황ᅘᅪᆼ 花 화화 菜 채채 ◯ 넙ᄂᆞ믈

狗 구끅 脚 교걓 踵 중쭝 菜 채채 ◯ 곳다대

蒼 창창 朮 츄쭁 菜 채채 ◯ 삽듀

紫 즈쯔 花 화화 菜 채채 ◯ 도아리

龍 룽룽 葵 키기 菜 채채 ◯ 上仝

拳 퀀퀀 頭 투뜰 菜 채채 ◯ 고사리

山 산산 芹 킨낀 菜 채채 ◯ ᄎᆞᆷᄂᆞ믈

藕 우ᅌᅳᇢ 菜 채챈 ◯ 년근치

貫 권권 衆 중쭝 菜 채채 ◯ 회ᄎᆞᆷ이

搖 얖얌 頭 투뜰 菜 채채 ◯ 둘옵

莙 균균 薘 다땅 菜 채채 ◯ 근대

青 칭칭 角 교걓 菜 채채 ◯ 쳥각

鹿 루룽 角 교걓 菜 채채 ◯ 上仝

黃황횡角교갹菜채케○듬북이　筆비빙管권권菜채채○멸

龍룽룽鬚슈슈菜채채○上仝　山균균○비슷

磨모뭐果고궈○上仝　木무뭉耳술슝○납겟버슷

香향향蕈신씬○표고　松숭숭磨모뭐果고무○松耳

野여여蒜쉰쉰○쪽지　苜무뭉蓿수숑○거유목

苦기궁蕒깅깅○도랏　山산산蔘신슨○더덕

薺지찌苨니니○겨릐기　山산산藥요얌○마

蔞루릉蒿한함○믈빡　葱충충筆비빙頭투뜽○파죵지

起키키蘿로러蔔부뽕○무우키다　凹와와葱충충○파속고다

掘궤펑芋유유奶내내○토란키다　掩완완菜채채○나믈키다

扽빵판菜채채 ○ 上同

挑탕턒菜채채 ○ 묏ᄂᆞ믈 키다

劈핑피菜채채葉엳여 ○ ᄂᆞ믈닙ᄠᅡ다

摘징저菜채채 ○ ᄂᆞ믈다ᄃᆞᆷ다

齊찌치菜채채 ○ 上仝

剝방바蒜숸숸 ○ 마ᄂᆞᆯ셔다

煠짱자菜채채 ○ ᄂᆞ믈데티다

齋재재菜채채 ○ 上仝

器키키具뀨규

大다다鍋궈고兒ᅀᅳᆯᅀᅳᆯ ○ 가마

小샹샤鍋궈고兒ᅀᅳᆯᅀᅳᆯ ○ 져근가마

荷혀허葉엳여鍋궈고 ○ 헤너러딘가마

鍋궈고兒ᅀᅳᆯᅀᅳᆯ ○ 솟

鑼러로鍋궈고 ○ 노고

茶짜차鑵권권 ○ 차탕권

銅뚱퉁椀원원 ○ 놋그릇

銅뚱퉁匙쯔츠子즈즈 ○ 놋술

筯쮸쥬子즈즈 ○ 져

快괘쾌子즈즈 ○ 上仝

銅 퉁 뚱 盆 픈 뻔 ○ 놋소라

洗 시 시 臉 련 련 盆 픈 뻔 ○ 세슈소라

瓦 와 와 盆 픈 뻔 ○ 딜소라

盂 유 유 子 즈 즈 ○ 대야

鉢 보 뽕 盂 유 유 ○ 에유아리

磁 츠 쯔 椀 원 원 ○ 사발

甌 우 흥 子 즈 즈 ○ 보ᄋᆞ

鍾 중 즁 子 즈 즈 ○ 죵ᄌᆞ

木 무 뭉 楪 뎌 뎡 子 즈 즈 ○ 나모뎝시

磁 츠 쯔 楪 뎌 뎡 子 즈 즈 ○ 사뎝시

酒 직 징 榼 해 헤 子 즈 즈 ○ 술준

酒 직 징 鼈 벼 벼 兒 ᅀᅳᆯ ᅀᅳ ○ 쥬벼ᄋᆞ

酒 직 징 壺 후 ᄒᆡᆼ ○ 호병

酒 직 징 瓶 핑 삥 ○ 上소

銅 퉁 뚱 銚 댜 땽 ○ 쥬젼ᄌᆞ

盞 잔 잔 兒 ᅀᅳᆯ ᅀᅳ ○ 잔

鸚 잉 힝 鵡 우 무 螺 로 러 ○ 잉무비

盤 편 뻔 子 즈 즈 ○ 반 ○ 盤俗音판

茶 차 짜 托 토 탑 ○ 찻반

卓 조 졍 子 즈 즈 ○ 상

高갑꼬卓잡조兒슬술 ○ 고족상

低디디卓잡조兒슬술 ○ ᄂᆞ즌상

㼍강강子즈즈 ○ 독

壜딴탄子즈즈 ○ 항

油임우瓶뼁핑 ○ 소용

火휘호床쫭촹 ○ 화로

火휘호盆뻔픈 ○ 上소

火휘호筯쮸쥬 ○ 화쥬

鏊암오子즈즈 ○ 떡굼ᄂᆞᆫ편쇠

炙징지床쫭촹 ○ 고기굼ᄂᆞᆫ섯쇠

火휘호籠룽룽 ○ 焙籠

鐵텨텨撐충충 ○ 적쇠

漏릉루杓쌸샾 ○ 섯쟈

榪마마杓쌸샾 ○ 나모쥬게

銅뚱퉁杓쌸샾 ○ 놋쥬게

抹뭥마布부부 ○ 힝ᄌᆞ

笊잘잘籬리리 ○ 죠리

竹쥭주篩슿스子즈즈 ○ 얼멍이 ○ 篩俗音새

羅뤄로兒슿술 ○ 깁체

馬마마尾미이羅러로兒슿술 ○ 몰총체

水 쉬쉬 桶 퉁퉁 ○ 물통

水 쉬쉬 斗 두듣 ○ 드레

柳 루릳 鑵 권권 ○ 버들로 겨론 드레

洒 사사 子 즈즈 ○ 上仝

井 징징 繩 싱싱 ○ 들엣줄

鐵 텨텽 箍 구구 ○ 쇠테 메오다

酒 직징 榨 자자 ○ 술고조

酒 직징 甑 증증 ○ 쇼쥬ᄉ고오리 ○ 甑俗音징

甑 증증 箅 비비 兒 숼숲 ○ 시ᄅ 밋

酒 직징 篘 추층 子 즈즈 ○ 늉소 ○ 俗呼 직수조

吊 됴댱 桶 퉁퉁 ○ 上仝

瓦 와와 鑵 권권 ○ 딜드레

鐵 텨텽 落 로랑 ○ 드레 ○ 元話

轆 루룽 轤 루루 ○ 조애

篾 며명 箍 구구 ○ 대테 메오다

瓢 퍞빵 子 즈즈 ○ 죡박

油 약잉 榨 자지 ○ 기름 ᄧᆞᆫ 고조

甑 증증 兒 숼숲 ○ 시ᄅ

甑 증증 簾 련련 兒 숼숲 ○ 上仝

酒 직징 帘 련련 ○ 술고조 주머니

酒직징鏇쉰쉰子즈즈 ○ 술대야

盒허헝兒술슬 ○ 합

饌좐좐盒허헝 ○ 찬 ㅣ ㅣ 。 饌俗音

托토탕盤펀뻔 ○ 시탁

簸보뷔箕기기 ○ 키

籤쳔쳔子즈즈 ○ 적곳

斗두등子즈즈 ○ 말

斛후훙子즈즈 ○ 휘

槩개개子즈즈 ○ 평목

刷솨솽子즈즈 ○ 사ᄌᆞ

刷솨솽帚직징 ○ 긔구ᄡᅳᄂᆞᆫ솔

帽마맘刷솨솽 ○ 갓ᄡᅳᄂᆞᆫ솔

糊후훙刷솨솽 ○ 키야

掃삳삼帚직징 ○ ᄡᆞ리뷔

苕탸땅帚직징 ○ 닛뷔

蠅잉엄拂보붕子즈즈 ○ ᄑᆞ리채

坩간칸堝고궈 ○ 도간

箱샹샹籠룽룽 ○ 샹ᄌᆞ

荊깅깅籠룽룽 ○ 채롱

荊깅깅筐광광 ○ 채광조리

筐광광兒술슨 ○ 광조리

提티뎌籃란란 ○ 드는광조리

櫃귀귀子즈즈 ○ 궤

拜배배帖텨텽匣햐향兒술슨 ○ 명함필갑

鏡깅깅臺태대 ○ 경딕

被븨삐套탄탕 ○ 上스

包봐밤袱부뽕 ○ 보

按안안板반반 ○ 上소

磨모뭐兒술슨 ○ 매

尺치칭板반반 ○ 전반

柳루릳箱샹샹 ○ 섥

破포퍼落로랖 ○ 고리

匣햐향兒술슨 ○ 필갑

鏡깅깅奩련련 ○ 거울집

搭다당連련련 ○ 니블집

口쿠큳袋대때 ○ 쟈루

切쳐쳥板반반 ○ 도마

榔랑랑頭투뜽 ○ 메

碾년녀子즈즈 ○ 上소

尺치칭頭투뜽 ○ 자

剪 전젼 子 즈즈 ○ 가위
裁 채재 刀 도닿 ○ 上仝

烙 로랗 鐵 텨텽 ○ 인도
熨 유융 斗 두득 ○ 다리오리 ○ 熨音運

火 호호 斗 두득 ○ 上仝
運 윤윤 斗 두득 ○ 上仝

棒 방빵 槌 취훠 ○ 방마치
赶 간간 麪 면면 棍 군군 ○ 홍돗개 ○ 棍或作杖

拗 얖향 棒 방빵 ○ 上仝
呀 야야 石 시씽 ○ 방츄돌

槌 취훠 板 반반 石 시씽 ○ 上仝
被 븨삐 兒 슬슬 ○ 니블

卧 오어 單 단단 ○ 욧니블
被 븨삐 單 단단 ○ 上仝

枕 진진 頭 투뜰 ○ 벼개
涼 량량 枕 진진 ○ 등으로 겨른 벼개

枕 진진 頭 투뜰 頂 딩딩 兒 슬슬 ○ 벼개ㅅ모
靠 캎캎 墩 둔둔 ○ 안셕

涼 량량 墩 둔둔 ○ 등으로 겨른 안셕
褥 수숭 子 즈즈 ○ 요

毯 탄탄 子 조조 ○ 담

氈 젼젼 條 탚댠 ○ 젼됴

藁 고갈 薦 젼젼 ○ 딥지즑

席 시씽 子 조조 ○ 돗

凉 량량 席 시씽 ○ 上仝

籚 루루 席 시씽 ○ 삿

雨 유유 傘 산산 ○ 一

老 랖랖 鸛 권권 傘 산산 ○ 져근우산

日 시싕 照 쟌쟝 子 조조 ○ 일산

天 텬텬 平 핑뼝 ○ 一 저울

法 바밯 馬 마마 ○ 天平鎚 ○ 或云 對 뒤 法 바 子 조

秤 칭칭 子 조조 ○ 큰저울

等 등등 子 조조 ○ 져근저올

秤 칭칭 竿 간간 ○ 저올대

秤 칭칭 鎚 취쮜 ○ 저울튜

秤 칭칭 鉤 구긓 ○ 저올갈고리

毫 화향 星 싱싱 ○ 저울눈

碓 뒤뒤 子 조조 ○ 방하

碓 뒤뒤 床 창쫭 ○ 방핫옷

碓 뒤뒤 嘴 쥐쥐 ○ 방핫고

鐵杵 텨뎡 츄츄 ○쇠고

碓身 뒤뒤 신신 ○방핫몸똥이

碓桯 뒤뒤 팅탕 ○上仝

碓腰幹 뒤뒤 야향 간간 ○방하허리 엣ᄀ롯세

碓腰栓 뒤뒤 야향 솬솬 ○上仝

碓夾柱 뒤뒤 갸걍 쥬쥬 ○방핫솔게

碓腰子 뒤뒤 야향 즈즈 ○방하허리

碓臼 뒤뒤 구낑 ○방핫확

燭臺 주죵 태때 ○춋ᄃ

燈臺 등등 태때 ○ㅣㅣ

燈籠 등등 룽룽 ○쵸롱

燈草 등등 찬참 ○심

燈心 등등 신신 ○上仝

紙捻兒 즈즈 녀념 ᅀᅳᆯᅀᅳᆯ ○죵희심

剪燈 젼젼 등등 ○블ᄯᅩᆼ집다

剔燈 티팅 등등 ○블ᄯᅩᆼ티다

挑燈 턒턒 등등 ○블도도다

挑竿 턒턒 간간 ○도도개

油浸者 우잉 진진 져져 ○기름수기다

添油 텬텬 우잉 ○기름치다

明 밍밍 子 즈즈 ○관솔

食 씽시 刀 당단 ○식칼

擦 창차 床 짱창 ○혈칼

月 웡웨 刀 당단 ○딥칼

凹 와와 面 면면 刀 당단 ○골진칼

剔 티티 刀 당단 ○마리섯는칼

焠 취취 刀 당단 ○上仝

刀 당단 㨾 숭수 子 즈즈 ○칼마기 ○或云刀䋁子

刀 당단 把 바바 ○칼자루

鏩 짱자 釘 딩딩 ○고도쇠

松 숭상 香 향향 ○송시

廚 쮸츄 刀 당단 ○上仝

薄 방보 刀 당단 ○여룬식칼

鋼 강강 刀 당단 ○됴흔칼

寬 와와 刀 당단 ○디세니는칼

蘸 잔잔 刀 당단 ○드는칼

白 삥버 鐵 텽뎌 刀 당단 ○놀갈

刀 당단 鞘 샾샾 ○칼가플

鏩 짱자 刀 당단 ○작도

鏩 짱자 床 짱창 ○작도빗뎡

鏟(본/븐)子(조/즈) ○ 자괴

鑿(조/짱)子(조/즈) ○ 끌

推(퉈/퉈)鉋(박/빵) ○ ᄃᆡ파

墨(머/믕)斗(두/등) ○ 먹고ᄌᆞ

墨(머/믕)䉶(친/친) ○ 먹갈

墨(머/믕)線(션/션) ○ 먹줄

曲(큐/큥)尺(처/칭) ○ ᄀ ᄀ

鐵(텨/텽)鉗(견/견) ○ 집게

斧(부/부)子(조/즈) ○ 독긔

鉅(규/규)子(조/즈) ○ 톱 ○ 鉅或呼鋸

鐵(텨/텽)鏝(먼/먼) ○ 쇠손 ○ 鏝俗呼만

泥(니/니)鏝(먼/먼) ○ 上仝 ○ 泥俗呼미

泥(니/니)托(토/탁) ○ 흙받기

鐵(텨/텽)鍬(쵸/쨔)子(조/즈) ○ 줄

鐵(텨/텽)鑽(줜/줜) ○ 비븨

牽(켠/켠)鑽(줜/줜) ○ 활비븨

舞(우/우)鑽(줜/줜) ○ 上仝

錐(쥐/쥐)子(조/즈) ○ 송곳

鈹(피/피)針(진/진) ○ 돗바ᄂᆞᆯ

擂(뤼/뤼)鎚(취/쮜) ○ 막ᄌᆞ

鐵 텨텽 鎚 취쮜 ○ 쇠마치

鎊 팡광 ○ 항ᄢᅵ

火 호훠 鐮 련련 ○ 부쇠

火 호훠 絨 숭숭 ○ 부쇳깃

坐 조쭤 火 호휘 ○ 박히는불

帽 뫄맘 架 갸갸 ○ 갓거리

鞍 안한 架 갸갸 ○ 기르마거리

網 왕망 子 즈즈 盔 퀴퀴 ○ 망근골

搖 얖얌 車 처처 ○ 아희담아흔드는술위

躧 채채 脚 피갚 子 즈즈 ○ 버양이엣드듸는것

老 랖랖 鸛 권귄 鎚 취쮜 ○ 장도리

鐵 텨텽 鉋 봐뽱 子 즈즈 ○ 글게

火 호훠 石 시씽 ○ 부쇳돌

火 호훠 繩 싱씽 ○ 上소

飛 븨븨 火 호훠 ○ 아니박히는불

衣 이이 架 갸갸 ○ 옷거리

帽 뫄맘 盔 퀴퀴 ○ 갓뒤웃골

匾 변변 擔 단단 ○ 짐메는나모

壓 야햐 車 처처 ○ 삐양이

旋 쉬쉔 棒 방빵 ○ 돌것

十시씽 字즈쯔 車쳐쳐 ○上소

木무뭉 杻누늉 ○비양이엣나모가락

木무뭉 軸주쭝 ○上소 ○軸或呼작

鐵텨텽 杻누늉 ○비양이엣쇠가락

鐵텨텽 軸주쭝 ○上소

紡방방 車쳐쳐 ○물레

釘딩딩 鉡간간 子즈쯔 ○물렛가락

線션션 起키키 紐누늉 ○실모라다

揄투뚤 線션션 ○실ᄂᆞ리다

麻마마 纓잉잉 兒울슬 ○삼모리 ○或云삭리

線션션 纓잉잉 兒울슬 ○실모리

書슈슈 案안한 ○ㅣㅣ

椅이이 子즈쯔 ○교의

脚교걍 踏다땅 ○답장

坐조쮜 兒울슬 ○좌ᄌᆞ

板반반 凳등등 ○사오리

兀우웅 子즈쯔 ○방사오리

床창짱 ○평상

凉량량 床창짱 ○上소

繩싱씽 床창짱 ○ㅣㅣ

胡후훟床촹쫭 ○ 上仝

馬마마兀우웅子즈즈 ○ 샹마듸

草찰챨簾련련 ○ 거적

窓미밍篦비비子즈즈 ○ 빈촘빗

梳수수齒츠츷子즈즈 ○ 빗살

篦비비刷솨솽子즈즈 ○ 빗솔

硯연연匣햐향兒올슬 ○ 벼롯집

筆비빙 ○ 붓

筆비빙帽맢망 ○ 붓두겁

扇션션子즈즈 ○ 부체

馬마마床촹쫭 ○ 됴상

竹주중簾련련 ○ 발 ○ 一云葦위簾련

梳수수子즈즈 ○ 얼에빗

稀히히篦비비子즈즈 ○ 셜픤촘빗

畫화홯樑량량梳수수 ○ 그림그린빗

硯연연石시씽 ○ 벼로

硯연연臺대때 ○ 上仝

墨머믕 ○ 먹

硯연연水쉬쉬瓶핑삥 ○ 연텩

八바방根근근材채째 ○ 上仝

扇션션骨구공子즈즘○부쳇살

木무뭉猫맏맘○쥐덧

反한반車처쳐子즈즘○덧

土투투猫맏망○上소

糞분뿐斗두등○삼태

擡태때把바바○들것

鞍안한轡피비

鞍안한子즈즘○기르마

鞍안한橋쟌걍子즈즘○기르맛가지

鴈연연翅츠츠板반반○둥울

鞍안한座조쭤兒올슬○|||○舊釋사오리

軟원숸座조쭤兒올슬○연좌의

屜티티子즈즘○언치○屜一作替

汗한한屜티티○삼언치

皮피삐屜티티○갓언치

韂쳔쳔○돌애

鞦추칠○고돌개

鞦추칠皮피삐○쥬픠

包반방糞분뿐○밀치

鞦皮 칙 추 삐 피 穗 쒸 쉬 頭 뚷 투 ○ 딜채

攀胷 편 편 흉 흉 ○ 가슴거리

轡頭 비 피 뚷 투 ○ 굴레

籠頭 룽 룽 뚷 투 ○ 바굴레

兜頦 둫 두 쌔 해 ○ 조가미

接絡 졍 져 랖 로 ○ 혁

編韁 변 변 강 걍 ○ 다혼혁

水環 쉬 쉬 환 환 ○ 마함

嚼子 쟣 조 즈 즈 ○ 上仝

閘口 쟣 자 큳 쿠 ○ 上仝

牵鞚 견 견 쿵 쿵 ○ 쥬리올

韁繩 걍 걍 싱 싱 ○ 바곳배

前纓 쪈 쳔 잉 잉 ○ 앏솟동

鼻纓 삐 비 잉 잉 ○ 上仝

坐纓 쭤 조 잉 잉 ○ 뒷솟동

肚帶 뚜 두 대 대 ○ 뱃대

韂甲兒 쳔 쳔 걍 갸 슬 올 ○ 첨보로

鞍塔兒 안 안 텅 타 슬 올 ○ 안갑

鐙 등 등 ○ 등자

鐙靳皮 등 등 졍 져 삐 피 ○ 등피

纓(잉/잉)項(향/향) ○ 간다개
網(왕/망)蓋(개/개)兒(술/슬) ○ 구슬망

鞍(안/한)籠(룽/룽) ○ 안롱
鞭(변/변)子(즈/즈) ○ 채

鞭(변/변)竿(간/간) ○ 챗댁
鞭(변/변)穗(쉬/쒸) ○ 채열

籠(룽/룽)着(쟢/짬)馬(마/마) ○ 견마ᄒ다
疊(뎌/뎡)騎(키/끼) ○ 어울ᄐ다

驏(찬/찬)騎(키/끼) ○ 민등에 ᄐ다
馬(마/마)護(후/후)衣(이/이) ○ 삼뎡

馬(마/마)脚(교/갸)匙(츠/쯔) ○ 다갈 ○ 一云馬釘子
馬(마/마)攙(쟝/쟝)子(즈/즈) ○ 몰말독

舟(쥐/직)舡(쳔/쮠)

海(해/해)舡(쳔/쮠) ○ 큰ᄇᆡ
擺(배/배)渡(두/두)舡(쳔/쮠) ○ ᄂᆞᄅᆞᄇᆡ

槽(찬/짬)舡(쳔/쮠) ○ 마상이
筏(바/빵)子(즈/즈) ○ 베

鐵(텨/텅)猫(만/맘) ○ 닫
纜(란/란) ○ 닫줄

猫 맛맘 繩 싱씽 ○ 上仝

攤 탄탄 繩 싱씽 ○ ᄇᆡ예 ᄂᆞᆯ웻ᄂᆞᆫ 줄

柁 도떠 ○ 치

櫓 루루 ○ ᄇᆡ 밋티 겻ᄂᆞᆫ 나모

槳 쟝쟝 ○ ᄇᆡ 겨틔 젓ᄂᆞᆫ 나모

撑 칭칭 子 즈ᄌᆞ ○ 사홧대

篙 간감 子 즈ᄌᆞ ○ 上仝

划 화화 子 즈ᄌᆞ ○ ᄇᆡ 젓ᄂᆞᆫ 가리

桅 위위 竿 간간 ○ ᄇᆡᆺ돗대

桅 위위 篷 풍뿡 ○ ᄇᆡᆺ돗

掛 과과 篷 풍뿡 ○ ᄇᆡᆺ돗 ᄃᆞ다

扯 처처 篷 풍뿡 ○ ᄇᆡ돗 ᄃᆞ리다

卸 셔셔 篷 풍뿡 ○ ᄇᆡ돗 디오다

馬 마마 頭 투뚷 ○ ᄇᆡ 다혀 ᄂᆞᆫ 선창

舡 춴줜 頭 투뚷 ○ ᄇᆡᆺ니믈

舡 춴줜 梢 샾샿 ○ ᄇᆡᆺ고믈

梢 샾샿 工 궁궁 ○ 사공

梢 샾샿 子 즈ᄌᆞ ○ 上仝

舡 춴줜 家 갸갸 ○ 上仝

舡 춴줜 夫 부부 ○ 上仝

使스ᄉᆞ舡쵄좬的디딍 ○ 비젓ᄂᆞᆫ이

水쉬쉬手식싣 ○ 上仝

擺배배舡쵄좬 ○ 비버리다

裝좡좡舡쵄좬 ○ 비예싯다

儘진진舡쵄좬裝좡좡 ○ 비ᄉᆞ지싯다

駕갸갸舡쵄좬 ○ 비ᄐᆞ다 ○ 一云 上샹舡쵄

開캐캐舡쵄좬 ○ 비뻬왓다

開캐캐洋양양 ○ 비順風으로녀타

划화화舡쵄좬 ○ 비젓다

搖얖양櫓루루 ○ 노젓다

盪탕탕槳쟝쟝 ○ 비혀다

停팅띵泊뽀뽜 ○ 비셕셰드다

舡쵄좬旱한ᄒᆞᆫ了랴랑 ○ 비거다

閣거겅舡쵄좬 ○ 上仝

閣거겅淺쳔쳔 ○ 비여튼듸거다

舡쵄좬偏편편了랴랑 ○ 비기오다

抛팦팡猫맢망 ○ 닷주다

拔바빵猫맢망 ○ 닷것다

絟쏸쏸舡쵄좬 ○ 비ᄆᆡ다

艌년뎐舡쵄좬 ○ 비틈메오다

篿윤윤舡쳔쳔 ○ 빗멀믜ᄒᆞ다

艄흫흫斗듷둫 ○ 파래

潑포퓡水쉬쉬 ○ 비예이슬ᄢᅳ다 ○ 潑一作艄

上샹썅岸안안 ○ 비못ᄐᆞ닷타

攏룽룽岸안안 ○ 비못ᄐᆞ다히다

盤편뻔下햐햐来래레 ○ 짐부리오다

卸셔셔下햐햐来레래 ○ 上仝

跳탸땋板빈반 ○ 비ᄉᆞᄃᆞ리

泅챡쯯水쉬쉬 ○ 헤옴티다 ○ 或云灑채水쉬的

汆믜믜水쉬쉬 ○ 무ᄌᆞ미ᄒᆞ다

扎자증艋믕믕子조즈 ○ 므ᄌᆞ미ᄒᆞᄂᆞᆫ사ᄅᆞᆷ

暗안한礁잔걍 ○ 끌 ○ 行舡所忌

暗안한尖젼쳔 ○ 上仝

車쳐쳐輛량량

大다따車쳐쳐 ○ 큰술위

小샾샹車쳐쳐 ○ 져근술위

室시싱車쳐쳐 ○ 집지은술위

庫쿠쿠車쳐쳐 ○ 자븐것년ᄂᆞᆫ술위

譯語類解下

22a

坐 조쬐 車 쳐처 ○ ᄐᆞᄂᆞᆫ술위

車 쳐처 轅 원원 ○ 술윗ᄂᆞᄅᆞᆺ

車 쳐처 軸 주쭈 ○ 술위삐

韁 강강 軸 주쭈 ○ 효삐술위

推 튀튀 車 쳐처 ○ 上소

車 쳐처 頭 투뜨 ○ 술위압피오ᄂᆞᆫ 나모

車 쳐처 釧 쳔쳔 ○ 술윗통시옭에 바근쇠

車 쳐처 鐧 견견 ○ 술위통구무안 ᄒᆡ바근쇠

車 쳐처 箱 샹샹 ○ 술윗반간

輞 왕망 子 즈쯔 ○ 술윗박괴

輻 부부 條 됴땽 ○ 술윗살

轄 하향 子 즈쯔 ○ 술윗쇠야기

大 다따 鞅 양향 ○ 술윗ᄂᆞᄅᆞᆺ멍에

小 샤샹 鞅 양향 ○ 술윗쥴대저근 멍에

羊 양양 角 교갸 樁 좡좡 子 즈쯔 ○ 큰멍에ᄉ 두녁말

套 토탕 繩 싱씽 ○ 멜쥴

撒 사삼 繩 싱씽 ○ 셧을쥴

拘 구금 索 소삼 ○ 목집게

撑 층층 兒 술ᅀᅳᆯ ○ 술위닫고요ᄂᆞᆫ 나모

梯 티티 子 즈쯔 ○ 술위압고요ᄂᆞᆫ 나모

挾 갸걍 棒 방빵 ○술욋바회 셔믜 눈나모

裝 좡좡 車 처쳐 ○술위에 짐싯다

赶 간간 車 쳐셔 ○술위모다

車 쳡쳐 碾 년뎐 了 랴량 ○술위겨티 이다

車 쳐쳐 攊 야향 者 져저 ○上仝

膏 갼갈 車 셔쳐 ○술위갈모에기 릅ᄂᆞᄅᆞ다

滕 갸걍 車 쳐쳐 ○上仝

點 뎐뎐 車 쳡셔 ○술위걸넌뒤뻐 드디

打 다다 棚 픙뿡 ○술위우희마리 오다

搭 션셥 車 쳐쳐 ○술위니다

倒 닫당 車 쳐쳐 ○술위마디

換 훤훤 車 쳐쳐 ○上仝

卸 셔서 車 쳐쳐 ○술위짐브리오 다

翻 반반 車 쳐쳐 ○술위뒷티다

把 바바 犁 리리 ○발외 似車而無 輪

馬 마마 躧 채채 了 랸량 ○몰세볼피 다

技 기기 戲 히히

捽 쇄쇙 挍 갸걍 ○실홈ᄒᆞ다

迭 뎌뎡 挍 갸걍 ○上仝

摜관관挍갈갸 ○上仝

抅구긍欄란란 ○노롯ᄒᆞ리못ᄒᆞᄂᆞ뒤

雜자짱戲히히 ○노롯

雜자짱技기기 ○上仝

打다다毬ᄏᆛ낌 ○댱방올티다

放방빵鶴허헗兒ᅀᅳᆯᅀᅳ ○연ᄂᆞᆯ리다

放방빵蜂붕붕箏즁즁 ○上仝○或云風붕쓩筝즁

踢티팅毽견견子즈즈 ○뎌기ᄎᆞ다

踢티팅毬ᄏᆛ낌 ○댱방올뎌기ᄎᆞ다

放방빵空쿵쿵中즁즁 ○박핑이티다

碾년년葫후후蘆루루 ○上仝

拿나나錢쳔쪈 ○상불쥐디

賭두두錢쳔쪈 ○돈티ᄂᆞ다

耍솨솨指즈즈兒ᅀᅳᆯᅀᅳ ○공기노다

碾년년掇도둬落로랗子즈즈 ○핑이돌리다

抹마뭥骨구궁牌패빼 ○골패노롯ᄒᆞ다

耍룽룽把바바戲히히 ○노롯ᄒᆞ다

鼓구구手식심 ○북티ᄂᆞᆫ사ᄅᆞᆷ

鼇와앟山산산 ○산뒤

鼇와앟棚픙뻥 ○上仝

魁 퀴퀴 山 산산 ○브산뒤

彩 채채 棚 뿡풍 ○개야

鬼 귀귀 臉 련련 兒 슬슬 ○광대

鬼 귀귀 頭 둫투 ○上仝

假 갸갸 面 면면 ○上仝

面 면면 魁 퀴퀴 ○곡도

弄 룽룽 棒 빵방 ○나모놀리다

跟 근근 陡 둫두 ○근두질ᄒᆞ다

躧 채채 軟 원원 索 삼소 ○다줄어름ᄒᆞ다

上 썅샹 竿 간간 ○솟대노롯

弄 룽룽 鈴 링링 ○방올놀리다

滑 홯화 躧 채채 ○어름즈츠다

滑 홯화 擦 차ᄎᆞ 兒 슬슬 ○上仝

打 다다 雙 솽샹 六 룽루 ○상륙티다

打 다다 象 썅샹 棊 끼키 ○장긔두다

下 햐하 大 따다 棊 끼키 ○바독두다

下 햐하 鼈 뼝벼 棊 끼기 ○대츄사오ᇰ

鞦 칠추 韆 쳔쳔 ○그릐

遊 임우 仙 션션 戲 히히 ○上仝

好 할호 耍 솨솨 子 즈즈 ○노롯즐기다

飛비븨禽킨낀

家갸갸鷄기기 ○ 둙

公궁궁鷄기기 ○ 수둙

母무무鷄기기 ○ 암둙

騲찬찹鷄기기 ○ 上仝

笋순슌鷄기기 ○ 연계

騸선션鷄기기 ○ 불아온둙

花화화鷄기기 ○ 구수둙

哈허헝八바방鷄기기 ○ 화왁둙

蓬풍뿡頭투뜰鷄기기 ○ 두거머리둙

土투투浴유융 ○ 둙보곰자리타다

鷄기기抱반빨窩오워兒술슈 ○ 上仝 抱一作打

鷄기기躧채채 ○ 둙흘우다

鷄기기鴠단단 ○ 둙의알

下하햐鴠단단 ○ 알낫타

抱반빨鴠단단 ○ 알안다

巢찬잘鴠단단 ○ 알구울리다

啄조좡鴠단단 ○ 알벗다

開개캐鴠단단 ○ 上仝

頭 투 듣 窩 오 워 兒 ᅀᅮᆯ ᅀᅳᆯ ○ 첫비

鷄 기 기 頦 보 뽕 子 즈 즈 ○ ᄃᆞᆰ의목

鷄 기 기 腿 퉤 뒤 ○ ᄃᆞᆰ의다리

鷄 기 기 尾 이 미 把 바 바 ○ ᄃᆞᆰ의ᄭᅩ리

鷄 기 기 肫 쥰 쥰 ○ ᄃᆞᆰ의ᄯᅩᆼ개

鷄 기 기 心 신 신 ○ ᄃᆞᆰ의념통

嗉 수 수 袋 대 때 ○ ᄃᆞᆰ의산멱

撏 션 션 毛 만 망 ○ 上仝

退 퉤 퉤 毛 만 망 ○ 上仝

燒 샾 샾 鷄 기 기 ○ ᄃᆞᆰ굽나

鷄 기 기 冠 권 권 ○ ᄃᆞᆰ의볏

鷄 기 기 翎 링 링 ○ ᄃᆞᆰ의짓

鷄 기 기 抓 좌 잘 子 즈 즈 ○ ᄃᆞᆰ의발

鷄 기 기 翅 츠 초 膀 방 방 ○ ᄃᆞᆰ의ᄂᆞᆯ개

鷄 기 기 肝 간 간 ○ ᄃᆞᆰ의간

鷄 기 기 腸 챵 쨩 ○ ᄃᆞᆰ의상ᄌᆞ

撏 션 션 鷄 기 기 ○ ᄃᆞᆰᄲᅢ다

退 퉤 퉤 鷄 기 기 ○ ᄃᆞᆰ튀ᄒᆞ다

煮 쥬 쥬 鷄 기 기 ○ ᄃᆞᆰᄉᆞᆱ다

炒 챺 챺 鷄 기 기 ○ ᄃᆞᆰ쵸ᄒᆞ다

鵝 오어 ○ 거유
鴨 야향 ○ 집올히
鵏 보뿡 鴿 거궁 ○ 上仝
海 해해 青 칭칭 ○ 하동청
黃 황횅 鷹 잉힝 ○ 갈지게
兲 룽룽 鬪 두듷 兒 술ᅀᆕ ○ 되롱태
窩 오워 雛 추쭈 鷹 잉힝 ○ 익두매
兔 투투 鶻 후훙 ○ 닉더귀
白 버뻥 黃 황횅 鷹 잉힝 ○ 튀곤
秋 칙칭 鷹 잉힝 ○ 보라매

鵝 오어 雛 추쭈 ○ 거유삿기 ○ 鴨鴿山雀皆用雛
鴿 거궁 子 조즈 ○ 비돌기
斑 반반 鳩 구김 ○ 묏비돌기
鴉 야햐 鶻 후훙 ○ 나친이
黃 황횅 鸇 젼젼 子 조즈 ○ 구겨내
鶖 숭숭 兒 술ᅀᆕ ○ 上仝
野 여여 鷹 잉힝 ○ 뫼히무근매
老 랖랖 鷹 잉힝 ○ 댓두럭기
白 버뻥 角 丑걍 鷹 잉힝 ○ 궉진
花 화화 鴇 봐방 ○ 걸픠여기 ○ 鴇 俗音부

百비방雄흉훙○파하

懸훤훤扯처쳐的디딩○이공둥더워

鷹잉힝打다다潮챠쟣○매똥누다

鷹잉잉蹤둉댱○상가손

鷹잉힝戴대대帽뫄망○매도래

撒사상皮피삐○매발에미ᄂᆞᆫ갓

五우우皮피삐○매발에미ᄂᆞᆫ긴갓

鷹잉힝銃충충子조조○매방울

鷹잉힝鈴링링子즈조○上仝

鷹잉힝鍠황황子조조○上仝

鷹잉힝熟수쓕板반반○매단댱고○或云標뱌兒

飄퍞퍙翎링링兒ᄉᆞᆯᄉᆞᆯ○빼짓

飄퍞퍙白버뵈翎링링○上仝

鷹잉힝坐조쭤兒ᄉᆞᆯᄉᆞᆯ○올매안ᄂᆞᆫ토

五우우指즈즈兒ᄉᆞᆯᄉᆞᆯ○매버러○或云套탄手식

咔갸갸頭투뚜○매겻ᄂᆞᆫ것

架가갸鷹잉힝○매밧다

喂위휘鷹잉힝○매머이다

放방방鷹잉힝○매노타

抓좌장了랴랸○매ᄎᆞ다

擺배배 呑든든 ○ 밥도로다

田휘휘 食시씽 ○ 上仝

皂잪짱 鷹잉잉 ○ 수리

皂잪짱 鵰댜댱 ○ 上仝

黑허흑 鷹잉잉 ○ 上仝

鷂얖양 子즈즈 ○ 새매

青칭칭 鸇젼젼 ○ 上仝

孔쿵쿵 雀초챻 ○ ㅣㅣ

鳳붕봉 凰황황 ○ ㅣㅣ

鸚잉잉 哥거거 ○ 잉무

仙션션 鶴허햫 ○ 학

鴛원원 鴦양향 ○ ㅣㅣ

鷺루루 鷥스슿 ○ 하야로비

老랖랑 鸛권권 ○ 한새

鵚[illegible] [illegible]랖랑 ○ 두로미

老랖랑 鴉야야 ○ 가마괴 ○一云 老랖[illegible]거

寒한한 鴉야야 ○ 上仝

環환환 鴉야야 ○ 골가마괴

水쉬쉬 老랖랑 鴉야야 ○ 가마오디

烏우우 鬼귀귀 ○ 上仝

鷄鷹 ○쇼로기

鵝老鵰 ○上仝

喜鵲 ○가치

靈鵲 ○上仝

野鷄 ○꿩

黃鳥 ○꾀고리

黃鸝 ○上仝

啄木官 ○뎌구리

胡鷰 ○명막이

巧鷰 ○上仝

拙鷰 ○져비

鴈 ○기러기

野鴨子 ○묏올히

梳鴨子 ○비올히

天鵝 ○곤이

陶河 ○사다새

麻雀 ○참새

家雀 ○上仝

鵪鶉 ○뫼차라기

鶬鶊 ○알이새

叫갸오갸天텬텬子즈즈 ○ 上仝

翠취취雀쵸챻 ○ 쇠새

茶차짜鳥냐오냐 ○ 콩새

紅훙훙鶴허허 ○ 다와기

羅로러甸뎐뎐子즈즈 ○ 더뒤

水쉬쉬札자잘子즈즈 ○ 도요새

鵓봐밯子즈즈 ○ 너시 ○ 鵓俗音부

鵂흐힝鶹릭립 ○ 부헝이 ○ 或云狼흔呼후

馬마마布부부郞랑랑 ○ 개가마리

造잪짷化화화 ○ 舊釋종다리

銅퉁뚱觜쥐쥐 ○ 수종다리

鏍라랑觜쥐주 ○ 암종다리

江걍걍鷹잉잉 ○ 골며기

海해히猫맢맘兒얼ᅀᅳᆯ ○ 上仝

青칭칭鶬장장 ○ 오가리

石시씽錢쳔쪈兒얼ᅀᅳᆯ ○ 고지새

鑽쥰쥔木무뭉兒얼ᅀᅳᆯ ○ 종고비

蝙변변蝠부붕 ○ 볽쥐 ○ 或云벼

水쉬쉬不부붕剌라랑 ○ 할미새

雪쉐숑姑구구兒얼ᅀᅳᆯ ○ 上仝

杜두뚜鵑견퀀 ○두견이

寒한헌火호훠虫충쭝 ○上仝 ○火一作號할

夜여여猫맛맣 ○옷밤이

禿투퉁角교걓 ○上仝

鸂키키鶒치칭 ○픗돍 ○一名듬부기

鷦쟢쟝鷯랖랖 ○볍새

理리리毛맛맣 ○짓다둠다

勒릐릥毛맛맣 ○上仝

寡과과鴠단단 ○수돍업시나흔알

望왕왕鴠단단 ○上仝

走주즈獸식싱

黃황황馬마마 ○고라몰

赤치칭馬마마 ○절다몰

白배뷩馬마마 ○빅설아몰

銀인인褐허헝馬마마 ○설아몰

玉유융頂딩딩馬마마 ○쇼티셩마

黑허흥馬마마 ○가라몰

紅훙홍紗사사馬마마 ○부루몰

豹밮방臀툰뚠馬마마 ○구븐자할

粉嘴馬 본본 쥐쥐 마마 ○거헐몰

青馬 칭칭 마마 ○총이몰

栗色馬 링리 싕서 마마 ○굴헝몰

五明馬 우우 밍밍 마마 ○간쟈ㅅ족 빅

黑騣馬 흥허 중중 마마 ○上소

環眼馬 환환 연연 마마 ○골희눈몰

土黃馬 투투 황황 마마 ○공골몰

青驄馬 칭칭 중중 마마 ○털총이

兒馬 술슬 마마 ○아질개몰

大馬 따다 마마 ○上소

白臉馬 뻥버 련련 마마 ○잠불몰

棗騮馬 잫잘 릳루 마마 ○져류마

四明馬 슿스 밍밍 마마 ○스족빅

海騮馬 해해 릳루 마마 ○가리운몰

花馬 화화 마마 ○월라몰

繡膊馬 싷식 빙바 마마 ○쇠나래ㅂ 톤몰

灰馬 휘휘 마마 ○츄마몰

眼生馬 연연 승승 마마 ○놀라노몰

騸馬 션션 마마 ○악대몰

騍馬 쿼코 마마 ○암몰

馬駒子 ○ 미야지

銀鬃馬 ○ 표ᄆᆞᆯ

豁鼻馬 ○ 코ᄧᅵᆫ ᄆᆞᆯ

癩馬 ○ 비라오ᄅᆞᆫ ᄆᆞᆯ

疥馬 ○ 上仝

瘸馬 ○ 저ᄂᆞᆫ ᄆᆞᆯ

點的馬 ○ 가탈ᄒᆞᄂᆞᆫ ᄆᆞᆯ

騸馬 ○ 것ᄂᆞᆫ ᄆᆞᆯ

細點的 ○ 세가탈

撒瘸的 ○ 거티ᄂᆞᆫ ᄆᆞᆯ

前失馬 ○ 앏거티ᄂᆞᆫ ᄆᆞᆯ

熟瘸馬 ○ 들피딘 ᄆᆞᆯ

撒蹄馬 ○ 굽ᄀᆞ리ᄂᆞᆫ ᄆᆞᆯ

掠蹶馬 ○ 베ᄂᆞᆫ ᄆᆞᆯ ○ 掠一作丢

蹄馬 ○ ᄎᆞᄂᆞᆫ ᄆᆞᆯ

掠蹄 ○ 上仝

咬人馬 ○ 사ᄅᆞᆷ 무ᄂᆞᆫ ᄆᆞᆯ

口硬馬 ○ 아귀 센 ᄆᆞᆯ

口軟馬 ○ 아귀 무른 ᄆᆞᆯ

懶馬 ○ ᄩᅳᆫ ᄆᆞᆯ

鈍馬 둔뚠 마마 ○上仝

急性馬 기깅 싱싱 마마 ○셩신ᄆᆞᆯ

瞎馬 햐향 마마 ○눈먼ᄆᆞᆯ

膘馬 뱌뱡 마마 ○ᄉᆞᆯ진ᄆᆞᆯ

肥馬 븨삥 마마 ○上仝

瘦馬 수씋 마마 ○여윈ᄆᆞᆯ

瘡馬 촹촹 마마 ○헐믓ᄂᆞᆫᄆᆞᆯ

光當馬 광광 당당 마마 ○덜넝이ᄂᆞᆫᄆᆞᆯ

念群馬 년년 균균 마마 ○버지ᄂᆞᆫᄆᆞᆯ

響走馬 향향 주즇 마마 ○모이ᄃᆞᆺᄂᆞᆫᄆᆞᆯ

馬脊梁 마마 지징 량량 ○ᄆᆞᆯ등

馬肚 마마 두뚜 ○ᄆᆞᆯᄇᆡ

馬額子 마마 보뽕 즈즇 ○ᄆᆞᆯ목

馬嘴 마마 쥐쥐 ○ᄆᆞᆯ부리

馬胷 마마 흉흉 ○ᄆᆞᆯ가숨

前脚 쳔쪈 교갸 ○압다리

後腿 후훻 튀튀 ○뒷다리

馬蹄子 마마 티따 즈즇 ○ᄆᆞᆯ굽

馬蹄腕 마마 티띠 완완 ○ᄆᆞᆯ회목

馬蹄寸子 마마 티띠 츈츈 즈즇 ○上仝

馬鬃 마마 즁즁 ○ 몰갈기

馬尾子 마마 이이 즈즈 ○ 몰꼬리

抛糞 팦팡 븐뻔 ○ 몰똥누다

馬潮 마마 챺짷 ○ 몰오좀누다

打滚 다다 군군 ○ 누웃구다

滚倒 군군 닾딩 ○ 上仝

馬盖 마마 개개 ○ 몰흘우다

馬打配 마마 다다 피피 ○ 上仝

懷駒子 홰홰 규규 즈즈 ○ 삿가비다

帶駒子 대대 규규 즈즈 ○ 上仝

丢駒子 두딩 규규 즈즈 ○ 삿기디다

下駒子 하햐 규규 즈즈 ○ 삿기낫타

刷馬 솨솽 마마 ○ 몰빗기다

澡馬 잪짱 마마 ○ 몰싯기다

喂馬 위위 마마 ○ 몰먹이다

絟馬 솬솬 마마 ○ 몰미다

馬驚了 마마 깅깅 랼량 ○ 몰놀라다

馬叫 마마 걒걍 ○ 몰우나

馬嘶 마마 시시 ○ 上仝

馬撒了 마마 사샹 랼량 ○ 몰노히다

馬走 ○ 몰 노하 가다

馬廝咬 ○ 몰 싸호다

馬抖身 ○ 몰 등떠다

會跑馬 ○ ᄃᆞᄂᆞᆫ 몰

害骨眼 ○ 눈에 치알타

瞖馬 ○ 몰 고티다

大犍 ○ 上仝

犍子 ○ 上仝

牯牛 ○ 上仝

犢兒 ○ 쇠아지

攔馬 ○ 노ᄒᆞᆫ 몰 막ᄌᆞᄅᆞ다

馬鬪 ○ 上仝

打顫 ○ 上仝

會走馬 ○ 것는 몰

流瘷 ○ 신코 디다

牤牛 ○ 한쇼

犍牛 ○ 악대쇼

牡牛 ○ 암쇼

乳牛 ○ 上仝

花牛 ○ 어룽쇼

牛機角 ○ 쇠ㅅ블

牛尾把 ○ 쇠ㅅ꼬리

牛吼 ○ 쇼 우다

牛放尿 ○ 쇼 오좀누다

牛拋糞 ○ 쇼 똥누다

喂牛 ○ 쇼 먹이다

倒嚼 ○ 쇼 여믈 도로다

回食 ○ 上仝

牛走 ○ 쇼 흘우다

打欄 ○ 上仝

跳欄 ○ 上仝

帶犢兒 ○ 쇼 삿기 비다

懷犢兒 ○ 上仝

丟犢兒 ○ 다 쇼 삿기 디다

下犢兒 ○ 다 쇼 삿기 낫다

牛低頭 ○ 쇼 싸호다

斷頂 ○ 上仝

駕轅子 ○ 다 멍에 메오다

套牛 ○ 쇼 메오다

赶牛 ○ 쇼 모다

牽(켠/견)牛(닏/닝) ○ 쇼잇그다

喝(허/힝)牛(닏/닝) ○ 쇼저하다

驢(류/류)子(즈/즈) ○ 나귀

騲(찰/참)驢(류/류) ○ 암나귀

驢(류/류)打(다/다)配(픠/픠) ○ 上소

快(쾌/쾌)驢(류/류) ○ 잰나괴

滾(군/군)鍬(착/칭) ○ 나괴셜이

叫(갸/걍)騾(로/러) ○ 수노새

駒(규/규)騾(로/러)子(즈/즈) ○ 삿기노새

母(무/므)猪(쥬/쥬) ○ 암돗

飲(인/힌)牛(닏/닝) ○ 쇼믈먹이다

宰(재/재)牛(닏/닝) ○ 쇼주기다

叫(갸/걍)驢(류/류) ○ 수나귀

驢(류/류)跳(탸/땽) ○ 나귀흘우다

驢(류/류)駒(규/규)子(즈/즈) ○ 나귀삿기

懶(란/란)驢(류/류) ○ 쁜나괴

騾(로/러)子(즈/즈) ○ 노새

騍(코/커)騾(로/러) ○ 암노새

牙(야/야)猪(쥬/쥬) ○ 수돗

猪(쥬/쥬)跳(탸/땽) ○ 돗흘우다

猪 쥬쥬 走 주즇 襲 시씽 ○ 上소

香 향향 狗 구긓 ○ 내맛눈개

鹿 루롷 尾 이미 狗 구긓 ○ 上소

哈 허헝 八 바방 狗 구긓 ○ 아래뎌론개

獅 스슺 子 즈즇 狗 구긓 ○ 더펄개

牙 야야 狗 구긓 ○ 수개

騲 찬참 狗 구긓 ○ 암개

風 봉봉 狗 구긓 ○ 미친개

狗 구긓 吠 비빙 ○ 개즛다

狗 구긓 連 련련 ○ 개흘우다

猪 쥬쥬 豬 둔뚠 ○ 돗티삿기

獐 장장 子 즈즇 狗 구긓 ○ 동경개

赶 간간 獐 장장 狗 구긓 ○ 노로잡는개

四 스슺 眼 연현 狗 구긓 ○ 네눈개

花 화화 狗 구긓 ○ 어롱개

公 궁궁 狗 구긓 ○ 上소

毋 무무 狗 구긓 ○ 上소

絡 로랗 絲 스슺 狗 구긓 ○ 삽살개

狗 구긓 咬 갸냥 ○ 上소

狗 구긓 走 주즇 襲 시씽 ○ 上소

狗 구 금 項 향 향 圈 권 권 ○ 개목엣도리쇠

狗 구 금 護 후 후 項 향 향 ○ 上仝

狗 구 금 鎤 황 황 子 즈 즈 ○ 개방울

鈴 링 링 鐺 당 당 ○ 上仝

停 팅 띵 棍 군 군 ○ 더불니는나모

刺 츠 츠 蝟 위 위 ○ 고솜돗

羝 디 디 羊 양 양 ○ 수양

臊 산 삼 羊 양 양 ○ 上仝

毋 무 무 羊 양 양 ○ 암양

羯 겨 겨 羊 양 양 ○ 악대양

羊 양 양 羔 갇 감 兒 술 슿 ○ 양의삿기

綿 면 면 羊 양 양 ○ 소옴터양

羖 구 구 䍽 리 릉 ○ 양염흘워나흔것

山 산 산 羊 양 양 ○ 염쇼

羔 갇 갛 兒 술 슿 ○ 염쇼삿기

猫 만 맘 兒 술 슿 ○ 괴

郞 랑 랑 猫 만 맘 ○ 수괴

兒 술 슿 猫 만 맘 ○ 上仝

女 뉴 뉴 猫 만 맘 ○ 암괴

花 화 화 猫 만 맘 ○ 어롱괴

豹ᄇᅶ밤 花화화 猫ᄆᅶ맘 ○ 금괴　　金긴긴 絲스승 猫ᄆᅶ맘 ○ 上仝

黑허헝 猫ᄆᅶ밤 ○ 거믄괴　　白버삥 猫ᄆᅶ맘 ○ 센괴

灰휘휘 猫ᄆᅶ맘 ○ 지괴　　猫ᄆᅶ맘 走주즘 仰양양 ○ 괴흘레

耗한함 子즈즘 ○ 쥐　　老ᄅᅶ람 鼠슈슈 ○ 上仝

鼢븐븐 鼠슈슈 ○ 두더쥐　　鼠슈슈 咬ᄌᆢ얌 ○ 쥐 즛다

獅스슴 子즈즘 ○ ᄉᆞ지　　象샹샹 ○ 코키리

熊흉흥 ○ 곰　　老ᄅᅶ랑 虎후후 ○ 범

大다따 虫충쭝 ○ 上仝　　金긴긴 絲스승 豹ᄇᅶ밤 ○ 표범

虎후후 走주증 仰양양 ○ 범흘레　　駱로랑 駝토퇴 ○ 약대

貂ᄃᅸ당 鼠슈슈 ○ 돈피　　狼랑랑 ○ 일희

譯語類解 下　三三

角교걓鹿루룽 ○ 수사슴

麋미미鹿루룽 ○ 암사슴

麅팦빵子즈즁 ○ 고라니

香향향獐쟝쟝 ○ 샤향노로

牙야야獐쟝쟝 ○ 엄노로

騲찬챵獐쟝쟝 ○ 암노로

獐쟝쟝羔갚갛兒숟슬 ○ 놀니삿기

山산산獺타탕 ○ 넉우리

土투투豹반밯 ○ 시라손

貛훤훤子즈즁 ○ 오수리

土투투猪쥬쥬 ○ 上소 ○ 南話 貒쉬 貉학

狐후후狸리리 ○ 여ᄋᆞ

火호훠狐후후狸리리 ○ 블여ᄋᆞ

沙사사狐후후狸리리 ○ 흰털섯신 여ᄋᆞ

水쉬쉬獺타탕 ○ ㅣㅣ

海해해龍룽룽 ○ 上소

野여여猫만망 ○ 솕

兎투투兒숟슬 ○ 톳기

胡후후猻순순 ○ 납

黃황황鼠슈수 ○ 죡져비

山 산산 鼠 슈슈 ○ ᄃᆞ라미 ○ 一云 松鼠 又 花鼠

蜜 미밍 狗 쿠긓 皮 피삐 ○ 숟피

臊 살삼 鼠 슈슈 皮 피삐 ○ 담븨

灰 휘휘 鼠 슈슈 皮 피삐 ○ 서피

囮 워워 子 즈쯔 ○ 풀에

者 칸칸 窩 오워 ○ 즘싱 자리드리다

爪 잔잠 脚 교걍 ○ 자괴 밧다

鏩 자짱 草 찬창 ○ 덥싸ᄒᆞ다

入 슈숭 草 찬창 ○ 쟉도 머이다

按 안한 草 찬창 ○ 쟉도 누로다

撮 초쳥 草 찬창 ○ 여믈 담다

上 상썅 草 찬창 ○ 여믈 수다

逗 두뜽 草 찬창 ○ 여믈 옷자락게 담다

拌 번뻔 料 랸량 ○ 콩버무리다

放 방방 青 칭칭 ○ 플에 노타

放 방방 草 찬창 ○ 上仝

絆 번뻔 了 랴량 ○ 디달ᄊᆞ다

昆 군군 虫 츙쭝

蝴(후/홓)蝶(뎌/뎧)兒(슐/슿) ○ 납이 ○ 或呼蝶

紅(홍/훙)蛾(오/어)兒(슐/슿) ○ 불근납이

白(버/뻥)蛾(오/어)兒(슐/슿) ○ 흰납이

螗(탕/땅)蜋(랑/랑) ○ 몰똥구우리

促(추/총)織(지/징)虫(충/쭝) ○ 뵙장이

織(지/징)兒(슐/슿) ○ 귓도라미

蚟(왕/왕)蟀(순/순) ○ 上仝

蜻(칭/칭)蜓(팅/띵)子(즈/즈) ○ 존자리

秋(착/칭)凉(량/량)兒(슐/슿) ○ 무얌이

秋(착/칭)蟬(천/쪈)兒(슐/슿) ○ 上仝

班(반/빈)猫(맏/망) ○ 갈외

螢(잉/잉)火(호/훠)虫(충/쭝) ○ 반되

明(밍/밍)火(호/훠)虫(충/쭝) ○ 上仝

草(찬/찰)螺(로/러)子(즈/즈) ○ 돌팡이

蝸(와/마)牛(낙/닝) ○ 上仝

水(쉬/쉬)螺(로/러)子(즈/즈) ○ 골왕이

田(텬/뗜)螺(로/러) ○ 上仝

蜘(지/징)蛛(쥬/쥬) ○ 거믜

蟢(히/히)蛛(쥬/쥬)兒(슐/슿) ○ 발긴거믜

蟢(히/히)母(무/무) ○ 上仝 ○ 来着人衣當有客至

壁 비 방 鏡 강 깅 ○납거믜집

蛆 쥬 쥬 螬 찰 짱 ○上소

蚰 유 잉 蜒 연 연 ○지차리

多 도 더 脚 교 갹 虫 츙 쯍 ○구더기

蚯 큐 낑 蚓 인 인 ○디룡이

蛐 큐 쿵 蟮 션 쎤 ○上소

蜩 휘 휘 虫 츙 쯍 ○上소

土 투 투 狗 구 궁 ○도로래

虱 서 승 子 즈 즈 ○니

跳 탈 땅 蚤 잘 짬 ○벼록

蛆 쥬 쥬 虫 츙 쯍 ○귀뎌기

蜈 우 우 蚣 궁 궁 ○진에

蜈 우 우 膆 산 삼 ○놀여기

百 버 벙 脚 교 갹 虫 츙 쯍 ○上소

地 디 디 龍 룽 룽 ○上소

饞 찬 짠 虫 츙 쯍 ○거위

曲 큐 쿵 尺 치 칭 虫 츙 쯍 ○자자히 一作曲曲虫

蠟 라 랑 蛄 구 구 ○上소

蟣 기 기 子 즈 즈 ○혀

狗 구 궁 蚤 잘 짬 ○개벼록

訓蒙字會上 三十五

言解 一 三

臭칙칭蟲충쭝 ○ 빈대

壁비빙魚유유 ○ 반대좀

蕉잔장蔨먄망蟲충쭝兒술승 ○ 닥장벌리

蟲충쭝蛀쥬쥬了랴량 ○ 좀집다

蠐치찌螬자짬 ○ 굼벙이 ○ 蠐俗 音太

蒼창창蠅잉잉 ○ 上소

夏하햐蟲믕믕 ○ 등의

虻믕믕咬얀얍 ○ 등의므다

蜂봉봉子즈즈 ○ 벌

蜣쟝샹螂랑랑 ○ 박회

壁비빙虱서승 ○ 上소

書유슈魚유유 ○ 上소

蛀쥬쥬蟲충쭝 ○ 좀

蠹두두蟲충쭝 ○ 木中蟲

蠅잉잉子즈즈 ○ 프리

蚊운믄子즈즈 ○ 모긔

蚊운믄釘뎡뎡 ○ 모긔므다

狗구금蠅잉잉 ○ 개프리

細시시腰얀양蜂봉봉 ○ 바드리벌

金긴긴龜반밤蟲충쭝 ○ 上소

負 뿌부 蠜 뻔펀 ○쥐며느리

螞 마마 蚱 쟈쟈 ○묏도기

蝗 횡황 虫 쭝츙 ○ㅣㅣ

蝌 커코 蚪 듷두 ○올창이

田 뗜텬 鷄 기기 ○머구리

蟾 썬션 蜍 쮸츄 ○上仝

蠷 뀨큐 螋 승수 ○그리매

草 찬찬 蜋 비비 ○진되 ○蜋俗音

癢 양양 瘌 랑라 子 즈ᄌᆞ ○쇠아기

白 뻥버 蛆 쥬쥬 ○쉬

濕 씽시 生 승승 虫 쭝츙 ○上仝

螞 마마 蟻 이이 ○개야미

馬 마마 蝗 횡황 ○거머리

青 칭칭 蛙 와와 ○청개구리

黑 흥히 蟆 마마 ○둣터비

癩 래래 蝦 햐햐 蟆 마마 ○옴둣터비

陰 힌인 生 승승 虫 쭝츙 ○ᄒᆞ리、사리

釘 딩딩 倒 닿다 虫 쭝츙 ○장고아비

甕 웅웅 雀 챻쵸 兒 ᅀᆞᆯᅀᆞᆯ ○上仝

白 뻥버 蜡 츄츄 ○上仝

馬마마蛇셔셔子즈즈 ○ 도마빗얌

蠑융잉螈원원 ○ 上仝

蝮부봉蛇셔셔 ○ 독샤

土투투蟠펀뻔蛇셔셔 ○ 上仝 ○ 鐇 俗或 수 판

蝘연연蜓텅띵 ○ 되롱

蠍혀헝子즈즈 ○ 젼갈

水쉬쉬族주쭈

八바방梢샾샾魚유유 ○ 문어

八바방帶대대魚유유 ○ 上仝

小샾샾八바방梢샾샾魚유유 ○ 낙디

大다따口쿠쿵魚유유 ○ 대구

吴화화口쿠쿵魚유유 ○ 上仝

鯉리리魚유유 ○ [illegible]

肋리릉魚유유 ○ 쥰티

鏨자짱刀닾당魚유유 ○ 上仝

鰱련련魚유유 ○ 련어

烏유우賊지찡魚유유 ○ 오즘어

魴방빵魚유유 ○ 방어

烏유우魚유유 ○ 가믈티

火호훠頭투뚤魚유유 ○上仝

鮎년년魚유유 ○메유기

黃황향魚유유 ○황티

犁리리子즈즈魚유유 ○上仝

鯊사사魚유유 ○상어

蠣리리子즈즈 ○굴

蠣리리房방빵 ○上仝

鰒반빨魚유유 ○싱포

蛤거경蜊라랑 ○이흑○蜊리一作蜊

蚌방빵殼교걓子즈즈 ○금죠개거플

黑허흥魚유유 ○上仝

玉유용板빈반魚유유 ○견머

湘샹샹洋양양魚유유 ○가오리

洪홍훙魚유유 ○ㅣㅣ

刀단담梢산삼魚유유 ○위어

蠣리리蝗황횡 ○上仝

蟶칭칭腸챵쨩 ○가리맛

石시씌決켜켜明밍밍 ○上仝

朋픙뻥蚵커커 ○금죠개○朋或呼생

麪면면條탈땽魚유유 ○비어

民(민/민)魚(유/유) ○ ㅣㅣ

芒(망/망)魚(유/유) ○ 上仝

梭(소/서)魚(유/유) ○ 上仝

蘇(수/수)魚(유/유) ○ 반당이

古(구/구)道(닾/땋)魚(유/유) ○ 고도리

鱸(루/루)魚(유/유) ○ 롱어

狗(구/긓)嘴(쥐/쥐)魚(유/유) ○ 上仝

秋(칰/칠)生(승/승)魚(유/유) ○ 은구어

河(허/헤)魨(툰/뚠) ○ 上仝 ○ 河或呼 호

黃(황/홯)鱔(션/션) ○ 비얌당이

拔(바/빵)魚(유/유) ○ 망어

秀(샥/쑁)魚(유/유) ○ ㅣㅣ

石(시/씽)首(샥/싷)魚(유/유) ○ 조긔

獐(쟝/쟝)口(쿠/킇)魚(유/유) ○ 上仝

鯽(지/징)魚(유/유) ○ 붕어

重(충/쭝)唇(츈/쮼)魚(유/유) ○ 눗티

泥(니/니)鰍(칰/칠)魚(유/유) ○ 믯그리 ○ 泥或呼미

魨(툰/뚠)魚(유/유) ○ 복

裙(퀸/끈)帶(대/대)魚(유/유) ○ 갈티

王(왕/왕)八(바/빵) ○ 쟈라

團魚 뒨퇀 유유 ○ 上仝

螃蟹 빵팡 해해 ○ 게

團臍 뒨퇀 찌치 ○ 암게

石螯 씽시 얗앞 ○ 上仝

海鷄 해해 기기 ○ 꼿게

蝦米 햐하 미미 ○ 새오 선것

江魨 강강 뚠툰 ○ 물아치

錦鱗魚 긴긴 린린 유유 ○ 上仝

鱔魚 쎤션 유유 ○ 드렁허리

鏡子魚 깅깅 즈즈 유유 ○ 가자미

烏龜 우우 귀귀 ○ 거복

尖臍 젼젼 찌치 ○ 수게

刺古 라라 구구 ○ 가재

倒蟲 닿단 쭝충 ○ 上仝

蝦兒 햐하 술얼 ○ 새오

昂刺 앙앙 츠츠 ○ 자가사리

鱖魚 궤귀 유유 ○ 소과리

舡頂魚 쥰쥰 딩딩 유유 ○ 상필이

沙骨落 사사 구구 랄로 ○ 모래므기

鞋底魚 혜혜 디디 유유 ○ 혀대

家鷄魚 가가 기기 유유 ○ 도리

海參 해해 손산 ○ ㅣㅣ

螺螄 러로 스스 ○ 쇼라

鹵蝦 루루 햐하 ○ 새오젓

魚秧 유유 양양 ○ 고기삿기

魚子 유유 즈즈 ○ 알

魚刺兒 유유 ᄎᆞ츠 슬ᄋᆞᆯ ○ 고기ᄉᆞ가시

醃魚 연연 유유 ○ 군틴고기

魚膀子 유유 방방 즈즈 ○ 고기진에

花草 화화 찬참

銀魚 인인 유유 ○ ㅣㅣ

淡菜 딴단 채채 ○ 홍합

土螺 투투 러로 ○ 우롱이

青魚 칭칭 유유 ○ ㅣㅣ

魚白兒 유유 뼈버 슬ᄋᆞᆯ ○ 일의

魚鰾 유유 뱧뱦 ○ 블에

鯗魚 샹샹 유유 ○ 乾魚 ○ 或云 乾石首魚

魚閤顋 유유 궁거 색새 ○ 이고기아감

牡무믐丹단단○모란

芍샤쌰藥요얍○쇼작약○芍俗音

海해해棠탕땅○히당

薔챵쨩薇위뮈○丨丨

藕우읗花화화○년곳○一云芙蓉부융

紅훙훙蓮련련花화화○丨丨丨○呼隨各色

蓮련련蓬풍뿡○년솜이

蓮련련房방빵○上仝

蓮련련子조즈○丨丨

蔆링링角교갈○마람

水쉬쉬栗리링○上仝

葵귀귀花화화○丨丨○葵方音 或귀

菊귀궁花화화○丨丨○菊方音 或귀

梅믜믜花화화○丨丨

山산산茶차짜花화화○산단화

金긴긴錢쳔쪈花화화○丨丨

金긴긴簪조즘花화화○上仝○簪俗音잔

寶봐밯相샹샹花화화○丨丨

紫즈즈薇위위○丨丨

杜두뚜鵑권꿘花화화○진달리

香향향氣키키花화화 ○上소○氣或呼치

鷄기기冠권권花화화 ○만도라미

蘡잉잉粟수숭花화화 ○양구빗ㅅ곳

金긴긴鳳봉뽕花화화 ○봉션화

鳳봉뽕仙션션花화화 ○上소

捲권견丹단단花화화 ○개너리곳

水쉬쉬紅훙홍花화화 ○료화

水쉬쉬蓼랴랑 ○上소

冬둥둥花화화 ○동뵉

木무뭉槿긴긴花화화 ○무궁화

木무뭉蓮련련花화화 ○ㅣㅣ

映잉잉山산산紅훙홍 ○텩튝○紅或作花

僧승승帽맢망花화화 ○도랏곳

月워웡季기기花화화 ○월계

四스슾季기기花화화 ○ㅅ계

白버뻥米미미花화화 ○몯역피

紅훙홍米미미花화화 ○上소

石시씽榴릭링花화화 ○셕류곳

綠루룽梅믜미花화화 ○드릐의십곳

野여여紅훙홍花화화 ○엉것귀

花화화 頴뿡보 根랑랑 ○ 곳밋티줄기　花화화 絨숭숭 兒솔숇 ○ 곳여희

花화화 鬚슈슈 ○ 上仝　花화화 心신신 ○ 上仝

馬마마 藺린린 草참찬 ○ 一名假蘭 ||||○　黃황황 皮삐피 草참찬 ○ 노론속새

罷바바 王왕왕 根근근 草참찬 ○ 어워새　茅망망 草참찬 ○ 뻬

田휘휘 軍균균 草참찬 ○ 잠뻬　葦위위 子조조 草참찬 ○ 골

荻띵디 子조조 草참찬 ○ 달　莞권권 草참찬 ○ 골

水쉬쉬 葱충충 ○ 上仝　勒릉리 草참찬 ○ 글휘궝

狗긍구 尾미이 把바바 草참찬 ○ 上仝　三산산 稜링링 草참찬 ○ 세알

蒿핳한 草참찬 ○ 다복빅　蓬뿡풍 蒿핳한 ○ 上仝

菖창챵 蒲뿌푸 ○ ||　蒲뿌푸 草참찬 ○ 부들

青칭청蒿화할 ○비영

艾애애草찬참 ○ᄡᅮᆨ

艾애애毬쿠길 ○봉오송이

艾애애花화화絨슝슝 ○上仝

水쉬쉬蒿화할草찬참 ○믈ᄡᅮᆨ

水쉬쉬葱충충草찬참 ○요향

野여며穀구궁草찬참 ○ᄆᆞ랏

馬마마菲비뷔草찬참 ○젼ᄡᅩ아기

牛누닝毛만맘草찬참 ○上仝

料랴량豆두뚱草찬참 ○새콩

蒼창창耳ᅀᅥᆯᅀᅳᆯ ○도ᄭᅩ마리

野여여麻마마藤등뜽草찬참 ○한삼

野며여蘇수수子즈즈草찬참 ○눈비엿

獐쟝쟝羔간강草찬참 ○아돌마기

八바방根근근草찬참 ○바랑이

熱서셩草찬참 ○上仝

莨량량子즈즈草찬참 ○줄

茜쳔쳔草찬참 ○곡도송

馬마마蒨쳔쳔 ○上仝

葎류륭草찬참蔓먼먼 ○한삼너출

冬둥둥青칭칭子즈ᅀᅳ ○겨ᄋᆞ사리 ○一云寄生草

白버ᄲᅵ鮮션션 ○검화

落로랍藜리리草찬찰 ○도ᄐᆞ랏

馬마마藍란란 ○청ᄃᆡ ○一云大藍

蓼랸랼藍란란 ○족 ○一云小藍

狗구긓尾이ᄆᆡ草찬찰 ○아기플

灰휘휘菜채채 ○명화지

蓖비비麻마마 ○피마ᄌᆞ ○一云大麻

毛마맢草찬찰 ○기음의털

八바방散산산葫후ᅘᅮ ○담쟝이 或云巴山虎

天텬텬茄키겨子즈ᅀᅳ ○가마종이

覆부봉盆픈뿐子즈ᅀᅳ ○빨기

紅훙훙姑구구娘냥냥 ○쇠아리

蒲푸뿌挷방방 ○부들주지

葛거겋藤등뜽 ○츩

藤등뜽子즈ᅀᅳ ○出鬚縯倚蔓之物通謂之ㅣㅣ

蒿할핳麻마마 ○삼

線션션麻마마 ○ᄌᆞ라삼

苘킹킹麻마마 ○어저귀 ○一云白麻

野여여麻마마 ○돌삼

樹木 슈쓔 무뭉

茶條樹 차짜 툐땋 슈쓔 ○ 신나모

撥羅樹 보붕 로러 슈쓔 ○ 닙갈나므

鐵櫟樹 텨뎡 리링 슈쓔 ○ 쇠리참나모

槲木 후뿡 무뭉 ○ 上仝

皂斗 잪짱 두듷 ○ 上仝

果松樹 고궈 숭숭 슈쓔 ○ 잣나모

松樹 숭숭 슈쓔 ○ 소나모

刺松 츠츻 숭숭 ○ 노가조

匾松 변변 숭숭 ○ 上仝

色木 서싱 무뭉 ○ 上仝

柞木 조짱 무뭉 ○ 가랑나모

靑杠樹 칭칭 강강 슈쓔 ○ 上仝

櫟實 리링 시싱 ○ 도토리

皂角樹 잪짱 교걒 슈쓔 ○ 주엽나모

油松 우읳 숭숭 ○ 上仝

松塔子 숭숭 타탕 즈쯯 ○ 솔방올

栢松 버븽 숭숭 ○ 측백

檜松 귀귀 숭숭 ○ 젓나모

楡 유유 理 리리 木 무몽 ○ 오리나모

椵 뒨된 木 무몽 ○ 피나모

曲 큐쿵 理 리리 木 무몽 ○ 上소 ○ 或稱들믜

桑 상상 樹 슈쓔 ○ ᄲᅩᆼ나모

槐 홰쾌 樹 슈쓔 ○ 회화나모 ○ 或呼青||

梧 우우 桐 퉁뚱 樹 슈쓔 ○ 머괴나모

白 버뻥 楊 양양 樹 슈쓔 ○ 비양목

醜 칙칭 橙 층쯩 樹 슈쓔 ○ 튕ᄌᆞ나모

郁 유융 李 리리 樹 슈쓔 ○ 묏이ᄉᆞ랏나모

炮 팦빵 火 호훠 木 무몽 ○ 다롬나모

蒺 지찡 藜 리리 木 무몽 ○ 詳|||未

牛 닏닏 筋 근근 木 무몽 ○ 박달나모

苦 쿠쿠 理 리리 木 무몽 ○ 무프레

桑 상상 椹 신씬 ○ 오듸

椿 춘츈 樹 슈쓔 ○ 튱나모

青 칭칭 楊 양양 樹 슈쓔 ○ 청양목

黃 황황 楊 양양 木 무몽 ○ |||

山 산산 椒 잪쟣 樹 슈쓔 ○ 분디나모

鬼 귀귀 箭 젼젼 樹 슈쓔 ○ 회나모

水 쉬쉬 苦 쿠쿠 梨 리리 木 무몽 ○ 돌외나모

刺츠 楡유 樹슈 ○ 스믜나모

刺츠 楸칙 樹슈 ○ 엄나모

沙사 木무 ○ ㅣ 조작나모

鴨야 脚교 樹슈 ○ 은힝나모

白버 果고 樹슈 ○ 上仝

暖눤 木무 ○ 황벽나모

黃황 檗버 木무 ○ 上仝

臭칙 椿츈 樹슈 ○ 개듁나모

虎후 目무 樹슈 ○ 上仝 ○ 江東人曰 ㅣㅣ

山산 椿츈 ○ 上仝 ○ 北方人呼曰 ㅣㅣ

杉산 木무 ○ ㅣㅣ 我俗稱 익개나모

樺화 皮피 木무 ○ 봇나모

蘇수 木무 ○ 다목

荊깅 條턒 ○ 싸리

桂귀 樹슈 ○ ㅣㅣ

秋칙 景깅 ○ 丹楓

白버 楡유 樹슈 ○ 느릅나모

黃황 槐홰 樹슈 ○ 느틔나모

黃황 楡유 樹슈 ○ 上仝

花화 梨리 木무 ○ ㅣㅣ

柳 류 릥 樹 슈 쓔 ○ 버들나모　木 무 뭉 根 근 근 老 랖 랗 ○ 나모스등걸

瑣說

二字類

喜 히 히 歡 훤 훤 ○ 깃브다　欠 켠 켠 恭 궁 궁 ○ 보디 못ᄒᆞᆯ돠

派 패 패 定 딩 띵 ○ 구실 그어 보내다　程 칭 찡 儀 이 이 ○ 길가ᄂᆞᆫ듸 부조ᄒᆞ나

照 쟌 쟝 例 리 리 ○ 젼례대로ᄒᆞ다　澆 갸 걍 手 식 싱 ○ 셩녕 못ᄎᆞᆫ후에 손시시

可 커 커 憐 련 련 ○ ㅣㅣᄒᆞ다　躊 착 쫌 躇 츄 쮸 ○ 머뭇거리다

攔 란 란 當 당 당 ○ 막ᄌᆞ르다　特 더 뗭 故 구 구 ○ 부러

向 향 향 他 타 타 ○ 뎌를 녁드다　幫 방 방 助 주 쭈 ○ 上소

口 쿠 큳 穩 운 훈 ○ 잡말아니타　哄 훙 훙 他 타 타 ○ 뎌를소기다

噴훙훙誘우잉 ○ 달래여소기다 ○ 噴亦作哄从上聲　啜쥬쥥賺잔짠 ○ 上仝

喫치칭哄훙훙 ○ 소김을닙다　喫치칭虧퀴퀴 ○ 셜음을닙다

懊앟항悔휘휘 ○ 뉘웃다　反반만悔휘휘 ○ 上仝 ○ 一云後悔

賴래래誣우무 ○ 이미히보채다　賴래래我오이 ○ 날조로나 ○ 一云折倒我

賴래래你니니 ○ 너를조로다　嚇하하我오어 ○ 날을저힌다

細시시作조잘 ○ 間諜之人俗稱조이　刁댶댱譎궈귱 ○ 야긔ᄇᆞᆨ다

蹊히ᅘᅵ蹺캬캉 ○ 上仝　跳턒땽槽찬짬 ○ 이리뎌리헌ᄉᆞᄒᆞ다

唆소서調턒땽 ○ 하솟거리다　教갸걍唆소서 ○ 上仝

爭쥥증嘴쥐쥐 ○ 투졍ᄒᆞ다　廝스ᄉᆞ殺사샹 ○ 싸호다 ○ 一云斷打

央양양及기강 ○ 비다　粧좡좡假갸갸 ○ 조쟝ᄒᆞ다

假가갸別뼝벼○上仝
快괘괘活횅호○즐기다

過궈고活횅호○됴히되니다
巧걒걒奇끼기○고이ᄒᆞ다

古구구恠괘괘○上仝○一云恠
勞랖랖苦쿠쿠○슈고ᄒᆞ다

生승싱受쎵식○上仝
久깋긷違위위○오래곳블되

小썋샿會휘휘○上仝
面면면生승싱○ᄂᆞᆺ서다

面면면熟쑹수○ᄂᆞᆺ닉다
面면면善쎤션○上仝

和훠호動뚱둥○周旋ᄒᆞ다
方방방便뼌변○上仝

轉줜줜便뼌변○살활잇다
受쌍식氣키키○욕먹다

晦휘휘氣키키○익굿다
忌끼기會휘휘○上仝

閑현현講걍걍○헐위말ᄒᆞ다○一云講說
談땐란說쉬쉬○잡말ᄒᆞ다

記 기기 認 신신 ○보람두다

記 기기 號 핳화 ○上仝

照 잔쟌 覰 츄츄 ○보숣피다○一云照잔管권

瞧 챤쟌 瞧 챤쟌 ○보다

分 븐븐 明 밍밍 ○ㅣㅣᄒᆞ다

仔 즈즈 細 시시 ○ㅣㅣᄒᆞ다

可 커커 意 이이 ○뜯에맛다

可 커커 口 쿠킇 ○입에맛다

可 커커 喜 히히 ○곱다

生 싱승 得 더듷 ○얼굴

生 싱승 的 디듸 ○上仝○或云선것又눌것

誇 콰콰 奬 쟝쟝 ○쟈랑ᄒᆞ다

過 고궈 奬 쟝쟝 ○너무기리다

剗 찬찬 新 신신 ○上仝

斬 잔잔 新 신신 ○上仝

又 우잉 新 식신 ○上仝

從 충쭝 新 신신 ○다시ᄒᆞ다

越 웨웡 發 바발 ○더욱

越 웨웡 好 한향 ○더욱됴타

恰 갸걍 好 한향 ○마치됴타

計 기 깅 較 갼 걍 ○헤아리다
理 리 리 會 휘 횡 ○아다

認 인 신 得 더 듸 ○上仝
偌 셔 셔 多 도 니 ○너무하다

偌 셔 셔 大 다 따 ○너모크다
扮 반 반 做 주 주 ○꾸미다

裝 좡 장 扮 반 반 ○上仝
盟 믕 믕 誓 시 씽 ○一

起 기 키 誓 시 씽 ○명셰ᄒᆞ다 ○一云 發 바 誓 시
收 식 심 拾 시 씽 ○一ᄒᆞ다

竪 슈 쓔 放 방 방 ○셰워노타
長 챵 쨩 放 방 방 ○기리로노타

横 훙 훙 放 방 방 ○ᄀᆞ로노타
匾 변 변 放 방 방 ○편히노타

疊 뎌 뎡 放 방 방 ○포고여노타
擺 배 배 放 방 방 ○버려노타

支 즈 즈 者 저 저 ○괴오다
荒 뎐 뎐 者 저 저 ○上仝

撐 칭 층 者 저 저 ○上仝
扯 버 뻥 者 저 저 ○버뤼오다

穩者 운운 져져 ○ 편히ᄒᆞ다
迎者 잉잉 져져 ○ 맛다
等者 등등 져져 ○ 기도로다
專等 좬좬 등등 ○ 젼위ᄒᆞ야 기도로다
撞見 좡장 견견 ○ 만나보다
洗塵 시시 친찐 ○ 上仝
餞行 젼졘 힝행 ○ 餞送ᄒᆞ다
愛殺 애애 사삼 ○ 上仝
該懰 개개 낲낭 ○ 노ᄒᆞ염즉ᄒᆞ다
拈抽 뎐뎐 착찯 ○ 物件을 호는 ᄃᆡ 져비잡다

當者 당당 져져 ○ 담당ᄒᆞ다
藏者 창짱 져져 ○ 곰초다
等候 등등 후ᄒᆞᆷ ○ 上仝
撞着 좡장 쟢짭 ○ 만나다
接風 져졍 봉봉 ○ 마지ᄒᆞ다
送行 숭숭 힝행 ○ 길가ᄂᆞᆫ니보내다
愛疼 애애 텅뚱 ○ ᄉᆞ랑ᄒᆞ다
胡懰 후ᄒᆞᆼ 낲낭 ○ 간대로노ᄒᆞ다
貌莊 맢망 좡장 ○ 서재다
拈鬮 뎐뎐 귀깅 ○ 雜技ᄒᆞ는 ᄃᆡ 져비잡다

拍퍼핑手수싱 ○손ㅅ벽티다

拍퍼핑拍퍼핑 ○등두ᄃᆞ리다

白버뻥住쥬쮸 ○부질업시머므다

白버뻥來래레 ○부질업시오다

白버뻥看칸칸 ○부질업시보다

白버뻥問운운 ○부질업시뭇다

白버뻥煮쥬쥬 ○민믈에ᄉᆞᆱ다

落호헝絟솬솬 ○살오미다

死스ᄉᆞ絟솬솬 ○막미다

活호헝鎖소쉬 ○살오ᄌᆞ모다

死스ᄉᆞ鎖소쉬 ○막ᄌᆞ모다

儘진진教갼걍 ○무던타

由우잉他타타 ○제머로

從충쭝他다타 ○무던히너기다

隨쉬쒸你니니 ○네대로

花화화使ᄉᆞᄉᆞ ○간대로ᄡᅳ다

花화화費븨빙 ○간대로허비ᄒᆞ다

擺배배佈부부 ○긔결ᄒᆞ다

抖두듷抖두듷 ○ᄠᅥ저기다

擻수승擻수승 ○上소

摩 모 뭐 摩 모 뭐 ○ 문지다

撞 좡 장 頭 투 뜽 ○ 마리ᄲᅥᄒᆞ다

搖 얖 얍 頭 투 뜽 ○ 마리흔드다

銼 초 쭤 銼 초 쭤 ○ 질밧다

陰 인 힌 了 랴 럏 ○ 水墨드다

陰 인 힌 字 즈 쯔 ○ 影字

擰 닝 닝 擰 닝 닝 ○ 上仝

謎 미 미 語 화 홰 ○ 겹말 ○ 一云 外話화 왜話화

粗 주 주 錢 쳔 젼 ○ 貫갑ᄂᆞᆫ갑

就 직 찡 來 레 래 ○ 즉시오다

剛 강 강 剛 강 강 ○ 계유

朋 픙 뽕 頭 투 뜽 ○ 上仝

篩 새 새 頭 투 뜽 ○ 체마리흔드다

打 다 다 點 뎐 뎐 ○ 톄티다

沾 젼 젼 筆 비 빙 ○ 붓에먹무티다

扭 뉴 닏 了 랴 럏 ○ 븨트다

俏 샾 챵 語 유 유 ○ 文字로加減ᄒᆞ여ᄒᆞᄂᆞᆫ헐잇말

祖 주 주 來 레 래 ○ 貫내다

就 직 찡 去 큐 큐 ○ 즉시가다

多 도 더 擾 샾 샿 ○ 슈폐ᄒᆞ다

吊 댜댱 死 스ᄾ ○ 목ᄆᆡ야죽다

氣 키키 死 스ᄾ ○ 애ᄡᅥ죽다

捲 권권 了 랴럎 ○ 뎌브러디다

退 퉈퉈 泥 니니 ○ ᄢᅥ미다 ○ 浧或浮미

泥 니니 吊 댜댱 ○ ᄢᅥ디다

晒 새새 乾 간간 ○ 볏ᄐᆡ ᄆᆞᆯ뢰오다

利 리리 害 해해 ○ 모디다

了 랴럎 得 더능 ○ 上仝

踢 티팅 跳 댜땽 ○ 벽노다

踢 티팅 者 저져 ○ 太다

靠 캎캉 者 져져 ○ 의지ᄒᆞ다

跐 채채 者 져져 ○ ᄇᆞᆲ다

踏 다당 空 쿵쿵 ○ 허방드듸다

擠 지지 人 ᅀᅵᆫ인 ○ 사ᄅᆞᆷ미져기다

推 퉈퉈 人 ᅀᅵᆫ인 ○ 사ᄅᆞᆷ미다

搡 상상 人 ᅀᅵᆫ인 ○ 사ᄅᆞᆷ밀티다

破 포풔 人 ᅀᅵᆫ인 ○ 사ᄅᆞᆷ허다

搶 챵챵 了 랴럎 ○ 刼奪ᄒᆞ다

擺 배배 擁 웅웅 ○ 두로벼다

摟 루릉 抱 받방 ○ 안다

寒家 한ᅘᅡᆫ 갸갸 ○ 謙稱自家之辭 ○ 吳楚人曰儂눙

寒居 한ᅘᅡᆫ 규규 ○ 上仝 ○ 山東人曰洒家

賍喫 챵쨩 치칭 ○ 눈흘긴음식먹다

撕開 스쓰 캐캐 ○ 쯧다

絣開 붕붕 캐캐 ○ 줄찡찡이벼퉈우다

窖氷 걒걓 빙빙 ○ 藏氷ᄒᆞ다

拔氷 바빵 빙빙 ○ 어름에치오다

壽誕 쌱쌍 단딴 ○ 生日尊稱

那席 노너 시씽 ○ 자리옴다

赶上 간간 샹썅 ○ 밋다

齾了 여영 랴량 ○ 그룻우그러디다

釁了 운운 랴량 ○ 그룻금식다

可惡 커커 우우 ○ 과심ᄒᆞ다

對頭 뒤뒤 투뜽 ○ 相合디못ᄒᆞ다

羅羅 로릐 로러 ○ 체질ᄒᆞ다

小羅 샤샹 로러 ○ 잠샨ᄎᆞ다

重羅 충쭝 로러 ○ 노와야ᄎᆞ다

效他 햐향 타다 ○ 임내내다

輳成 추층 칭찡 ○ 호듸모도다

輳輳 추층 추층 ○ 上仝

補부부定당뎡○흥졍에모ᄌᆞ란것치오다
爭중증風봉봉○계집ᄃᆞ토ᄂᆞᆫ새옴

喫치칭醋추추○남진ᄃᆞ토ᄂᆞᆫ새옴
比비비倂빙삥○결오다

廝ᄉᆞ쓰罣과과○힘결오다
不부부彎완완○휘디아니타

懼규규內뉘뉘○內政저히ᄒᆞ다
專쥰쥰來래래○블어오다○一云特ᄃᆡ來래

麻마마藥요얍○사ᄅᆞᆷ먹여어리게ᄒᆞᄂᆞᆫ약
知지지他타타○몰오리로다○知南音云

抽착칭簽쳔쳔○사슬빠히다
好한함歹대대○모로미

頭투ᄯᅳᇰ口쿠킁○六畜通稱ㅣ關內之話
牲승승口쿠킁○上仝關東之話

共궁궁通퉁퉁○대되
通퉁퉁該개개○上仝

抽착칭豊봉봉○救窮ᄒᆞ다
盤편번纏쳔젼○路費○盤或呼판

了랸략了랸략○못다○一云完了
撇펴평了랸량○블이다

昏了 훈훈 랖럏 ○어즐ᄒᆞ다

囑咐 쥬죵 부부 ○당부ᄒᆞ다 ○囑 一作 주

糴米 디띙 미미 ○ᄡᆞᆯᄑᆞ라드리다

好生 한함 승승 ○ᄆᆞ장

着落 죠쨩 로랗 ○절로ᄒᆞ여

忘了 왕망 랖랗 ○닛다

搬去 번번 큐큐 ○옴겨가다

打聽 다다 팅팅 ○듯부다

兌付 뒤뒤 부부 ○쟝만ᄒᆞ다

駁彈 보밤 탄딴 ○흔나므라다

蘇醒 수수 싱싱 ○되ᄭᅵ여나다

牢壯 랖랗 좡쟝 ○굿다

糶米 턒턓 미미 ○ᄡᆞᆯ내여ᄑᆞ다

難保 난난 보밤 ○밋기어렵다

多謝 도더 셔쎠 ○ㅣㅣ

貼錢 텨텽 쳔쪈 ○돈거슬이다

搬來 번번 레래 ○옴겨오다

剛纔 강걍 채쨰 ○ᄀᆞᆺ

打開 다다 캐캐 ○펴다

忒細 틔틍 시시 ○너무ᄀᆞᄂᆞ다

忒 틔틕 麤 추추 ○너무츩다　忒 틕틍 窄 져징 ○너무좁다

不 부붕 勾 구궁 ○넉넉디아니타　妙 먚먀 高 갚강 ○ᄀ장놉다

聒 고굉 噪 산삼 ○지져귀다　操 찯참 馬 마마 ○몰됴솜ᄒ다

任 싄신 誰 쉬쒸 ○아모도　急 기깅 且 쳐쳐 ○과걸리

休 흫힝 强 걍걍 ○세오디말라　跳 턒땽 墻 챵쨩 ○담넘다

償 챵쨩 命 밍명 ○代殺ᄒ다　數 수수 落 로랖 ○사롬수죄ᄒ야 ᄀ짓다

守 식싱 寡 과과 ○ㅣㅣᄒ다　單 단단 傳 쵞쮠 ○ㅣ 獨子傳承曰ㅣㅣ

撒 사상 嬌 걒걍 ○일의ᄒ다　樣 양양 子 ᄌ증 ○견양

爭 종증 差 차차 ○져기ᄇᆞ다　結 겨경 果 고궈 ○죽다○一云몯 다

胡 후홓 討 닾탕 ○간대로ᄲᅴ온다　咬 얖얗 牙 아아 ○切齒ᄒ다○一云恨ᄒᆞᆫ齒ᄎ

嚼氷 ○어름 ᄭᆡ므다

三停 ○三分ᄒᆞ다

三字類

擺負人 ○사ᄅᆞᆷ 텨 말ᄒᆞ다

奈何人 ○사ᄅᆞᆷ 보채다

心應有 ○짐즛

驕傲人 ○사ᄅᆞᆷ 업슈이 녀기다

欺負人 ○上仝

不要爭 ○세우디 말라 俗 벼증

別揭短 ○ᄂᆞᆷ의 허믈 들추디 말라

不怯氣 ○무셔워 아니타

使黑心 ○숨ᄭᅳᆺ치다

打背公 ○곡뒤치다

馱朶子 ○짐 싯다

撒朶子 ○上仝

輕朶子 ○輕ᄒᆞᆫ 짐

沉朶子 ○重ᄒᆞᆫ 짐

捱墨稠 ○먹 되게 ᄀᆞ다

捱墨稀 ○먹 믉게 ᄀᆞ다

手不停 ○ 손노로디 아니타

幹勾當 ○ 일일오다

能幹事 ○ 일 잘ᄒᆞ다

歇後語 ○ 헐이ᄒᆞᄂᆞᆫ 말

典當來 ○ 뎐당ᄒᆞ여 오다

賒者來 ○ 외자 내다

稍將去 ○ 부텨 가다

撈出來 ○ 건뎌 내다

淹死了 ○ 믈에 ᄲᅡ뎌 죽다

撈救入 ○ 사ᄅᆞᆷ 건뎌 내다

找不得 ○ 엇디 못ᄒᆞ다

尋不着 ○ 上仝

了不得 ○ 에워 나디 못ᄒᆞ다

罷不得 ○ 마디 못ᄒᆞ다

定不得 ○ 뎡티 못ᄒᆞ다

保不得 ○ 밋디 못ᄒᆞ다

捨不得 ○ 앗겨ᄒᆞ다

使不得 ○ 쓰디 못ᄒᆞ다

壞不得 ○ 문허디디 아니ᄒᆞ다

大造化 ○ ᄉᆞ망 만타

造 잔짱 化 화화 底 디디 ○ 소망업다
照 쟌쟝 顧 구구 我 오이 ○ 날돌보다

磨 모뭐 刀 닾담 子 즈줐 ○ 칼ᄀᆞ다
光 광광 脚 교냥 走 주증 ○ 민발로가다

急 기긺 縮 수숭 頭 투뜸 ○ 굽히움치겨다
俊 쥰쥰 窠 오워 兒 숤숤 ○ 美女

老 랖랗 鴇 밮방 子 즈줐 ○ 고나히어미
院 웬웜 裡 리리 走 주줌 ○ 화쳐에가다

花 화화 裡 리리 走 주줌 ○ 上仝
撚 년년 釘 딩딩 者 져져 ○ 쳑에됴히심박다

縐 즈즘 殼 교갛 兒 숤숤 ○ 쇠의닙피다 ○殼或呼
抄 챂참 書 슈슈 來 레래 ○ 글벅겨오다

租 주주 馬 마마 來 레리 ○ 몰세내여오다
久 갸길 住 쥬쥬 户 후후 ○ 元居人

土 투투 居 규규 的 디딩 ○ 上仝
移 이이 居 규규 的 디딩 ○ ㅣㅣ훈난이 移或寄

跐 채채 房 밯빵 子 즈줐 ○ 집잡다
跐 채채 店 뎐뎐 房 밤빵 ○ 뎜방잡다

兩 량량 下 햐햐 看 칸칸 ○ 두녁흐로보다
四 스슾 下 햐햐 看 칸칸 ○ 네녁흐로보다

車처쳐輪륜륜會회휘○되로리　打다다壺후후甁핑빙○上소

穿촨촨皮피삐襖와왕○술먹다　擡태때石시씽頭투뜰○上소

順쓘쓘領링링盃븨븨○順次飮　揣채취領링링盃븨븨○逆次飮

懷홰홰裡리리揣채취○上소　做주주東둥둥道다땀○해자ᄒᆞ다

讓샹샹了랴량我오어○내게사양ᄒᆞ다　油우잉點뎐뎐了랴량○기름뭇다

滸히히泥니니濺젼젼○즌흙ᄠᅴ다　暖눤눤壽식씽宴연연○生日宴

那노너一이흠那노너○那移ᄒᆞ다　打다다毁호휘兒ᅀᆞᆯᅀᅳ○ᄒᆞᆸ그

險현현些서셔兒ᅀᆞᆯᅀᅳ○ᄒᆞᆷ아　爭졍증些서셔兒ᅀᆞᆯᅀᅳ○上소

好화할些서셔兒ᅀᆞᆯᅀᅳ○져기낫다　赶간간不부봉上상쌍○밋디몯ᄒᆞ、

火호휘星싱싱子ᄌᆞ즈○블벼록　失시싱了랴량火호휘○블내다

蹉(초/처)者(져/져)跐(츠/쯔) ○ 그르텨박하다

該(개/개)堪(칸/칸)的(디/딩) ○ 可合者

控(쿵/쿵)一(이/힝)控(쿵/쿵) ○ 滌器倒乾

猫(맢/맘)喫(치/칭)齋(재/재) ○ 고양이소

對(뒤/뒤)不(부/붕)着(죠/쨯) ○ 相合디못ᄒᆞ다

大(다/따)摸(무/무)樣(양/양) ○ 서재다

現(현/쎤)世(시/상)報(반/밣) ○ 앙얼닙다

兩(량/량)面(면/면)刀(닾/닲) ○ 反覆唆說ᄒᆞ다

補(부/부)錢(쳔/쪈)數(수/수) ○ 수에ᄎᆡ오다

那(나/나)簷(연/연)子(ᄌᆞ/ᄌᆞᆼ) ○ 뎌편

走(주/즇)了(랖/럏)風(붕/붕) ○ 말漏泄ᄒᆞ다

裂(려/렿)了(랖/럏)縫(붕/뿡) ○ 틈터디다

儘(진/진)一(이/힝)儘(진/진) ○ 지긔우다

耍(쇄/쇄)過(고/궈)的(디/딩) ○ 經人女

根(근/근)子(ᄌᆞ/ᄌᆞᆼ)大(다/따) ○ 世族에ᄉᆞ사롬

找(잪/잫)東(둥/둥)西(시/시) ○ 자븐것엇다

老(랖/랗)骨(구/궁)董(둥/둥) ○ 당마조진놈

看(칸/칸)景(깅/깅)致(지/징) ○ 구경ᄒᆞ다

這(져/져)簷(연/연)子(ᄌᆞ/ᄌᆞᆼ) ○ 이편

東(둥/둥)拐(괘/쾌)子(ᄌᆞ/ᄌᆞᆼ) ○ 동편 ○ 一云東巴剌

西塊子 시시 쾌쾌 즈조 ○ 서편 ○ 一云西巴刺

打嘴吧 다다 쥐쥐 바바 ○ 부리티다

打手掌 다다 식싀 쟝쟝 ○ 손ᄲᅣᆷ 당티다

夜叉精 여여 차차 징징 ○ 독갑이

狐狸精 후후 리리 징징 ○ 上仝

柳樹精 릭릭 슈슈 징징 ○ 上仝

不動憚 부붕 둥뚱 단딴 ○ 움즉이디 아니다

長出來 쟝쟝 츄츄 레래 ○ 줄가나다

厮打脚 스ᄉᆞ 다다 교걒 ○ 드ᄉᆞᆫ디발 내엿다

敢喫了 간간 치칭 랴랑 ○ 먹은듯ᄒᆞ다

喫了乾 치칭 랴랑 간간 ○ 다먹다

眞箇麽 진진 거거 마마 ○ 진실로야

走了氣 주즘 랴랑 키키 ○ 김나다

特的來 듸띙 디딩 레래 ○ 부러오다

不妨事 부붕 방방 스ᄉᆞ ○ 무던다

不打緊 부붕 다다 긴긴 ○ 관계티아니타

見成的 현현 칭찡 디딩 ○ 시방잇ᄂᆞᆫ것

錯拿去 초찹 나나 큐큐 ○ 그릇가져가다

錯記了 초찹 기키 랴랑 ○ 그릇긔록ᄒᆞ다

尅減了 킈킝 견견 랴랑 ○ ᄀᆞ려더다

趲 잔잔 短 된된 些 셔셔 ○ 져기주리마

多 도더 大 다때 少 샾샹 ○ 언마나크뇨

爭 종증 甚 슴씸 麽 마마 ○ 언마나ᄲᅡ뇨

一 이힝 道 도땅 見 숀숑 ○ ᄒᆞᆫ ᄢᅴ

抽 착칭 分 븐븐 了 랴량 ○ 物件數대로稅밧다

出 츄춍 分 븐븐 資 즈즈 ○ 노리ᄒᆞ려코냄내다

不 부봉 走 주즁 作 조잡 ○ 흘긔디아니타

緊 긴긴 勾 구긓 當 당당 ○ 急ᄒᆞᆫ일

屈 큐귱 死 ᄉᆞᄉᆞ 了 랴량 ○ 셜리죽다

斷 둰된 送 숭숭 了 랴량 ○ 命을ᄭᅳᆫ타

莫 모뭉 惹 셔셔 他 타타 ○ 뎌를집작말라

扶 부뿡 助 주주 他 타타 ○ 뎌를돌보다

雜 자짱 巴 바바 剌 라랑 ○ 잡것○一云雜巴剌東西

這 져쳐 站 잔잔 箇 거거 ○ 이번○或云여긔셔

那 나나 站 잔잔 箇 거거 ○ 그번○或云거긔셔

幾 기기 塘 탕땅 走 주즁 ○ 몃번ᄃᆞ니ᄂᆞᆫ다

行 항ᅘᆼ 的 디딩 說 쉐ᄉᆈᆼ ○ ᄌᆞ셔히니르다

猛 믕믕 可 커커 裡 리리 ○ 블의에○或猛箇字

不 부봉 理 리리 他 타타 ○ 뎌를긔수티아니타

四字類

擺着擁來 ○두로배오다

替身定者 ○구실에代身보내다

不接還壁 ○밧디아니코도로보내다

燒布焰氣 ○헌것ᄐᆞᄂᆞᆫ내

差不多兒 ○어긔기만티아니ᄒᆞ다

敢是下雨 ○비올듯ᄒᆞ다

山高水低 ○사ᄅᆞᆷ죽ᄂᆞᆫ디ᄡᅳᄂᆞᆫ말

街市鬼市 ○市價不定○街一作亥或呼개

被人看破 ○圖謀ᄒᆞᄂᆞᆫ일을사ᄅᆞᆷ의게잡히이다

順風打旗 ○ᄂᆞᆷᄒᆞᄂᆞᆫ대로보와가며ᄒᆞ다

小心必勝 ○조심ᄒᆞ면반ᄃᆞ시낫ᄂᆞ니라

貌隨福轉 ○얼굴은복을조차옴ᄂᆞ다

仰面嘆天 ○우러러하늘로츔밧다

黑裡𩅤𩅤 ○ᄒᆞ리믕믕ᄒᆞ다 一云胡裡麻裡

休管他麼 ○네허롱곳가

誰羸誰輸 ○누이긔며누디뇨

旋買旋喫 ○ᄀᆞᆺ곰사ᄆᆞᆺ곰먹다

正缺着裡 ○정히업다

省睡些箇 ○ 잠을젹이덜자다

在下具慶 ○ 謙言自己父母俱存

應應知道 ○ 벅벅이아다

壞了家門 ○ 가문을敗壞ᄒᆞ다

越讀越生 ○ 닑도록더욱서다

免致錯了 ○ 그롯을면케ᄒᆞ다

一遭跌挫 ○ ᄒᆞᆫ번구러뎌挫氣ᄒᆞ다

潑油水的 ○ 기름씌업슨것

着冰挨者 ○ 어름에치오다

朶子歪了 ○ 上仝

不曉事的 ○ 일모로ᄂᆞ니

影影知道 ○ 어렴프시아다

遊賞一遭 ○ ᄒᆞᆫ디위놀며보다

門館先生 ○ 집의두고글비호ᄂᆞᆫ스승

敢不承命 ○ 감히명을좃디아니랴

自作自受 ○ 내저즐어내밧다

這箇去處 ○ 이곳

嗉子閣刺 ○ 목에가시걸리다

朶子偏了 ○ 짐기오다

些羅些兒 ○ 약간이란것

譯語類解下終

譯語類解

補

譯語類解 補

譯(이/잉)語(유/유)類(뤼/뤼)解(계/계)補(부/부)

天(텬/텬)文(운/운)補(부/부)

天(텬/텬)清(칭/칭)亮(량/량) ○ 하ᄂᆞᆯ 쳥명ᄒᆞ다

天(텬/텬)暗(안/한)昏(훈/훈) ○ 하ᄂᆞᆯ 흘이다

天(텬/텬)道(도/닾)變(변/변)了(랴/럏) ○ 텬긔 변ᄒᆞ다

日(시/싕)光(광/광) ○ ᄒᆡᆺ빗

日(시/싕)晃(황/ᅘᅪᇰ)眼(연/연) ○ ᄒᆡᆺ빗 눈에 ᄇᆞ의다

日(시/싕)珥(ᅀᅳᆯ/ᅀᅳᆯ) ○ ᄒᆡᆺ귀엿골

日(시/싕)頭(투/ᄠᅳᇢ)中(중/중)天(텬/텬) ○ ᄒᆡ 즁텬ᄒᆞ다

日(시/싕)頭(투/ᄠᅳᇢ)矬(초/쭤) ○ ᄒᆡ 낫비다

日(시/싕)頭(투/ᄠᅳᇢ)落(로/랗)了(랴/럏) ○ ᄒᆡ지다

日(시/싕)曛(휸/휸) ○ ᄒᆡ 이슬음

回(휘/휘)光(광/광)返(반/반)照(쟌/쟝) ○ ᄒᆡᆺ빗 맛최다

影(잉/힝)兒(ᅀᅳᆯ/ᅀᅳᆯ) ○ 그림자

月(워/웡)芽(야/야) ○ 초싕ᄃᆞᆯ

月(워/웡)華(화/ᅘᅪ) ○ ᄃᆞᆯ빗

月(워/웡)盈(잉/잉) ○ ᄃᆞᆯ 두렷ᄒᆞ다

月(워/웡)虧(퀴/퀴) ○ ᄃᆞᆯ 이즈러지다

月위웽淡단딴 ○ ᄃᆞᆯ빗여다

亮량량星싱싱 ○ 샛별

星싱싱稠착쯩 ○ 별빅다 星싱密미

星싱싱落로랍了랸량 ○ 별지다

雙쌍쌍杠강강 ○ 굷션므지게

虹훙훙消샾샹 ○ 므지게스다

黃황횡風붕붕 ○ 沙石놀리는큰ᄇᆞ람

朔소삽風붕붕 ○ 北風

背비븨風붕붕 ○ 뒤흐로부는ᄇᆞ람 順슌風붕

倒다닿捲권권風붕붕 ○ 호로래ᄇᆞ람

月웨웽黑허흥了랸량 ○ ᄃᆞᆯ어둡다

箒작쟝星싱싱 ○ 혜셩

星싱싱稀히히 ○ 별드므다

天텬텬弓궁궁 ○ 므지게

虹훙훙現현현 ○ 므지게셔다

風붕붕刮과광了랸량 ○ ᄇᆞ람부다 刮과風붕

冷릉릉風붕붕 ○ ᄎᆞᆫᄇᆞ람

頂딩딩風붕붕 ○ 마조부는ᄇᆞ람

迎잉잉風붕붕 ○ ᄇᆞ람마조가다

一이힝陣진찐風붕붕 ○ ᄒᆞᆫ대ᄇᆞ람

暴(밮 빨)風(봉 봉) ○ 모진ᄇᆞ람

風(봉 봉)定(딩 띵) ○ ᄇᆞ람자다 風(봉)息(시)

彩(채 채)雲(윤 윤) ○ 五色구름

魚(유 유)鱗(린 린)雲(윤 윤) ○ 魚鱗ᄀᆞᆺ흔구름

雲(윤 윤)布(부 부)開(캐 재) ○ 구름퍼지다

雲(윤 윤)遮(져 져)蔽(비 비) ○ 구름ᄀᆞ리오다

雲(윤 윤)淡(단 딴) ○ 구름묽다

一(이 힁)朶(도 더)雲(윤 윤) ○ ᄒᆞᆫ떼구름

雲(윤 윤)散(산 산)了(랴 랑) ○ 구름흣터지다

雷(뤼 뤼)鳴(밍 밍) ○ 우릐ᄒᆞ다

轟(훙 훙)雷(뤼 뤼) ○ 큰우릐

灌(권 권)耳(ᅀᅳᆯ 싀)雷(뤼 뤼) ○ 귀에찡ᄒᆞᄂᆞᆫ우릐

雲(윤 윤)磨(모 뭐)响(향 향) ○ 雲中隱雷

焦(쟌 쟝)雷(뤼 뤼) ○ 급ᄒᆞᆫ우릐

電(뎐 뗜)光(광 광)閃(션 션)爍(샨 샹) ○ 번게번득이다

打(다 다)閃(션 션) ○ 번게ᄒᆞ다

火(호 훠)雲(윤 윤) ○ 노을

傾(깅 킹)盆(픈 쁜)雨(유 유) ○ 붓드시오ᄂᆞᆫ비

時(스 쓰)雨(유 유) ○ 셰마초오ᄂᆞᆫ비

土(투 투)雨(유 유) ○ 흙비

- 雨 유유 點 뎐뎐 ○ 비듯는뎜
- 淫 인인 雨 유유 ○ 쟝마ㅅ비
- 下 하햐 雨 유유 起 킹키 泡 팦팔 ○ 비와방올지다
- 雨 유유 大 다다 了 랸랴 ○ 비만타
- 雨 유유 濕 시씽 了 랸랴 ○ 비젓다
- 雨 유유 透 투틍 了 랸랴 ○ 비ᄉᆞ뭇다
- 淋 린린 透 투틍 ○ ᄉᆞ뭇젓다
- 被 비삐 雨 유유 ○ 비맛다 冒만 雨유
- 雨 유유 少 샾싼 停 띵딩 ○ 비적이미즉ᄒᆞ다
- 露 루루 珠 쥬쥬 ○ 이슬미친것
- 露 루루 滴 디띵 ○ 이슬듯다
- 黃 황황 霧 우무 ○ 大霧
- 霧 우무 濃 눙눙 ○ 안개ᄌᆞ욱ᄒᆞ다
- 霧 우무 捲 권권 了 랸랴 ○ 안개것다
- 米 미미 雹 밮빵 ○ ᄌᆞᆫ물위
- 霜 솽솽 早 잪장 ○ 서리일으다
- 霜 솽솽 晚 완완 ○ 서리늣다
- 樹 슈쓔 稼 갸갸 ○ 산고ᄃᆡ
- 米 미미 雪 쉬셩 ○ ᄡᆞᆯ눈
- 鵝 오어 毛 맢망 雪 쉬셩 ○ 송이눈

雪花飄揚 쉬 훠 퍞 양 ○ 눈놀리다　雪大 쉬 다 ○ 눈만히오다

時令 스 링 補 부

正朝 징 쟢 ○ ㅣㅣ　伏天 부 텬 ○ 복날

除夕 츄 시 ○ 아춤설밤　新年 신 년 ○ ㅣㅣ

當年 당 년 ○ 그희 本年　整年家 징 년 갸 ○ 왼희

大前年 다 쳔 년 ○ 글헉긔　本命年 븐 밍 년 ○ 환갑희

那一年 나 이 년 ○ 어ㄴ희 一云 그희　這箇年 져 거 년 ○ 이희

豐年 붕 년 ○ ㅣㅣ　饑荒年 기 황 년 ○ 흉년

澇年 랖 년 ○ 물시인희　去月 큐 워 ○ 지난돌

出月 츄 워 ○ 리월 下月 하 워　閏月 윤 워 ○ 윤돌

按月 한안 웨웨 ○ 돌마다

上半月 쌍상 번번 웨웨 ○ 션보롬

本日 븐븐 싱시 ○ 그날

幾日 기기 싱시 ○ 어너날 或 멋날 多도站잔

整日 징징 싱시 家 갸가 ○ 왼날

東開了 둥둥 재재 럏랸 ○ 동트다

晨光現 찐친 광광 현현 ○ 먼동트다

天大亮 텬텬 따다 량량 ○ 채붉다

飯時 빤반 쓰스 ○ 밥새

晚晌 완완 샹샹 ○ 오후

月將盡 웨웨 쟝샹 찐진 ○ 돌금을어 가다

下半月 햐하 번번 웨웨 ○ 후ㅅ보롬

次日 츠츠 싱시 ○ 이튼날

十刹天 씽시 랑라 텬텬 ○ 열아믄날

亮鐘 량량 중충 ○ 파루 晨친鐘중

曉頭 향햪 뜰투 ○ 새배

黎明 리리 밍밍 ○ 샐럭

咳早 해해 잫잔 ○ 아직이르다

傍午 빵팡 우우 ○ 나조ㅅ겻

傍早 빵팡 잫잔 ○ 일쯕이

傍 팡빵 晩 완환 ○ 저믈게야

黃 황황 昏 훈훈 ○ ㅣㅣ

初 추추 昏 훈훈 ○ ㅣㅣ

晩 완환 鐘 중중 ○ 인뎡 定 딩 更 깅

點 뎐뎐 燈 등등 時 스쓰 ○ 불혈새

初 추추 更 깅깅 天 텬텬 ○ 초경새

起 키키 更 깅깅 ○ 경뎜치다

竟 깅깅 夜 여여 ○ 밤새도록 通 퉁 宵 샤

整 징징 夜 여여 ○ 왼밤

片 편편 時 스쓰 ○ ㅣㅣ 片 편 向 향

立 리링 刻 킈킹 ○ 즉시

好 한항 一 이힝 會 회휘 ○ 마장ᄒᆞ지위

氣 키키 候 후흫 補 부부

天 텬텬 氣 키키 刺 라랑 叉 차차 ○ 쁠알히 게칩다

陰 인힌 冷 룽룽 ○ ㅣㅣᄒᆞ다

凍 둥둥 了 랴랑 ○ 어다 ○ 一云 ᄃᆞ다

冷 룽룽 阿 아하 ○ 칩다

熱 여엉 阿 아하 ○ 덥다

焦 쟈쟝 熱 여엉 ○ ᄐᆞ는ᄃᆞ시 덥다

地 디띠 理 리리 補 부부

發 방발 祥 샹썅 地 디띠 ○ 님금난따

光 광광 敞 챵챵 地 디띠 ○ 뷔고넓은따

乾 간간 透 투투 地 디띠 ○ 속ᄭ지ᄆ른따

背 븨븨 陰 인힌 地 디띠 ○ 음달

水 쉬쉬 涸 허헝 地 디띠 ○ 물쉬이졋ᄂᆞᆫ따

坎 칸칸 坷 거거 地 디띠 ○ 얽머흔따

滷 루루 地 디띠 ○ 번따

地 디띠 動 둥뚱 ○ 一一 地디 震진

地 디띠 潮 찬짠 ○ 따축축ᄒ다

地 디띠 硬 잉잉 ○ 따굿다

地 디띠 酥 수수 ○ 따무르다 地디 鬆숭

地 디띠 坼 처청 ○ 따터지다 地디 裂려

地 디띠 軟 쉰쉰 顫 젼젼 動 둥뚱 ○ 쉬여움즉이다

地 디띠 潤 쉬퀑 ○ 따널으다

山 산산 峯 봉봉 ○ 뫼ㅅ봉

山 산산 脊 지징 ○ 뫼ㅅ등

山 산산 嶺 링링 ○ 뫼ㅅ고개

山 산산 坡 포풔 ○ 뫼ㅅ두던

地理

山根 산산 근근 ○ 뫼ㅅ밋

山背 산산 븨븨 ○ 뫼ㅅ뒤

山縫 산산 붕봉 ○ 뫼ㅅ틈

禿山 투퉁 산산 ○ 믠뫼

對岸 뒤뒤 안안 ○ 마조언덕

響應聲 향향 잉힝 싱싱 ○ 뫼아리

轉彎處 쥰쥰 완환 츄츄 ○ 고롱이

旱路 한햔 루루 ○ 뭇길

平路 핑삥 루루 ○ 평ᄒᆞᆫ길

三岔路 산산 차차 루루 ○ 세가랫길

山陽 산산 양양 ○ 뫼ㅅ앏

山窟 산산 쿠쿵 ○ 뫼ㅅ굴

懸崖 현현 애애 ○ 급ᄒᆞᆫ언덕 陡壁 두 비

岸頭 안안 투뜽 ○ 언덕

山崩 산산 붕붕 ○ 뫼문허지다

卵石 뤈뤈 시씽 ○ 鵝卵石

山蹊 산산 히히 ○ 뫼ㅅ길

水路 쉬쉬 루루 ○ 물길

背路 븨븨 루루 ○ 뒷길

盤路 펀뻔 루루 ○ 에옴길 盤道 펀 닾

直 지찡 道 닿땋 ○ 바론길

險 현현 路 루루 ○ 험ᄒᆞᆫ길

羊 양양 腸 챵쨩 路 루루 ○ 구븨진길

路 루루 滑 화홯 ○ 길믯글업다

路 루루 濃 눙눙 ○ 길쉬다 路루軟쉰

路 루루 塌 타탕 了 랴랼 ○ 길문허지다

塡 뎐뗜 路 루루 ○ 길메오다

外 왜왜 路 루루 走 주즇 ○ 가외온길로가다

路 루루 窄 저쟣 ○ 길좁다

修 식싱 路 루루 ○ 길닷다 修식道댷

陰 인힌 溝 구끃 ○ 은구 水쉬溝구

坑 컹컹 子 즈즈 ○ 굴헝

海 해해 溢 이잉 ○ 바다넘다

海 해해 笑 샤샿 ○ 바다설타

海 해해 市 스쏳 ○ 蜃신樓루

白 비뷩 頭 투뜧 浪 랑랑 ○ 놉히올으는믈결

河 허혀 決 궤궝 ○ 내터지다

開 개캐 河 허혀 ○ 내츠다

河 허혀 岔 차차 ○ 내갈라진ᄃᆡ

河 허혀 灣 완완 ○ 믈구븨

水쉬쉬 宗중중 ○ ｜｜

水쉬쉬 面먼먼 ○ ｜｜

汙후우 池찡치 ○ 웅덩이

不붕부 枯쿠쿠 泉쮠쥰 ○ 물으지아 닛ᄂᆞᆫ셕

混훈훈 水쉬쉬 ○ 흐린물

甜뗜뎐 水쉬쉬 ○ 단물

水쉬쉬 澇랑랖 ○ 물세이다

水쉬쉬 底니디 ○ 물밋

水쉬쉬 落랄로 了랑랴 ○ 물쎄다 水쉬 消샤

撒상사 水쉬쉬 ○ 물세치다

盪땅당 水쉬쉬 過궈고 ○ 步涉水 盪당 渡두

練련련 水쉬쉬 ○ 瀑풍포 布부

温운운 泉쮠쥰 ○ ｜｜

湍퇀퇀 水쉬쉬 ○ 급ᄒᆞᆫ물

苦쿠쿠 水쉬쉬 ○ 쓴물

水쉬쉬 泒패패 ○ 물갈래

水쉬쉬 動뚱둥 ○ 물홍치다

水쉬쉬 衝충충 ○ 물질리다

挑탕턒 水쉬쉬 ○ 물깃다

灌권권 水쉬쉬 ○ 물흘리다

語類解

傾水 깅깅 쉬쉬 ○물쏫다

瀝水 링리 쉬쉬 ○물들리다

流凌 링랖 링링 ○성에

結凘 경거 숭스 ○싱에지다

氷堅 빙빙 견견 ○어름굿다

簷溜氷 연연 쥐쥐 빙빙 ○곳어름 氷錐 빙쥐

氷綻 빙빙 짠잔 ○어름터지다

地皮硝起 띠디 삐피 샹샨 키키 ○소올지다

滑了 홯화 럏랖 ○믯그럽다

淤泥 유유 니니 ○개흙

灑水 새새 쉬쉬 ○물쁠이다

決水 궤궤 쉬쉬 ○물트다

氷縷 빙빙 류류 ○살어름

合氷 훠허 빙빙 ○합빙ᄒᆞ다

凍到底 둥둥 닾닾 디디 ○밋ᄀᆞ지어다

氷酥了 빙빙 수수 럏랖 ○어름서벽서벽ᄒᆞ다

地上結氷 띠디 썅샹 경거 빙빙 ○너례지다

跑氷 빨팦 빙빙 ○어름으로건너다

土塊 투투 쾌쾌 ○흙뎡이

草坯子 찰찬 피피 즈즈 ○뼷뎡이

糞 분 분 土 투 투 ○ 두험ᄒᆞ다

灰 회 휘 塵 친 진 ○ 몬지 灰 회 휘 土 투 투

浮 부 부 灰 휘 휘 ○ 몬지니다

塌 타 탑 灰 휘 회 ○ 몬지안다

宮 궁 궁 闕 궈 궐 補 부 부

乾 견 건 清 칭 청 宮 궁 궁 ○ 황제계신

坤 곤 곤 寧 닝 넝 宮 궁 궁 ○ 황후계신

保 바 방 和 호 화 殿 텬 뎐 ○ 공ᄉᆞᄒᆞᄂᆞᆫ

文 운 운 華 화 화 殿 텬 뎐 ○ 經筵ᄒᆞᄂᆞᆫ

太 타 태 和 호 화 殿 텬 뎐 ○ 죠회밧ᄂᆞᆫ

團 톤 퇸 殿 텬 뎐 ○ 둥군뎐

寶 빈 밯 座 조 쭤 ○ 어탑

坐 조 쭤 殿 텬 뎐 ○ 뎐좌ᄒᆞ시다

御 유 유 門 믄 믄 ○ 문에뎐좌ᄒᆞ시

動 둥 둥 駕 갸 갸 ○ 거동ᄒᆞ시다

上 샹 쌍 朝 쟢 쨩 ○ 죠회예가다

面 면 면 聖 싱 싱 ○ 님금ᄭᅴ뵈옵다 面 면 君 균

丹 단 단 墀 치 찌 ○ 殿陛

紫 즈 즈 禁 긴 긴 城 칭 찡 ○ 대궐셩

宮闕 七

皇 황 황 帑 탕 탕 ○ 內帑

官府補 권 권 부 부 부 부

內 뉘 뉘 閣 거 기 ○ 中書省

宗 중 중 人 신 시 府 부 부 ○ 宗親府

太 태 태 常 쌍 샹 寺 ᄉᆞ 스 ○ 奉常寺

大 따 다 理 리 리 寺 ᄉᆞ 스 ○ ｜

侍 ᄉᆞ 스 衛 위 위 府 부 부 ○ ｜

詹 젼 젼 事 ᄉᆞ 스 府 부 부 ○ 春坊

六 륳 릭 科 쿼 코 衙 야 야 門 믄 믄 ○ 給事中衙門

觀 권 권 星 싱 싱 臺 때 태 ○ 별보ᄂᆞᆫ 듸

簷 연 연 網 망 왕 ○ 簷下鐵網

六 륳 릭 部 뿌 부 ○ 猶我國六曹

國 궈 궈 子 즈 즈 監 견 견 ○ 太學

都 두 두 察 차 차 院 원 원 ○ ｜

通 퉁 퉁 政 징 징 司 ᄉᆞ 스 ○ 承政院

翰 한 한 林 린 린 院 원 원 ○ ｜

理 리 리 藩 반 반 院 원 원 ○ 掌外夷衙門

欽 킨 킨 天 텬 텬 監 견 견 ○ 觀象監

太 태 태 醫 이 이 院 원 원 ○ ｜

太태태 僕뿡부 寺쓰스 ○ 外司僕
上쌍샹 駟쓰스 院웬원 ○ 內司僕

光광광 祿루루 寺쓰스 ○ 掌宴筵衙門
內뉘뉘 務우우 府부부 ○ 掌帑藏衙門

養양양 心신신 殿뎬뎐 ○ 上用什物造辦處
鴻훙훙 臚루루 寺쓰스 ○ ㅣ

鑾뤈뤈 儀이이 衛위위 ○ 儀仗마음아는마올
順쓘쓘 天텬텬 府부부 ○ 北京

奉뽕봉 天텬텬 府부부 ○ 盛京
應잉잉 天텬텬 府부부 ○ 南京

兒숼숼 房빵방 ○ 火房 耳숼房방
月웨워 臺때대 ○ ㅣ

接졉져 官권권 廳팅팅 ○ 인교딕ᄒᆞᄂᆞᆫ집
下햐하 馬마마 椿좡좡 ○ 衙門外拒馬木

公궁궁 式싱시 補부부

徽휘휘 號햫한 ○ 尊號
誥깧갚 贈쯩증 ○ 追贈

承칭칭 旨즈즈 ○ 지의밧ᄌᆞᆸ다
啓키키 奏주주 ○ 奏聞ᄒᆞ다

御覽 유유 란란 ○ ㅣㅣᄒᆞ다

適呈子 디떠 칭찡 조죠 ○ 呈文ᄒᆞ다

晩堂 완환 탕땅 ○ 느즌좌긔

申發 신신 바방 ○ 公事ᄒᆞ여보내다

領狀 닝딩 쟝쟝 ○ 公事맛다

過堂 고궈 탕땅 ○ 公事回公ᄒᆞ다

行會 힝힝 휘훼 ○ 지위ᄒᆞ다

綠頭牌 루룽 투뚱 패빼 ○ 급히啓奏ᄒᆞᄂᆞᆫ패

循環報 쑨쑨 환환 반방 ○ 죠보 塘報 당 報 받

跑報 팦 팡 반방 ○ 파발

駁送 반방 숭숭 ○ 公事白文으로보내다

早堂 잔장 당땅 ○ 일은좌긔

案卷 안한 편편 ○ 公事글월

勘過 칸관 고궈 ○ 磨勘ᄒᆞ다

批回 피피 휘훼 ○ 젹여주다

稟帖 빈빈 텨텽 ○ 稟目

布告 부부 갇강 ○ 반포ᄒᆞ다

綠頭籤 루룽 투뚱 쳔쳔 ○ 사ᄅᆞᆷ잡아오ᄂᆞᆫ사슬

先聲牌 션션 싱싱 패빼 ○ 先文

火牌 호훠 패빼 ○ 急報ᄒᆞᄂᆞᆫ패

作 조잡 班 반반 ○ 번밪다

上 샹썅 夜 여이 ○ [illegible]

下 하햐 夜 여여 ○ 번나다

告 갈강 假 햐히 ○ [illegible]

官 권권 職 지징 補 부부

尚 샹쨩 書 슈슈 ○ 正 징 堂 땅

侍 스쓰 郎 랑랑 ○ ㅣㅣ

郎 랑랑 中 즁즁 ○ ㅣㅣ

員 원원 外 외왜 郎 랑랑 ○ ㅣㅣㅣ

主 쥬쥬 事 스쓰 ○ ㅣㅣ

都 두두 統 퉁퉁 ○ 武一品摠兵官

摠 중중 督 두둥 ○ ㅣㅣ

提 티띠 督 두둥 ○ ㅣㅣ

巡 슌쓘 撫 부부 ○ ㅣㅣ

按 안한 察 차창 使 스숫 ○ ㅣㅣㅣ

布 부부 政 징징 使 스숫 ○ ㅣㅣㅣ

知 지징 府 부부 ○ ㅣㅣ

知 지징 州 작징 ○ ㅣㅣ

知 지징 縣 헌현 ○ ㅣㅣ

官職 九

鳴 밍밍 贊 잔잔 ○ 猶我國引儀

驛 이잉 丞 칭찡 ○ 역승

除 츄쮸 做 주주 官 권권 ○ 벼슬ᄒᆞ이다

陞 싱싱 任 신신 ○ 벼슬돗다 陞싱了랴

原 원원 職 지징 ○ 본직

優 우읻 任 신신 ○ 나은소임

擬 이이 陪 픠삐 ○ 아릿망녀타

還 환환 缺 켜쿵 ○ 인임ᄒᆞ다

裁 채쨰 缺 켜켱 ○ 걸주리다

曆 야향 派 패패 ○ 우격으로식이다

筆 비빙 帖 텨텽 式 시싕 ○ 文書主管人

筭 션숸 手 식싑 ○ 산두ᄂᆞᆫ이

補 부부 蔭 인힌 ○ 祖上벼슬냇다

上 샹썅 任 신신 ○ 到任ᄒᆞ다

革 거긩 職 지징 ○ ㅣㅣᄒᆞ다

擬 이이 正 징징 ○ 首望녀타

頂 딩딩 缺 켜켱 ○ 걸예오다 補부缺켜

候 후흫 缺 켜큉 ○ 待闕ᄒᆞ다

派 패패 出 츄츙 ○ 구실식이다

甜 텬뗜 差 채채 ○ 죠흔구실

苦 쿠구 差 채채 ○ 괴로온구실

參 찬찬 官 권권 ○ 상관씌뵈옵다

俸 봉봉 祿 루루 ○ 녹

罰 바바 俸 봉봉 ○ 住俸ᄒᆞ다 停팅 俸봉

祭 지지 祀 ᄉᆞ스 補 부부

諭 유유 祭 지지 ○ 臣下의게ᄒᆞᄂᆞᆫ祭

灌 권권 酒 작작 ○ 술붓다

奠 뎐뎐 酒 작작 ○ 잔들이다

供 궁궁 飯 반반 ○ 뫼들이다

供 궁궁 獻 현현 ○ 祭物들이다

家 갸갸 堂 탕탕 神 씬신 ○ 神主

願 원원 堂 탕탕 ○ 一

齋 재재 戒 계계 ○ 一

長 짱상 齋 재재 ○ 고기계

短 된된 齋 재재 ○ 절은지계

福 부부 物 우우 ○ 祭幣

紙 즈즈 錠 닝닝 ○ 一

紙 즈즈 錢 쳔쳔 ○ 一 剪젼 紙즈

利 리리 市 ᄉᆞ스 紙 즈즈 ○ 죠희로삭인덕담

祈 기끼 禱 도당 ○ ㅣㅣᄒᆞ다

禳 샹샹 灾 재재 ○ 익플이ᄒᆞ다

送 숭숭 祟 쉬쉬 ○ 믈으쳐ᄇᆞ리다

還 환ᅘᅪᆫ 願 원원 ○ 發愿대로ᄒᆞ다

城 칭찡 郭 궈괍 補 부부

譙 쟌쨮 樓 루릏 ○ 문루

城 칭찡 圈 권퀀 ○ 셩쥬회

砲 팦퍞 眼 연변 ○ 셩각회구무 垛도口쿠眼연

雲 윤윤 梯 티티 ○ 사ᄃᆞ리

旗 키끼 竿 간간 ○ 門樓에긔ᄉᆞ대

護 후ᅘᅮ 城 칭찡 河 허ᅘᅥ ○ 히ᄌᆞ

界 계계 限 현ᅘᅧᆫ ○ 경계졍ᄒᆞᆫ듸

界 계계 牌 패ᄈᆡ ○ 디경패

隘 애해 口 쿠킇 ○ 좁은어귀

部 부뿌 落 로랍 ○ ㅣㅣ

鄉 향향 村 춘춘 ○ 싀골 鄉춘裡리

土 투투 地 디띠 老 랖랗 兒 숟ᅀᅳᆯ ○ 장승

號 핲ᅘᅶ 烟 연연 ○ 狼烟

號 핲ᅘᅶ 火 호ᅘᅯ ○ 烽火

橋梁補 (걒갼 량량 부부)

橋(걒갼)梁(량량) ○ 드릿보

橋(걒갼)柱(쮸쥬) ○ 드릿기동

橋(걒갼)廂(샹샹) ○ 드릿보간

橋(걒갼)洞(뚱둥) ○ 드릿구무

搭(탕다)的(딩디)橋(걒갼) ○ 무은드리

拆(칭처)橋(걒갼) ○ 드리허다

學校補 (향효 향햪 부부)

教(걍갼)授(쓉식)他(타타) ○ ᄀᆞ르치다

學(향효)了(럏랸) ○ 비호다

討(탕탄)論(룬룬) ○ ㅣㅣᄒᆞ다

背(븨븨)念(년년) ○ 글외오다

念(년년)過(귀고)了(럏랸) ○ 닑어ᄉᆞ나

打(다다)草(챵찬)藁(감갼) ○ 글초잡다

潤(쓘쓘)色(씅서) ○ 글筆削ᄒᆞ다

飜(빤반)譯(잉이) ○ ㅣㅣᄒᆞ다

平(삥핑)行(향항)寫(셔셔) ○ 平行ᄒᆞ여ᄡᅳ다

擡(때태)頭(뜰두)寫(셔셔) ○ 올려ᄡᅳ다

壓 야 향 寫 셔 셔 ◯ 눌러 쓰다
扣 쿠 큼 寫 셔 셔 ◯ 긁고 쓰다

楷 개 개 書 슈 슈 ◯ 正字
謄 등 뚱 真 진 진 ◯ 正書ᄒᆞ다

刮 과 광 貼 텨 텽 ◯ 긁고 부치다
塗 루 뚜 抹 모 뭥 ◯ 흐리오다 抹 모 了 랸

打 다 다 圈 쥰 쥰 ◯ 에오다
圈 쥰 쥰 了 랸 랑 ◯ 둥구리다

抄 찬 챵 寫 셔 셔 ◯ 글 벗기다
印 인 힌 出 츄 츙 ◯ 박아내다

裁 채 째 紙 즈 즁 ◯ 죠히 ᄆᆞ르다
影 잉 힝 隔 거 긍 兒 슬 슝 ◯ 影子

劃 홰 홰 了 랸 랑 ◯ 획 긋다
打 다 다 沿 연 연 道 닾 땅 ◯ ᄀᆞ새 획 긋다

鎭 진 진 紙 즈 즁 ◯ 셔진
筆 비 빙 禿 투 투 ◯ 붓 무되다

筆 비 빙 尖 젼 젼 ◯ 붓 긋
筆 비 빙 管 권 권 ◯ 붓대

筆 비 빙 架 가 가 ◯ 筆山
筆 비 빙 筒 퉁 뚱 ◯ 一

科擧

膏 간 강 筆 비 빙 ○붓세먹믓치다

揩 재 개 筆 비 빙 ○붓슷다

香 향 향 墨 머 믕 ○춤먹

磨 모 뭐 墨 머 믕 ○먹마다 研연墨머

墨 머 믕 淡 단 딴 ○먹흐리다

墨 머 믕 透 투 틍 ○먹스믜다

硯 연 뎐 水 쉬 쉬 城 청 찡 ○별로믈집

書 슈 슈 架 갸 갸 ○칙걸이

書 슈 슈 面 면 면 子 즈 쯔 ○칙의

檔 당 당 子 즈 쯔 ○보람칙

畫 화 화 畫 화 화 ○그림그리다

學 효 햫 課 코 쿼 錢 쳔 쪈 ○강미

科 코 쿼 擧 규 규 補 부 부

貢 궁 궁 院 원 원 ○試所

頭 투 틓 一 이 이 場 창 짱 ○初場

大 다 따 主 쥬 쥬 考 잔 강 ○上試官

副 부 부 主 쥬 쥬 考 잔 강 ○副試官

座 조 쭤 主 쥬 쥬 ○恩門先生

巡 쉰 쓘 視 스 쓰 官 관 권 ○禁亂官

會휘휘魁퀴쿼 ○會試狀元

屋우웅宅저쪄補부부

上샹썅屋우웅 ○몸채 中중堂탕

牌패빼樓루릏 ○ㅣㅣ

倉창창房방빵 ○곡식두ᄂᆞᆫ집

門믄믄面면면房방빵 ○문ㅅ간방

棚픙뿡子즈즈 ○가가

歪왜왜房방빵子즈즈 ○기온집

匾변변額여잉 ○현판 牌패匾변子즈

正징징樑량량 ○ᄆᆞᄅᆞ

報봐밤喜히히 ○급제ᄒᆞᆫ긔별젼ᄒᆞ다

亭팅띵子즈즈 ○ㅣㅣ

書슈슈房방빵 ○글ㅅ방

照잔쨩房방빵 ○뒷집

遊우잉廊랑랑 ○두로ᄐᆞᆫᄒᆞᆫ집

地디디窨인힌 ○움

飛븨비簷연연 ○츈혀

對뒤뒤子즈즈 ○마조븟친聯句

架갸가樑량량 ○들ㅅ보

彎 환완 樑 량량 ○구븐보

上 썅샹 樑 량량 ○ᄆᆞᄅᆞ얹셔

望 왕왕 板 반반 ○널반ᄌᆞ

山 산산 柁 떠토 ○듕방

蓋 개개 瓦 와와 ○지새니다

蓋 개개 瓦 와와 壠 룽룽 ○지새ᄆᆞᄅᆞ 天 텬 壠 룽

花 화화 頭 뚜투 瓦 와와 ○막새

坯 픠픠 瓦 와와 ○아니구은지새

風 붕붕 面 면면 ○박공

月 워위 窗 촹촹 ○圓窗

隨 쒸취 樑 량량 ○도리

屋 훙우 山 산산 ○대공

排 빼패 山 산산 柱 쥬쥬 ○瓜 과 柱 쥬 동ᄌᆞ기동

瓦 와와 頭 뚜투 ○지새

瓦 와와 壠 룽룽 溝 긓구 ○지새골항 天 텬 溝 구

穩 훈운 獸 싱슈 ○줏개

房 빵방 頂 딩딩 ○집곡지

苫 셤셤 蓋 개개 ○초가니다

花 화화 窗 촹촹 ○사앙창

明 밍밍 窗 촹촹 ○살업슨창

斜眼窓 셔쎠 연연 창창 ○ 사창

死窓 스쑤 창창 ○ 븟바ㅣ창

窓臺 창창 태태 ○ 창지빈

窓眼 창창 연연 ○ 창구므 窓孔 창쿵

支窓 즈즈 창창 ○ 창 빗뎌 오ᄂᆞ

柈門 비삐 믄믄 ○ 衙門外 살문

重門 충쭝 믄믄 ○ 덥문

柵欄 처칭 란란 ○ 니문 架欄子 가 란 즈

門鸛嘴 믄믄 권권 쥐쥐 ○ 문 비목

門礅 믄믄 둔둔 ○ 문돌

綽邊框 찬참 변변 광광 ○ 문欄란

門限 믄믄 현현 ○ 문지방

門簾子 믄믄 련련 즈즈 ○ 문ㅅ장

門神 믄믄 신씬 ○ 문비

欂門 완완 믄믄 ○ 문빗장 질으다 上欂 샹완

閂門 관광 믄믄 ○ 문 열라 불으다

拷門 칸캄 믄믄 ○ 문두듣이다 扣門 쿠먼

炕洞 캉캉 둥뚱 ○ 구들골애

炕頭 캉캉 투투 ○ 구들아랫목

炕沿 캉캉 연연 ○ 구들텩

彎완한字ᄌᆞ쯔炕캉캉○三面으로 드린구돌

炕캉캉塌타탕○구돌뻐지다

竈잔장門믄믄○솟아귀

房방빵山산산墻샹쨩○화방

院원원子ᄌᆞ즈○뜰

衚후후衕둥뚱口쿠큭○골목어귀

墻챵쨩水쉬쉬眼연연○슈채구무

砌치치磚좐좐○벽으로ᄡᆞ다

打다다墻챵쨩○담ᄡᆞ다

夯향향打다다○달구질ᄒᆞ다

煤믜믜火호훠炕캉캉○숫피오ᄂᆞᆫ구돌

竈잔장顙상싱○불넘기

竈잔장臺태대○붓두막 鍋고臺태

抹모뫄墁먼먼○흙ᄇᆞᆺ다 墁먼土투

院원원圈권권子ᄌᆞ즈○터어엿

墻챵쨩根근근兒ᅀᆞᆯᅀᆞᆯ○담밋

磚좐좐墻챵쨩○벽으로ᄡᆞᆫ담

墁먼먼墻챵쨩○면흙ᄇᆞᆺ다

打다다地디띠脚교걒○나니졈다으

砍칸칸磚좐좐○벽다듬다

煮쥬쥬灰휘휘 ○회굽다

板반반壁비빙 ○판장

冶여뎌鐵텨텽爐루루 ○풀무

塗두두褙비븨 ○ᄇᆞ르다

教갸갸閱워웨補부부

護후후內뉘뉘軍균균 ○禁軍

營잉잉盤펀뻔 ○진터

塘당당報반발兵빙빙 ○탐지군

操찬찰兵빙빙 ○習陣ᄒᆞ다

斷된된後후흫軍균균 ○後軍

藩반반籬리리 ○울섭

牌패빼杈차차子즈즈 ○차면

水쉬쉬筧견견 ○홈

打다다合허헝褙비븨 ○비접ᄒᆞ다

調댠뚕兵빙빙 ○軍士調發ᄒᆞ다

一이이起키키兵빙빙 ○士ᄒᆞᆫ무릿軍

排패빼陣진쪈 ○진치다 下하營잉

前쳔쪈鋒봉봉 ○先鋒

捍한ᅘᅡᆫ後후흫 ○뒤막다

教閱

圍위위着죠쟝○에우다

歸귀귀順슌쓘○항복ᄒᆞ다

擄루루掠랴랑○노략ᄒᆞ다 搶챵東둥西시

頭투뜸號핲향○ᄂᆞ 취

裝좡좡樂요얗○ㅣㅣᄒᆞ다

拉라랑弓궁궁○활ᄃᆞ리다

搭다당箭젼젼○살메우다

較갸걍射셔씽○결워ᄡᅩ다

失시싱手삭싱放방방○뒤ᄡᅢ지다

撞쫭쫭回휘훼○무루쳐오다

吶누눙喊한한○ㅣㅣ

勦챂찅滅며명○ㅣㅣᄒᆞ다 掃산滅며

班반반師스슰○ㅣㅣᄒᆞ다

砲팦팡手식싱○ㅣㅣ

放방방鳥냪냥鏡츙층○죠춍놋타

滿만먼拉라랑○ᄀᆞ득ᄃᆞ리다

弓궁궁式시싱好핲함○궁품죠ᄉᆞ타

騎기끼射셔씽○긔추 馬마上샹箭젼

繃픙픙落로랖○퇴촉ᄒᆞ다 倒도縮수

槍챵챵手식싱○ㅣㅣ

軍균균器기기補부부

戴대대盔귀귀○투구쓰다

盔귀귀帽맘맏○투구감토

耳슬숩鏡깅깅○투구두녑드림

腦남나包밮밮○투구뒷드림 盔尾귀이

圍위위領뿅보鐵텽뎌○목ㅅ노갑쇠

甲갸갸身신신○갑옷웃동

甲갸갸裙균균○갑옷아랫동

護후후心신신鐵텽뎌○護心鏡

穿쳔쳔甲갸갸○갑옷닙다 披피甲갸

弩누누弓궁궁○소니활

彈딴탄弓궁궁○탄ᄌᆞ활

纒쪈쳔筋긴긴○활에힘감다

上썅샹樺화화○봇올리다

彈딴탄弓궁궁絃현현○활토기다

弓궁궁硬잉잉○활세다

弓궁궁軟숸숸○활물으다

弓궁궁隨쮜취手싱ᄉᆞ○활힘의ᄡᆞᆺ다

弓궁궁半빈번欺기기○활몰리이다

軍器

弓궁궁反반반身신신 ○활넘다

雨유유弓궁궁套탄탕 ○활우비

火호훠箭젼젼 ○신긔젼 火호燎랴箭젼

繫기ᅵ綵스숏箭젼젼 ○줄살

令링링箭젼젼 ○ ㅣ ㅣ

箭젼젼梯티티 ○통ᄋᆞ

雨유유箭젼젼罩잔쟝 ○살우비

弓궁궁胎태태 ○궁소

刀단당尖젼젼 ○칼끗

刀단당背븨븨 ○칼등

飛븨빙魚유유袋대대 ○활동개

弓궁궁套탄탕子즈즈 ○활집

骨구구鈚피피箭젼젼 ○샐고도리

齊치찌頭투투箭젼젼 ○밋ᄲᅡ힌살

剪젼젼翎링링 ○살짓다듬다

走주즈獸식심壺후후 ○살동개

箭젼젼把바바子즈즈 ○관혁

遮져져箭젼젼牌패빼 ○방패

刀단당刃신신 ○칼날

刀단당隅거귀手식심 ○환도양마

信 신신 子 즈즁 ○칼수메 ○一云 매ㅅ즁쇠

刀 단당 快 쾌쾌 ○칼드다

刀 단당 鈍 둔둔 ○칼무듸다

两 량량 刃 신신 刀 단당 ○창포검

有 우임 鋒 봉봉 的 디딩 ○놀잇는것

刀 단당 刃 신신 捲 권권 ○칼놀졉히다

刀 단당 吐 두두 鞘 샨샹 ○칼집에ᄲᅡ지다

吐 두두 信 신신 ○수메ᄲᅡ지다

鋼 강강 叉 차차 ○三枝鎗

鈎 구긓 槍 창창 ○요구창

火 호훠 藥 요얗 ○一一

號 한향 砲 판팡 ○방포

西 시시 洋 양양 砲 판팡 ○大碗口 ○紅衣 홍 이砲 판

鉛 연연 子 즈즁 ○텰환 鉛 연 丸 원

鐵 텨텽 蒺 지징 藜 리리 ○말음쇠

木 무뭉 棒 방빵 ○물매 木 무 棍 군

號 한향 旗 키끼 ○標旗

旗 키끼 幅 부봉 ○깃발

鞔 먼먼 鼓 구구 ○북메오다

鼓 구구 槌 취쮜 ○북채

幔子 먼먼 즈즈 ○장
打帳房 다다 쟝쟝 빵방 ○쟝막치다

穹帳房 쿵쿵 쟝쟝 빵방 ○몽고쟝막 穹쿵棚픙
欄檔木 란란 당당 뭉무 ○거마챵 鹿루角교

佃漁 뎐뎐 유유 補 부부

打捕戶 다다 부뿌 후ᅘᅮ ○산자이
搜𢿙 수숭 삭싱 ○즘ᄉᆡᆼ뒤지다

凹進 와와 진진 ○욱여드다
打牲 다다 승승 ○즘ᄉᆡᆼ다하다

帶箭走 대대 젼젼 주즈 ○살맛고ᄃᆞᆺ다
鷹把勢 잉잉 바바 시싀 ○매밧ᄂᆞᆫ놈

蹲鷹 춘쭌 잉잉 ○매안치다
臂鷹 비비 잉잉 ○매밧다

呌鷹 걒갼 잉잉 ○매겻다
鷹鐺 잉잉 당당 ○매방올

挾子 갸걓 즈즈 ○챠ᄋᆞ
挾子嘴 갸걓 즈즈 쥐쥐 ○챠ᄋᆞ고동

鳥套子 냪냪 탚탚 즈즈 ○새잡ᄂᆞᆫ올감이
咳網 해해 왕망 ○버므레

袖 삭씀 網 왕망 ○ 통그믈

魚 유유 筌 췬췬 ○ 통바리

圍 위위 網 왕망 ○ 후리ㅅ그믈

撒 사삼 網 왕망 子 즈즈 ○ 그믈치다 張장網왕

釣 댶댱 竿 간간 ○ 낙시ㅅ대

魚 유유 餌 술슬 ○ 낙시ㅅ밥

釣 댶댱 了 럎럏 ○ 고기낙다

館 권권 驛 이잉 補 부부

寮 차참 院 원원 ○ 使客드ᄂᆞᆫ집

打 다다 過 고귀 站 잔잔 ○ 越站ᄒᆞ다

魚 유유 梁 량량 ○ 어살

編 변변 網 왕망 ○ 그믈밋다

撈 랖랖 網 왕망 ○ 반도

掛 과과 住 쥬쮸 ○ 걸리다

釣 댶댱 線 션션 ○ 낙시ㅅ줄

釣 댶댱 瓢 퍞뺲 子 즈즈 ○ 낙시ㅅ줄 뫼ㅅ독이

魚 위유 不 부붕 餌 술슬 ○ 고기므지 아니타

腰 얖향 站 잔잔 ○ 中火站 ○ 打다 點뎜 地디 方방

探 탄탄 馬 마마 ○ ㅣㅣ

管권권草찬참的디딩 ○馬草ᄆᆞ으마ᄂᆞᆫ이
登등등鐙등등 ○등ᄌᆞ드듸다

退튀튀繃피피頭투뚬 ○구레벗다
帶대대繃피피頭투뚬 ○구레ᄡᅴ다

退튀튀水쉬쉬環환환 ○마함벗다
馬마마糊후후塗투뚜 ○ᄆᆞᆯ죽

倉창창庫쿠쿠補부부
朶도더頂딩딩子ᄌᆞ즈 ○露積

倉창창厫앞앞 ○창
管권권料랖랖的디딩 ○料ᄆᆞ우마ᄂᆞᆫ이

管권권粮량량的디딩 ○냥식ᄆᆞ으마ᄂᆞᆫ이
尖졘졘量량량 ○수ᄃᆞ기되다

挑턒댚脚걒교的디딩 ○삭짐지ᄂᆞᆫ이
凹와와量량량 ○ᄭᅳᆯ케되다

平핑뼝量량량 ○ᄡᅥ서되다

寺스쏘觀권권補부부

廟먚먚堂탕땅 ○ ―
塑수수像샹썅 ○ ―

倉庫 寺觀 廟堂 十八

當당당方방방神신씬 ○ 토디신 土투 地디

城칭찡隍황훵神신씬 ○ ———

道닾땅姑구구 ○ 녀도ᄉᆞ

合허헣掌쟝장 ○ ——ᄒᆞ다

念년년呪쥐쥥 ○ 진언ᄒᆞ다

上상썅醮쟢쨯 ○ 쵸졔ᄒᆞ다

忌기끼門믄믄 ○ 긔우ᄒᆞ다

鐃난낭鈸보뽕 ○ 바리

神신씬鏡깅깅 ○ 명도

風붕붕鈴링링 ○ 풍경 鐵텨馬마兒ᅀᆞᆯ

搖얖얗鈴링링 ○ 방올흔드다

木무뭉魚유유 ○ ———

錫시싱杖쟝쨩 ○ 즁의막대

方방방丈쟝쨩 ○ 즁자ᄂᆞᆫ방

尊준쥰卑븨비補부부

皇황훵后후흫 ○ ——

親친친王왕왕 ○ 一等宗室

郡균균王왕왕 ○ 二等宗室

太태태太태태 ○ 마노라

安안안童퉁퉁 ○ 유칭

管관권家갸가 ○ ᄉᆞ지노ᄌᆞ

摮방방子ᄌᆞ즈 ○ 죵

民민민家갸가 ○ ᄇᆡᆨ셩

披피피甲갸가的디디 ○ 군ᄉᆞ

看간칸墳번분的디디 ○ 묘직이

人신인品핀핀補부부

年넌년老랍랖的디디 ○ 늙은이

忠즁충厚훙후的디디 ○ 忠厚ᄒᆞᆫ사ᄅᆞᆷ

肯큰큰羞식식人신인 ○ 붓그림ᄐᆞᄂᆞᆫ사ᄅᆞᆷ

有임우記기기性싱싱的디디 ○ 총잇ᄂᆞᆫ아

忘왕왕魂훈훈大다다的디디 ○ 니졈힐ᄒᆞ이

年년년青칭칭的디디 ○ 졀믄이

精징징細시시人신인 ○ ᄌᆞ셰ᄒᆞᆫ사ᄅᆞᆷ

執징지拗향얀人신인 ○ 고집ᄒᆞᆫ사ᄅᆞᆷ

小샾샾箕쉰쉰人신인 ○ 죤혐만ᄒᆞᆫ사ᄅᆞᆷ

慣관관貼텽려的디디 ○ 부딋치기

魯루루蠢춘춘人신인 ○ 노둔ᄒᆞᆫ사ᄅᆞᆷ

村춘춘俗쓩슈人신인 ○ 향암된사ᄅᆞᆷ

賴皮 ○ 믜온놈

衙蠹的 ○ 폐만흔아젼

嘴碎的 ○ 잔말ᄒᆞᄂᆞᆫ이

多口的 ○ 말만ᄒᆞᆫ이

矜勢人 ○ 셰ᄡᅳᄂᆞᆫ이

外科 ○ 침의

木匠 ○ 木手

條匠 ○ 셕쟝이

有靈的 ○ 령ᄒᆞᆫ이

麻子 ○ 얽은이

酒鬼 ○ 쥬망

癡厮 ○ 어린놈

庄頭 ○ 몰음

鸚哥嘴 ○ 말잘ᄒᆞᄂᆞᆫ이

打柴的 ○ 나모ᄒᆞᄂᆞᆫ이

内科 ○ 약의

泥水匠 ○ 니쟝이

看相的 ○ 샹보ᄂᆞᆫ이

鐵匠 ○ 冶匠

天不高 ○ 난쟝이

望왕왕天텬텬子ᄌᆞᄌᆞ○텬샹ᄇᆞ라기
羅로러圈권궨腿퉤튀○왜걸이
鱉벼볍脚교갿○밧ᄲᅡᆼ쇼알이
鴨야향脚교갿○안ᄲᅡᆼ쇼알이
嘴쥐쥐僵걍걍子ᄌᆞᄌᆞ○반벙얼이
瘸궤궤手식싱○손가락펴지못ᄒᆞᄂᆞ니
瘸궤궤肐그긍膊박방○풀펴지못ᄒᆞᄂᆞ니
鷹잉잉嘴쥐쥐鼻비삐○매부리코
背븨븨龜귀귀○등곱은이 국궁腰얀
撅궤퀑嘴쥐쥐○부리ᄡᅵ미다
老랖랑公궁궁○고쟈
耍솨쇠子ᄌᆞᄌᆞ○광대
侍대때詔쟌쟝○쟝인위ᄒᆞᄂᆞᆫ말
扎자쟝瞎햐향的디딩○머롱태
敬깅깅重중쯍補부부

祖주주貫권권○姓本 原원籍지
倍븨쁴倍븨쁴○代代
尊준준府부부○남의지위ᄒᆞᄂᆞᆫ말 府부上샹
喬쟌꺙梓ᄌᆞᄌᆞ○남의父子위ᄒᆞᄂᆞᆫ말

華語類抄 二十

令郎 링링 랑랑 ○놈의ᄌ식위ᄒᆞᄂᆞᆫ말 ○公子 궁ᄌ 조

令正 링링 징장 ○놈의쳐위ᄒᆞᄂᆞᆫ말

令翠 링링 취취 ○놈의쳡위ᄒᆞᄂᆞᆫ말

貴造 귀귀 짱잔 ○놈의팔ᄌ

賤造 쪈젼 짱잔 ○自己팔ᄌ

有壽 읻우 쑤수 ○나만ᄒᆞ시다

賤日 쪈젼 싱시 ○自稱生日

賤名 쪈젼 밍밍 ○自稱己名

小名 샾샾 밍밍 ○兒名

這一位 져져 이이 위위 ○이분

想念 샹샹 년년 ○그리다 想샹慕무

趂想 친친 샹샹 ○반갑다

請安 칭칭 한안 ○平安ᄒᆞ신가

失陪 싱시 삐픠 ○뫼시지못ᄒᆞᄂᆞ이다

罵辱補 마마 숭수 부부

記恨 기기 흔흔 ○벌오다

惡他 합어 다타 ○뮈워ᄒᆞ다

喝退 훙허 튀튀 ○ᄯᅮ리쳐ᄂᆞ리치

厭物 연연 웅우 ○뮈운것

作조잡賤젼쪈 ○ 쳔히너기다

不부봉成칭쩡器키기 ○ 사람못될것

趂친친願원원 ○ 빗맛초되다

罵마마話화홰 ○ 욕ᄒᆞ다 辱수罵마

漫무몽良량량心신신 ○ 心術不正ᄒᆞ다

撒사상潑보퐣 ○ 악쓰다 撒사惡어

破포퍼落로랍戶후후 ○ 敗家子弟

業여영障장장 ○ 원슈스러운놈

身신신體티티補부부

腦낫낭蓋개개子즈조 ○ 뎡박이

顖신신門믄믄 ○ 쉿구무

分븐븐道닷닶子ᄌᆞ조 ○ 가림자

前쳔쳔奔븐븐 ○ 마리압내미다

後후흫奔븐븐 ○ 마리뒤내미다

捲쥔쥔螺로뤄髮바밣 ○ 양의마리

印인힌堂탕땅 ○ 냥미간

瞇미믕縫봉뽕眼연연 ○ ᄀᆞᄂᆞᆫ눈

暴부뽕眼연연 ○ 부러진눈

眼연연珠쥬쥬 ○ 눈망올

嘴 쥐쥐 脣 츈쮼 ○ 입시울

稀 히히 涎 션쎤 ○ 믈은춤

唾 토디 津 진진 ○ 춤

重 충쭝 牙 야야 ○ 덧니

齙 반밤 牙 야야 ○ 엄니 虎후牙야

牙 야야 縫 봉뽕 ○ 닛삿

氣 키기 衝 충충 ○ 숨통

眼 연연 挾 갸걍 毛 맢맘 ○ 속눈섭

耳 ᅀᅳᆯᅀᅳᆯ 孔 쿵쿵 ○ 귀ㅅ구무

鼻 비삐 翅 츠츠 ○ 코ㅅ방올

口 쿠컥 吻 운문 ○ 입아귀

粘 뎐년 痰 탄딴 ○ 건담

月 워웕 牙 야야 ○ 송곳니

腮 새새 牙 야야 ○ 어금니

妳 내내 牙 야야 ○ 졋니

牙 야야 床 창쫭 ○ 니ㅅ무음

膀 방방 子 즈즈 ○ 엇게

凹 와와 眼 연연 ○ 우묵ᄒᆞᆫ눈

耳 ᅀᅳᆯᅀᅳᆯ 輪 륜륜 反 반반 ○ 귀ㅅ뎐뒷쳐지다

笑 샤샹 印 인힌 ○ 보죠개우물

面 면면 皺 주증 ○ 낯ㅅ체살지다 面면有우紋운

面 면면 麻 마마 稠 착찡 ○ 미이얽다

稀 히히 麻 마마 ○ 적이얽다

手 수싱 丫 아햐 ○ 손ㅅ삿

贅 줘쥐 指 즈즈 ○ 녹가락 枝즈指즈

奶 내내 頭 두틀 嘴 쥐쥐 ○ 젓ㅅ곡지

腰 얀햐 眼 연연 ○ 존굴이

軟 원원 腰 얀햐 ○ 존허리

胷 흉흉 岔 차차 骨 구궁 ○ 명치ㅅ뼈

小 샾샾 肚 두뚜 ○ 아랫비

夗 원원 脬 팦팡 ○ 불

股 구구 鴡 단단 ○ 볼기ㅅ짝

糞 븐뻔 門 믄믄 ○ 항문

外 왜왜 胯 쿠쿠 ○ 궁둥이

内 뉘뉘 胯 쿠쿠 ○ 두다리ㅅ소이

接 져정 膝 시싱 盖 개개 ○ 상긔뼈

攬 란란 筋 긴긴 ○ 죵아리

脚 교갸 印 인힌 ○ 발자곡 脚印蹤중

脚 교갸 繭 견견 ○ 발부릇다

脚 교갸 底 디디 板 반반 ○ 발바당

雀쵸챵 瘢편뼌 ○ 죽은새

白버뼝 瘢편뼌 ○ 빅낙

身신신 分븐븐 ○ 몸씨

身신신 子즈즘 高갇강 ○ 킈크다

身신신 子즈즘 矮애해 ○ 킈져다

好한함 身신신 量량량 ○ 몸씨쇼타

孕잉잉 産찬찬 補부부

害해해 喜히히 ○ 조식셔다 雙쌍 身신

害해해 口쿠큼 ○ 입젓다

臨린린 月워월 ○ 님삭ᄒᆞ다 坐조 月워 子즈

過고귀 了랴량 月워월 ○ 유월ᄒᆞ다

胎태태 胞팦팡 ○ 틔

轉젼젼 胎태태 ○ 아기빈옷다

收쉬싱 小샨샹 的디딩 ○ 아기나히 눈계집

褥수숭 草챤찰 ○ 숨쳐적 巢챠 草챤

兒술슬 桅진진 痛퉁통 ○ 훗비알타

尿냔냥 褯졉졍 子즈즘 ○ 삿깃 尿냔 布부

圍위위 肚두뚜 ○ 빅부로기

洋양양 妳내내 ○ 졋토ᄒᆞ다

把바바尿냔냥 ○ 오좀ᄌᆞ다

爬빠파走즈주 ○ 긔다

會훼휘挪너노步뿌부 ○ 발옴기다

懦너노兒ᅀᅳᆯ술 ○ 주을든아희

潑포풩養양양 ○ ᄇᆞ려길으다

養양양活호훵 ○ 길으다

氣기기息시싱 補부부

聲싱싱響향향 ○ 소릐

出츄츙氣기기 ○ 숨쉬다

打다다嗝겨깅 ○ 피기

嗄애해咽여영了랴랑 ○ 사릐드다

喘쳔쳔急기깅 ○ 숨ᄎᆞ다

打다다呵허허 ○ 하픠음ᄒᆞ다

喀커킹痰탄땀 ○ 담밧다

喀켜킹吐투투 ○ 춤밧다

顛뎐뎐倒닾당笑샾샹 ○ ᄌᆞᄌᆞ웃다

鬧낲낭的디딩慌황황 ○ 덤벙이다 興흥動둥

喧훤훤嚷샹샹 ○ 지져귀다

樂로랍了랴랑 ○ 즐기다 心신樂로

心신신悶믄믄○답답ᄒᆞ다

躁잘장心신신○거정ᄒᆞ다

頑완완話화ᅘᅪ○긔롱엣말

打다다市스쓰話화ᅘᅪ○도언

正징징經깅깅話화ᅘᅪ○응당ᄒᆞᆫ말

瘋붕붕話화ᅘᅪ○밋친말

悄챠챵悄챠챵說쉬쉼○ᄆᆞ만이닐으다

攔란란話화ᅘᅪ○ᄂᆞᆷ의말막아ᄒᆞᆫ다

話화ᅘᅪ窮큥끙○말막히다

儘진진着죠쨮問운문○의ᄀᆺ묻다

心신신靈링링○ᄆᆞᄋᆞᆷ령ᄒᆞ다

啞야야謎미미○隱語

古구구話화ᅘᅪ○니야기

白버ᄈᆡᆼ話화ᅘᅪ○부질업슨말

小샤싷米미미子즈즈ᇰ話화ᅘᅪ○ᄌᆞᆫ말

說쉬쉼過고궈○닐럿다

口쿠킇傳쵼쭨信신신○전갈ᄒᆞ다

插차차話화ᅘᅪ○말ᄭᅵᆺ드다 插차口쿠說쉬

強강걍嘴쥐쮜○말다ᄉᆞ리다

失시싱口쿠킇○말그릇ᄒᆞ다

絮슈슈叨닾랖○두어리다

心신신裡리리焦쟢쟝○ᄆᆞ음ᄐᆞ논듯ᄒᆞ다

心신신甜텬변○ᄆᆞ음에ᄃᆞᆷ게녀기다

皺주춘眉믜믜○눈살집피다

皮피삐氣기기○ᄂᆞᆺ곳ᄒᆞ다

魂훈흔弔댠댱○혼ᄲᅧ러지다 魂훈丟듀了랸

受쉬씽愧귀귀○무료보다

遍변변尋신씬○두로ᄎᆞᆺ다

覺교갸得더덩○세ᄃᆞᆺ다

眼연연眯미미○눈의티드다

改개개嘴쥐쥐○변ᄉᆞᄒᆞ다

心신신鬆숭숭○ᄆᆞ음노히다

埋매매怨원원○원망ᄒᆞ다 抱반怨원

驚깅깅跳턒턓○섬즉놀라다 嚇햐一이跳턒

惱낲낭了랖랑○셩내다

賭두두氣기기○셩결우다

息시싱怒누누○셩세지다 氣기平핑

錯초촣認신신○그릇아다

作조잡難난난○어려워ᄒᆞ다

眼연연拙줘쥥○눈무듸다

眼연연亮량량 ○ 눈번ᄒᆞ다

含한한淚리리 ○ 눈믈걱이다

耳ᅀᅳᆯᅀᅳᆯ聰ᄎᆞᆼᄎᆞᆼ ○ 귀ᄇᆞᆰ다

耳ᅀᅳᆯᅀᅳᆯ軟ᅀᅥᆫᅀᅥᆫ ○ 귀엷이다

耳ᅀᅳᆯᅀᅳᆯ眩ᅘᅧᆫᅘᅧᆫ ○ 귀예ᄢᅵᆼᄒᆞ다 震딘耳ᅀᅳᆯ

打다다呼후후鼾한한 ○ 고고으다

動둥뚱靜징쪙補부부

身신신子즈즈虛휴휴飄뱌뱌 ○ 몸휘영휘영타

歪왜왜着죠졉頭투ᄠᅳᇢ ○ 마리기우리다

托토탑腮새새 ○ 톡밧치다

飜반반白버뻥眼연연 ○ 눈희번득이다

定딩띵睛징징着간간 ○ 물그름보다 釘딩看간

瞥펴평着간긴 ○ 얼핏보다

窺퀴퀴探탄탄 ○ 엿보다

斜셔쎠着간긴 ○ 흘긔여보다

着간간過고궈 ○ 보왓다 瞧챠過고

瞭랴랼望왕왕 ○ ᄇᆞ라보다

張쟝쟝着간간 ○ 숣혀보다

張쟝쟝口쿠큼 ○ 입벌이다

默口 ○ 죰죰ᄒᆞ다

學舌 ○ 말젼ᄒᆞ기ᄒᆞ다

流涎 ○ 춤흘리다

兩手捧 ○ 두손으로우희다

拍背 ○ 등두ᄃᆞ리다

伸腿坐 ○ 다리펴고안ᄶᅡ

盤腿坐 ○ 다리살이ᄭᅩ안ᄶᅡ

坐不住 ○ 안잣지못ᄒᆞ다

跑了 ○ ᄃᆞᆺ다

步行走 ○ 걸어가다

嘴遲鈍 ○ 말ᄇᆞᄃᆞ다

抿嘴 ○ 입빗다、 搘嘴쥐

揶手叶 ○ 손쳐블으다

揉摩 ○ 부븨다

打腿 ○ 다리두들이다

圍坐 ○ 도래도래안ᄶᅡ 籮圈坐

坐溜下 ○ 안자즈츼여ᄂᆞ리ᄯᅡ

岔腿 ○ 다리버리다

抖起來 ○ 벌덕니다

溜邊走 ○ ᄀᆞ으로가다

走 주 즇 踉 랑 랑 蹌 창 창 ○ 뷧독이다

頭 투 뚷 裡 리 리 走 주 즇 ○ 앏셔가다

歇 허 헣 脚 교 걓 ○ 다리쉬오다

跳 댶 턓 過 고 궇 去 큐 큐 ○ 뛰여넘다

撒 사 상 酒 잒 잫 風 붕 붕 ○ 쥬졍ᄒᆞ다

老 랖 랗 悖 븨 삐 回 휘 훼 ○ 노망ᄒᆞ다

來 레 래 回 휘 훼 ○ 왕반

探 탄 탄 聲 싱 싱 息 시 싱 ○ 쇼식듯보다

自 즈 쯔 脫 토 퉇 落 로 랗 ○ 절로버서지다

揣 쵀 취 着 죠 쨯 ○ 품에질으다

遠 완 왠 遠 원 웬 走 주 즇 ○ 에워가다

單 단 단 腿 퇴 퇴 跳 댶 턓 ○ 아감좃다

跳 댶 턓 上 샹 썅 ○ 뛰여올으다

蹦 픙 픙 見 견 견 了 랖 랗 ○ 마조쳐보다

放 방 방 刁 댶 댷 ○ 야긔셔쳬ᄒᆞ다

納 나 낭 涼 량 량 ○ 서늘ᄒᆞᆫ듸쉬다

搖 얖 얗 動 둥 뚱 ○ ㅣㅣᄒᆞ다

被 븨 삐 拿 나 나 住 쥬 쮸 ○ 잡히이다

挾 갸 걓 着 죠 쨯 ○ ᄭᅵ다

背 븨 븨 着 죠 쨯 ○ 지다

抱 봐 빵 着 조 쟣 ○ 안다

對 뒤 뒤 擡 태 때 ○ 마조드다

拾 시 씽 起 키 키 ○ 줍다

推 퉈 퉈 了 랴 럏 ○ 밀치다

搬 번 번 移 이 이 ○ 옴기다

被 븨 삐 跐 채 채 ○ 볿히이다 被 비 踏 다

攔 란 란 住 쥬 쮸 ○ 마로막다

困 쿤 쿤 了 랴 럏 ○ ᄀᆞᆺ부다

睡 쉬 쒸 頭 투 뚷 ○ 조올음

甜 텬 뗜 睡 쉬 쒸 ○ 도게자다

担 단 단 着 죠 쟣 ○ 메다 扛 강 着 죠

扯 처 처 斷 둰 둰 了 랴 럏 ○ 돌의여 [illegible] 타

收 쉬 싷 了 랴 럏 ○ 거두다

廻 휘 휘 避 비 삐 ○ 피ᄒᆞ다

逢 봉 뽕 着 죠 쟣 ○ 만나다

留 릭 릳 着 죠 쟣 ○ 머무다 存 춘 着 죠

倒 닾 닿 了 랴 럏 ○ 업더지다

歪 왜 왜 靠 칸 캎 ○ 시즐이다

濃 눙 눙 睡 쉬 쒸 ○ 깁게자다

長 샹 쨩 醒 싱 싱 了 랴 럏 ○ 좀업다

聽 쉬 쮜 聰 충 충 ○좀ㅅ 귀 ᄇᆞᆰ다

夢 뭉 뭉 壓 야 햫 ○몽압

夢 뭉 뭉 話 화 홧 ○좀 쑈 내

做 주 주 夢 뭉 뭉 ○쑴 수다

禮 리 리 度 두 두 補 부 부

禮 리 리 行 힝 힝 ○通稱禮

演 연 연 禮 리 리 ○습의ᄒᆞ다

賀 허 햐 喜 히 히 ○하례ᄒᆞ다

作 조 잫 謝 셔 셔 ○샤례ᄒᆞ다

面 면 면 幣 비 삐 ○人情

慶 킹 킹 賀 허 햐 ○ㅣㅣ

打 다 다 恭 궁 궁 ○허리 굽혀 읍ᄒᆞ

回 휘 휘 敬 깅 깅 ○회샤ᄒᆞ다

婚 훈 훈 娶 츄 츄 補 부 부

婚 훈 훈 姻 인 인 ○ㅣㅣ

割 거 겅 襟 긘 긘 ○옷자락버혀 혼인뎡ᄒᆞ다

納 나 낭 幣 비 삐 ○ㅣㅣᄒᆞ다

合 허 헝 卺 긍 긍 ○궁합마초다

婚 훈훈 宴 연연 ○ 혼인잔치

婚 훈훈 家 갸가 ○ 사돈

歸 귀위 寧 닝닝 ○ 본가에가다

再 재재 醮 쟌샾 ○ 改嫁ᄒᆞ다 添 면 着 삭 臉 련

保 반방 山 산산 ○ 쥬미 撮 초 合 허 山 산

喜 히히 錢 션쪈 ○ 쥬미ㅅ갑

喪 상상 葬 장장 補 부부

壽 삭씽 終 중쭝 ○ 考終ᄒᆞ다

吊 갸걍 魂 훈훈 ○ 招魂ᄒᆞ다

舉 규규 哀 애해 ○ 發喪ᄒᆞ다

熱 셔엳 孝 햪향 ○ 초상

煩 반빤 惱 난낭 ○ 됴상ᄒᆞᄂᆞᆫ말

慰 위위 孝 햪향 ○ 됴문ᄒᆞ다

殯 빈빈 殮 련련 ○ 념습ᄒᆞ다

屍 스스 身 신신 ○ 죽엄

魂 훈훈 幡 반반 ○ 명졍

長 샹쨩 命 밍밍 釘 딩딩 ○ 은ㅅ뎡

出 츄츙 殯 빈빈 ○ 발인ᄒᆞ다

棺 권권 罩 잔잪 ○ 관에ᄡᅴ오ᄂᆞᆫ것

千쳔쳔秋칭칙幡반빈 ○ 죽엄덥는것

孝햫햪巾긴긴 ○ 두건 孝햪帽만

麻마마條탕턒 ○ 삼띄

哭콩쿠喪상상棒빵방 ○ 상장

孝햫햪幃위위 ○ 소장

有임우孝햫햪 ○ 복잇다

悲븨비哭콩쿠 ○ 슬허우다

埋메매着잡쟢 ○ 通稱못다 下하了럎

靈링링轎걓갸 ○ 魂車

回훼휘靈링링 ○ 返魂

接졍져靈링링 ○ 반혼보다

報밤밮喪싱상 ○ 부음젼ᄒᆞ다

孝햫햪滿먼먼 ○ 服太다

裝좡좡死승스 ○ 다거 줏죽은톄ᄒᆞ

自쯔ᄌᆞ裁째채 ○ ᄌᆞ처ᄒᆞ다

上썅샹吊댱댠 ○ 自縊ᄒᆞ다

仵우우作잡조 ○ 미장군

扛강강擡때대軍균균 ○ 상도ㅅ군

服뿌부飾싱시補부부

涼량냥帽맣맛子조즈○녀름ㅅ깃

油잏우帽맣맛○갓모

冠권권纓잉잉○관쓴

戴대대帽맣맛子조조○갓쓰다

摘징저帽맣맛子조즈○갓벗기다

圍위위脖뿡보子조즈○揮項

串쵄촨子조즈○동곳

遮져져臉련련皮삐피○볼씨

釧쵄쵄子조즈○풀쇠

耳슬올環훤환○귀엿골

風붕붕領링링○털두론옷깃

補부부子조즈○흉븨

袍빵팦衫산산○큰옷通稱

袍빵팦子조즈○웃옷

掛과과子조즈○긴져고리

開캐캐岐끼기袍빵팦○뒤트기

齊씨치肩견견掛과과○등지게 砍肩견

夾갸가的듸디○겹것

皮삐피掛과과○갓옷

汗한한塌탕타兒슬올○삼밧기

臉련련罩잔장 ○ 面紗

套탈탕手식싂 ○ 토슈

香향향帒대대 ○ 향단ᄌᆞ

繐쉬쒸子즈ᄌᆞ ○ 수울

帶대대版반반子즈ᄌᆞ ○ ᄯᅴᆺ돈 帶대鞓과

褲쿠쿠帶대대子즈ᄌᆞ ○ 허리ᄯᅴ

束수순帶대대子즈ᄌᆞ ○ ᄯᅴᄯᅴ다

腿퉤퉤帶대대 ○ 다님신

開개개袴쿠쿠子즈ᄌᆞ ○ 바지츙새 히다

兜두둥袴쿠쿠子즈ᄌᆞ ○ 바지츄ᄀᆞᆺ다

窮궁궁袴쿠쿠 ○ 밋막은바지

腿퉤퉤套탈탕 ○ 힝뎐

套탈탕袴쿠쿠 ○ 다리예ᄡᅴ오ᄂᆞᆫ것

圍위위裙쿤쿤 ○ 휘건

背븨븨心신신 ○ 비ᄌᆞ

雨유유衣이이 ○ 유삼

紐부닝口쿠쿵 ○ 암단쵸

扣쿠쿵上상썅 ○ 단쵸세우다 扣쿠紐부

荷허허包봐방 ○ 주머니

打다다結겨겨子즈ᄌᆞ ○ ᄆᆡ즙ᄆᆡᆺ다

暖 눤눤 襪 와왕 子 즈즈 ○ 가족쳥

綉 식싱 鞋 혜혜 ○ 슈신

鞋 혜혜 底 디디 ○ 신창

衣 이이 窄 저징 ○ 옷좁다

層 층쯍 穿 쳔쳔 ○ 셔닙다 重충穿쳔

壓 야향 衣 이이 ○ 옷눌리이다

底 디디 衣 이이 ○ 속옷

擠 지지 水 쉬쉬 ○ 믈ᄧᅡ다

退 튀튀 垢 구긓 ○ 셕지우다

硼 붕븡 曬 새새 ○ 벼티여 볏ᄶᅬ다

皮 피삐 靴 휘훼 ○ 갓휘

麻 마마 鞋 혜혜 ○ 삼신

衣 이이 寬 퀀퀀 ○ 옷널으다

撩 럎럏 衣 이이 ○ 옷거두치다

反 반빤 穿 쳔쳔 ○ 뒤집어닙다

衣 이이 裳 상썅 縐 주즇 了 럎럏 ○ 옷子긔다

灰 휘휘 泥 니니 水 쉬쉬 ○ 지ㅅ믈

粉 븐븐 子 즈즈 ○ 믈이

漿 쟝쟝 洗 시시 了 럎럏 ○ 세답ᄒᆞ다

烘 훙훙 衣 이이 裳 상쌍 ○ 옷블에믈니오다

疊텨텽 起키키 來레래 ○ 가히다 折져疊텨

汗한햔 巾긴긴 ○ 슈건 手식巾긴

梳수수 洗시시 補부부

扎자쟝 頭투뚱 髮바빵 ○ 마리 빳다 約요髮바

散산산 頭투뚱 髮바빵 ○ 마리 프다

花화화 翠취쉬 ○ 마리에 꼿ᄂᆞᆫ 곳

假가갸 髮바빵 ○ ᄃᆞ리

篦비비 了랴랼 ○ 참빗질ᄒᆞ다

百버뻥 齒츠ᄎᆞ 霜상상 ○ 빗에 셕

描먀먕 眉믜믜 ○ 눈ㅅ섭 짓다

剃티티 頭투뚱 ○ 마리 싹다

插차창 簪존즌 ○ 빈혀 꼿다

刷솨솽 牙야야 ○ 니닥ᄂᆞᆫ 샤조 牙야刷솨子조

牙야야 叉차차 兒ᄉᆞᆯᅀᆞᆯ ○ 니ᄲᅲ시개

牙야야 簽쳔쳔 筒둥뚱 ○ 니ᄲᅲ시개 집

鑷녀녕 子즈ᅎᆞ ○ 족집개

空와왕 耳ᄉᆞᆯᅀᆞ ○ 귀여지내다 取츄耳ᄉᆞᆯ矢스

胰이이 壺후ᅘᆞ ○ 비노롱 胰이子즈盒허

粧장장 奩련련 ○ 셩젹함

鏡 깅깅 子 즈즈 架 갸가 ○ 거울거리

臉 련련 髒 장장 ○ ᄂᆞᆾ더럽다

梳 수수 粧 좡좡 ○ 단장

絟 솬솬 脚 갸교 ○ 발동이다

食 씅시 餌 슈ᅀᅳᆯ 補 부부

蒸 징징 飯 빤반 ○ 찐밥

盛 칭칭 飯 빤반 ○ 밥담다

空 쿵쿵 飯 빤반 ○ 민밥

空 쿵쿵 湯 탕탕 ○ 고기믈

煮 쟌쟌 飯 빤반 來 래레 ○ 밥 ᄎᆞᆯ여오

用 융융 飯 빤반 ○ 밥먹다 喫 치 飯 반

飯 빤반 菜 채채 ○ 반찬 下 햐 飯 반

舀 향얀 湯 탕탕 ○ 탕ᄯᅳ다 歪 왜 湯 탕

哈 헝허 湯 탕탕 ○ 국먹다

乾 간간 燒 샿샨 酒 직쥐 ○ 쇠쇼쥬

酒 징주 菜 채채 ○ 안쥬

磨 뭐모 麪 먼먼 ○ ᄀᆞ로민드다

和 훠호 麪 면면 ○ 반쥭ᄒᆞ다

壓 햐야 麪 면면 ○ 국슈눌으다

打 다다 饊 간강 ○ 친떡

撒 사샹 饊 간강 ○ 셜교

葉 여영 子 즈즁 餑 보뽕 餑 보뽕 ○ 숑편

元 원원 宵 샨샹 餅 빙빙 ○ ｜｜｜

鄧 등뜽 沙 사사 餡 현현 ○ 볶은ᄑᆞᆺ소

糖 탕땅 芽 야야 子 즈즁 ○ 엿기름

野 여여 味 위뤼 ○ 들즘싱의고기

肉 수숭 塊 쾌쾌 ○ 고기ㅅ덩이

割 거붕 肉 수숭 ○ 고기버히다

攤 탄탄 蛋 단단 ○ 알붓다 炒챠鷄기鴨단

粘 녈년 饊 간강 ○ 출떡

鷄 기기 鴨 단단 饊 간강 ○ ᄃᆞᆰ의알떡

印 인힌 子 즈즁 餑 보뽕 餑 보뽕 ○ 살박은떡

村 츈츤 餅 빙빙 ○ 젼병

白 비뼁 糖 탕땅 ○ 엿

凝 잉잉 血 혀형 ○ 선지

妳 내내 子 즈즁 茶 차짜 ○ 타락 酥수茶차

菉 루룽 豆 두뜽 腐 부뿌 ○ 묵

湯 탕탕 炸 자짱 肉 수숭 ○ 고기데치다

剐 과꽝 鱗 린린 ○ 비늘긁다

鱠귀귀鮓자자○회

醃연연菜채채○침치 醎현菜채

佛뽕보手싱식○ㅣㅣ

甛뗜텬梨리리○비

梅믜믜子ᄌᆞ즈○미실

五우우味뮈위子ᄌᆞ즈○ㅣㅣㅣ

臭칭착李리리子ᄌᆞ즈○멀위

葛겅거粉븐븐○ㅣㅣ

荓빙빙蒂디디子ᄌᆞ즈○이으렁이

用융융鹽연연○절이다 加갸가鹽연

盤빤편醬장상○된장

鹵루루鰕하하○권장이

香향향圓원원○유ᄌ

酸숸숸梨리리○문빅

地띠디葚씬신○샬기

木뭉무瓜과과○ㅣㅣ

藕읗우粉븐븐○년근ㅅ마ᄅᆞ

空쿵쿵殼캎교子ᄌᆞ즈○빈ᄌᆞᆨ어리

殼캎교裡리리皮삐피○봄의

釃숫스酒짇작○술걸으다

攪걍갼混훈훈○석다 拌번了랸

燎량랴了량랸○그슬이다

熬앟앞了량랸○달히다

湯탕탕滚군군○설타

滚군군溢잉이了량랸○설허넘다

滚군군過궈고水쉬쉬○설힌믈

泔간간水쉬쉬○쁘믈

走즇주氣키키○김나다

凝잉잉了량랸○얼의다 凝잉定딩

浮뿧부漚릉우○거품

湃패패了량랸○치오다

凊칭칭了량랸○식다

冷릉릉了량랸○초다

温운운些셔셔○드스ᄒᆞ다

饞짠찬○食不廉

草찰찬氣키키○픗내

墋츤츤氣키키○악긔

起키키衣이이○골마지ᄭᅵ다

下햐햐蚱자자子즈즈○쉬스다

哈헣허了량랸○마시다

囫(후 훋)圇(룬 룬)呑(툰 틀) ○ 온이로숨씨다

懶(란 란)待(대 때)喫(치 칳) ○ 슬먹다

食(시 씽)廉(련 렪) ○ 입절으다

偏(편 편)過(고 궈) ○ 몬져먹엇ᄂᆞ이다

餓(오 어)了(랴 럏) ○ 주리다

盪(당 당)寒(한 핪) ○ 어한ᄒᆞ다

點(뎐 뎐)火(호 훠) ○ 불부치다

火(호 훠)苗(먀 먛) ○ 불ᄭᅩᆺ 火호焰연

竈(잔 잫)煤(믜 믜) ○ 그으름

烟(연 현)罩(잔 잫) ○ ᄂᆡ세이다

到(닾 닿)口(쿠 킇) ○ 맛보다

貪(탄 틴)嘴(쥐 쥐) ○ 음식탐ᄒᆞ다

油(익 왕)辢(라 링) ○ 절어알ᄲᅵ근ᄒᆞ다

飽(반 밯)喘(쳔 쳗) ○ 비불러숨ᄎᆞ다

牙(아 야)齼(추 추) ○ 니싀여곱다

火(호 훠)着(죠 짷)了(랴 럏) ○ 불드리다

火(호 훠)絨(숭 숭)草(찬 찹) ○ 불살오배 穰草

火(호 훠)灰(휘 휘)了(랴 럏) ○ 불ᄉᆞ희다

鍋(고 궈)煤(믜 믜) ○ 검듸양

掛(과 과)烟(연 현) ○ 줄져ᄃᆞᆯ린그으름

親屬 친친 슈슈 補 부부

祖宗 주주 중중 ○ ㅣㅣ

大伯 따다 빙버 ○ 뭇싀아자비

小叔 샤샾 숭수 ○ 아ᄋᆞ싀아자비

母舅 무무 굳구 ○ 외아자비

大姑 따다 구구 ○ 뭇싀누의

小姑 샤샾 구구 ○ 아ᄋᆞ싀누의

乾爺 간간 여여 ○ 슈양아비

乾娘 간간 냥냥 ○ 슈양어미

正娘子 징징 냥냥 즈즈 ○ 안해

荆婦 깅깅 뿌부 ○ 謙稱己妻 拙荆 쥐 깅

先頭娘子 션션 뜰투 냥냥 즈즈 ○ 젼실

大舅子 따다 굳구 즈즈 ○ 뭇妻娚

小舅子 샤샾 굳구 즈즈 ○ 아ᄋᆞ妻娚

大姨 따다 이이 ○ 妻兄

小姨 샤샾 이이 ○ 妻弟

偏房兒子 편편 빵방 슬술 즈즈 ○ 됴妾아

晩生子 완완 승승 즈즈 ○ 막나이 ○ 老랖 生승 的디

雙生子 솽솽 승승 즈즈 ○ 빵싱

遺이이腹부부子즈즈 ○ ㅣㅣㅣ

私스ᄉᆞ孩해해子즈즈 ○ ᄯᆞᆫ남진에난ᄌᆞ식

贅쥐쥐婿시시 ○ ᄃᆞ린사회

奶내내公궁궁 ○ 졋아비

娘냥냥家갸갸 ○ 妻家

家갸갸口쿠큳 ○ 집소솔

老랖랖婆포뿨 ○ 通稱계집

乾간간兒ᅀᆞᆯ子즈즈 ○ 슈양아ᄃᆞᆯ

中중중表뱌뱡 ○ 異姓四寸

親친친眷권권 ○ 권당 户후中중

奶내내娘냥냥 ○ 졋어미

堂탕땅客커킈 ○ 안ㅅ손님

慣관관家갸갸 ○ 친구

女뉴뉴伴번번 ○ 계집의동모

宴연연享향향補부부

作조좌東둥둥家갸갸 ○ 쥬인노릇ᄒᆞ다

引인인導단땅 ○ ㅣㅣᄒᆞ다

迎잉잉客커킈 ○ 손맛다

會휘휘齊치찌了랴랴 ○ 다왓다

開캐캐宴연연 ○잔치ᄒᆞ다

讓양양酒직쥥 ○술ᄉᆞ양ᄒᆞ다

有익잉酒직쥥氣키키 ○취ᄒᆞᆫ듯ᄒᆞ다

酒직쥥醒싱싱了랸량 ○술ᄭᆡ다

疾지찡病빙뼁補부부

身신신子즈즈不부붕快괘괘 ○병드다

瘟운운病빙뼁 ○염병

害해해暑슈슈 ○더위드다 受슈暑슈

發바방昏훈훈 ○어즐ᄒᆞ다

癆랖랑喘쳔쳔 ○텬만

酒직쥥流릭링沿연연 ○술잔에넘게붓다

沒무뭉醉쥐쥐 ○취치아니다

爛란란醉쥐쥐 ○ᄆᆞ이취ᄒᆞ다

添텬텬菜채채 ○안쥬렴ᄒᆞ다

慣관관病빙뼁 ○병쟉이

重충쭝勞랖랑 ○再犯傷寒

瘋붕붕了랸량 ○미치다

發바방熱여영 ○ㅣㅣᄒᆞ다 潮챺熱셔

肉수숭跳랸량 ○살ᄯᅥᆯ리다

寒한 햔 粟수 숑 子즈 즁 ○ 소름음

痞피 피 懣민 면 ○ 가슴빠힌병

黃황 황 瘦수 승 ○ 병늘어기되다

病빙 뼝 纏쳔 쪈 綿면 면 ○ 오랜병 久긱 病빙

鬼귀 귀 魂훈 훈 ○ 뎍호

惡어 헝 指즈 즁 ○ 싱흔손

藺편 편 唇츈 쮼 ○ 입시울불읏다

蛔휘 휘 虫충 쭝 ○ ㅣㅣ

紅홍 훙 點뎐 뎐 瘡창 촹 ○ 솔

發바 방 背븨 븨 ○ 등창 背븨 疽쥬

嘔우 흘 氣기 기 ○ ㅣㅣ

乾간 간 嗽수 승 ○ 마른기춤

瘦수 승 乾간 간 ○ 척골ᄒᆞ다

病빙 뼝 落로 랃 炕캉 캉 ○ 몸셔눕다

馬마 마 牙아 야 子즈 즁 ○ 니똥

紅홍 훙 爛란 란 眼연 연 ○ 눈즌물으다

生승 승 耳솔 슗 底디 디 ○ 귀젓나다

遍변 변 瘡창 촹 ○ 두로허다

瘰로 러 癧리 링 ○ 련쥬창

搔산 삼 癢양 양 ○ ᄀᆞ려온ᄃᆡ긁다

瘡창촹出츄츙頭두뜽 ○창부리짓다

瘡창촹破포풔 ○부으름더지다

臍지지腫중즁 ○부으름빳다

瘡창촹根근근 ○ㅣㅣ

硬잉힝痂가갸 ○쇠너뎡이

瘡창촹疤바바 ○허믈

水쉬쉬痘두뜽 ○쓰리

灌권권漿장쟝 ○판롱ᄒᆞ다

痘두뜽回휘훼了랴럏 ○역질도셔다

鬼귀귀飯반빤疙그긍瘩단단 ○두드러기

跳턀랼膿눙눙疼등뜽 ○골므려알타

破포풔腫중즁 ○ㅣㅣᄒᆞ다

黃황홯水쉬쉬 ○진믈

瘡창촹坐조쭤痂가갸 ○더뎡이지다

瘡창촹口쿠쿵平핑핑 ○창앎그다

成칭찡疤바바 ○허믈지다

見현혠苗먀먀 ○역질삭뵈다 出츄花화見솜

落로랍痂가갸 ○ㅣㅣᄒᆞ다

送숭숭痘두뜽 ○송신ᄒᆞ다

閃션션腰얀럏 ○허리ᄆᆞ믓다

傷상상 青칭칭 ○다쳐푸르다 靑칭腫중

血혀형 瘀유유 住쥬쥬 ○피지다

燎랴랼 炮팦뺭 ○데여부프다

狐후후 臊산상 氣키키 ○암내

戳초참 刺츠츠 ○가싀박이다

鞭변변 根근근 痕흔흔 ○매ㅅ자곡

擦차창 破포퍼 油우잉 皮피삐 ○피즈버서지다

起키키 糨강걍 子즈즈 ○되다

痔지찌 瘡챵창 ○치질

胎태태 裡리리 病빙삥 ○비안에병

醫이이 藥요얍 補부부

艾애애 焙비삐 ○박뺨ᄒᆞ다

艾애애 灸갸김 ○뜸질ᄒᆞ다

拔바뺘 火호훠 罐권권 ○뜸ㅅ되지

得더듷 了랴랼 汗한한 ○땀내다

病빙삥 小샤샹 間견견 ○병위연ᄒᆞ다

救구김 療랴랑 ○ㅣㅣᄒᆞ다

甦수수 醒싱싱 ○되ᄭᅵ다

病빙삥 痊쳔쳔 ○병ᄒᆞ리나

譯語類解

鷄頭 기기 투뜽 ○감인

香臍子 향향 치쪄 즈즁 ○샤양

卜筮補 부붕 시씽 부부

打卦的 다다 과과 디딩 ○졈ᄒᆞᄂᆞᆫ이

談星的 탄딴 싱싱 디딩 ○八字보ᄂᆞᆫ이

命金 밍밍 긴긴 ○八字보ᄂᆞᆫ갑

卦肆 과과 ᄉᆞ쓰 ○八字보ᄂᆞᆫ저제

命定 밍밍 딩딩 ○뎡ᄒᆞᆫ八字

索日 새싱 시싕 ○택일

筭數補 숸숸 수수 부부

筭筭 숸숸 숸숸 ○혤혜다

量量 량량 량량 ○되다又자히다

臂量 비비 량량 ○밤다

用手筭 융융 싱싹 숸숸 ○손곱아혜다

一點子 이힝 뎐뎐 즈즁 ○됴곰

一半 이힝 번번 ○반

一扎 이힝 자장 ○ᄒᆞᆫ뼘

二綑 을숭 쿤쿤 ○두뭇

三산산掬규궁 ○세우흠

四스숭摟루릉 ○네아롬

五우우辨반빤 ○다섯쪽

六락링對뒤뒤 ○여섯쌍

七치칭件견견 ○닐곱벌

八바방條턒턍 ○여ᄃᆞᆲ오리

九구깅斛후훙 ○아홉휘

十시씽把바바 ○열조로

大다따模무무兒ᅀᆞᆯ슬筭숸숸 ○대되혜다

赶간간帳장쟝筭숸숸 ○모조리혜다

爭중증訟숭쑹補부부 ○

偷투틍姦견견 ○남의겨집도적ᄒᆞ다

寃원원屈큐큥 ○원통ᄒᆞ다 寃원枉왕

寃원원家갸갸 ○원슈

相상샹爭중증 ○ᄃᆞ토다

拳권권打다다 ○주머귀로치다

廝스슷打다다 ○서로치다

打다다他타타 ○치다

攘샹샹臂비비 ○풀뽑내다 揎션拳권

偷 틍투 去 큐큐 ○ 도적ᄒᆞ여 가다

被 삐븨 搶 챵챵 了 랼랴 ○ 아이다

口 킁쿠 供 궁궁 ○ 봉쵸

暗 한안 筭 숸숸 ○ ㅁ 마니 헤ᄒᆞ다

撒 상사 賴 래래 ○ 악ᄡᅥ 벗치다

伸 신신 枉 왕왕 ○ 신원ᄒᆞ다

刑 찡힝 獄 융유 捕 부부

見 현현 贓 장장 ○ 잡힌 장믈

訊 신신 囚 찡착 ○ 죄인 져조다

綁 방방 着 쨯쵸 ○ 결박ᄒᆞ다

搶 챵챵 去 큐큐 ○ 아사가다

干 간간 證 징징 人 신신 ○ ㅣㅣㅣ

打 다다 線 션션 索 삽소 ○ 청ㅅ길다 히다

抵 디디 賴 래래 ○ 벗치다

報 밮받 寃 원원 ○ 원슈갑다

饒 얄얄 他 타타 ○ 샤ᄒᆞ다

死 쓰스 囚 찡착 ○ 죽을죄인

拷 캎칸 訊 신신 ○ 쳐져조다

穿 쵄쵄 枷 갸갸 ○ 칼ᄡᅵ오다

鎖소숴連련련子즈즈○쇠사슬

採채새回휘훠○쯔어들으다

誣우무害해해○무함ᄒᆞ다 陷현害해

自즈쯔首ᄉᆛ심○즈현ᄒᆞ다

認인인罪쥐쮜○승복ᄒᆞ다 承칭認인

扳반반人인인○사ᄅᆞᆷᄃᆞᆯ의여지다

動둥뚱刑힝힝○형벌ᄒᆞ다

抄찬참家가가○적몰ᄒᆞ다

赦서셔後후흫○ㅣ

收삭싱禁긴긴○집어가도다

惹셔뗘事스ᄉᆞ○일내다

對뒤뒤面면면○면질ᄒᆞ다

屈큐큥認인인○이미히승복ᄒᆞ다 ○屈큐招잪

招잪쟝狀쟝쨩○다짐글월

板반반子즈즈○곤장

法방방場챵쨩○사ᄅᆞᆷ죽이ᄂᆞᆫ데

赦서셔前쳔쪈○ㅣ

脫토퉁罪쥐쮜○죄벗다

買매매賣매매補부부

言語類解

買매매 賣매매 人신신 ○흥졍밧치

噯애애 喓얀얀 賣매매 ○웨여푸다

平핑뼝 常창짱 的디띵 ○죠ᄒᆞᆫ것 ○假가 估구 的디

上샹쌍 用융융 的디띵 ○나라에셔 쁠것

價가가 直지찡 ○갑알맛다 ○價가 相샹 等등

添텬텬 上샹쌍 ○더ᄒᆞ다

一이힝 倂빙빙 ○모도

狠흔흔 好한항 ○ᄀ장됴타

欠켠켠 的디띵 ○모ᄌ란것

大다따 發발방 財채째 ○횡재ᄒᆞ다

做주주 買매매 賣매매 ○흥졍ᄒᆞ다

開캐캐 帳쟝쟝 ○갑졍ᄒᆞ다

上샹쌍 眼연연 的디띵 ○눈에ᄎᆞᆫ것

直지찡 不부불 直지찡 ○ᄡᆞ냐ᄡᆞ지아니냐

對뒤뒤 半반번 分분븐 開캐캐 ○분반ᄒᆞ다

討토틸 添텬텬 ○두졍ᄒᆞ나

換환환 換환환 ○밧고다

剩싱씽 的디띵 ○남은것

一이힝 倍븨븨 ○갑절

湊추층 斂련련 ○츄렴ᄒᆞ다

兌뛰뒤銀인인子즈즈 ○ 은ᄃᆞ다
改게게兌뛰뒤 ○ 곳쳐ᄃᆞ다

補부부秤칭칭 ○ 저울축치오다
賒셔셔帳장장 ○ 외자ㅅ장 欠쳔帳장

流릥릭水쉬쉬帳장장 ○ 흘림ㅅ장
虧퀴퀴本븐븐 ○ 밋지다

完원원帳장장 ○ 혬못다 清칭帳장
另링링補부부 ○ ᄯᅩ로쳐오다

吮쳔쳔喫칭치 ○ ᄯᅥ혀먹다
財째채主쥬쥬 ○ 쟝셰

本븐븐錢쪈쳔 ○ 밋쳔
挣증증錢쪈쳔 ○ 돈버으다

文운운契키키 ○ 문셔
借져져契키키 ○ 빗문셔

債재재樁좡좡 ○ 빗ᄭᅮ럭이
討탕탈債재재 ○ 빗재촉ᄒᆞ다

還환환當땅당 ○ 젼당므르다
子즈즈母무무債재재 ○ 별리잇ᄂᆞᆫ빗

月웨웨利리리錢쪈쳔 ○ 돌ㅅ별리
當당당鋪푸푸 ○ 뎐당푸ᄌᆞ

稅쉬쉬 上썅샹 ○ 稅所

收싱슈 稅쉬쉬 ○ ㅣㅣᄒᆞ다

上썅샹 稅쉬쉬 ○ 셰밧치다

雇구구 了랑랴 ○ 삭내다 賃닌 了랴

珎진진 寶밯밧 補부브

葉옌여 子즈즈 金긴긴 ○ ㅣㅣㅣ

潮짷챺 銀인인 ○ 즘으 草ᄎᆞ 銀인

飛비비 金긴긴 ○ 금박

錠딩딩 子즈즈 ○ 금은ㅅ뎡이

玻퍼보 瓈리리 ○ 류리

携히히 鐵텨텨 石씽시 ○ 磁石

雲윤윤 母무무 ○ 셕닌

組주주 母무무 綠룽루 ○ 夜明珠

東둥둥 珠쥬쥬 ○ 倭真珠

火훠호 樹쓔슈 ○ 珊瑚樹

法빵바 琅랑랑 ○ 파란

白삐비 銅뚱퉁 ○ ㅣㅣ

黄황황 銅뚱퉁 ○ 두셕

鍮투투 ○ 놋

鋼 항 강 鐵 뎌 텽 ○ 됴흔 쇠

生 승 승 鐵 텨 텽 梢 산 샹 ○ 쇠똥

白 버 삥 檀 탄 딴 ○ ㅣ

黃 황 황 蠟 라 랑 ○ 밀

紫 즈 즁 膠 갸 걍 ○ ㅈ픙

黑 허 힁 礬 반 빤 ○ 검금

硫 릭 릥 黃 황 황 ○ ㅣ

蠶 찬 짠 桒 상 상 補 부 부

大 다 따 起 기 키 ○ 한 좀

繅 스 숤 ○ 單曰繅.

熟 수 쑹 鐵 뎌 텽 ○ 닉인 쇠

沉 친 찐 香 향 향 ○ ㅣ

紫 즈 즁 檀 탄 딴 ○ ㅣ

硼 픙 뿡 砂 사 사 ○ ㅣ

白 버 삥 礬 반 빤 ○ ㅣ

皮 피 삐 硝 샨 샴 ○ 砧硝

砒 피 피 礵 상 상 ○ ㅣ

蠶 찬 짠 繭 견 견 ○ 고치

線 션 션 ○ 合曰線

抽칙칙絲스스 ○실혀다

紡방방線션션 ○실ᄌᆞᆺ다

織지징造잗짱補뷰부

絨숭숭線션션 ○융ᄉᆞ

絲스ᄉᆞ亂뤈뤈 ○실얼킈다

線션션板반반 ○실감ᄭᅵ

線션션一이잉縷류류 ○실호가닭

整징징績황황 ○실왼테

打다다經깅깅 ○ᄲᅵᄇᆞᆺ탕

織지징密미망 ○승새ᄀᆞᄂᆞ다

撚년년線션션 ○실뵈다 績지線션

練련련絲스ᄉᆞ ○실닉이다

線션션軸주쭝 ○실ᄭᅮ리

苧쥬쥬麻마마 ○태모시

絲스ᄉᆞ團뒨뒨子즈ᄌᆞ ○실바티

線션션績황황 ○실테

交갸갸擰닝닝 ○비트다

打다다緯위위 ○ᄂᆞᆯ녓타

粗추추踈수수 ○승새굵다

紬子 추 즈 쯰우 즈 ○ 通稱비단　彭緞 풍 돤 뿡 돤 ○ ——

粧緞 좡 돤 좡 돤 ○ ——　閃緞 션 돤 션 돤 ○ 션단

片金 편 긴 편 긴 ○ 금빅단　湖縐 후 추 후 쥬 ○ 走紗

絹子 견 즈 견 즈 ○ 깁　紫色 즈 서 즈 싀 ○ 조지

真紅 진 홍 진 훙 ○ ——　淡紅 단 홍 딴 훙 ○ 연도홍

寶藍 반 란 밮 란 ○ 天靑　魚白 유 버 유 뻥 ○ 玉色

雪白 쉬 버 숴 뻥 ○ 흰빗　官綠 권 루 권 룽 ○ 짓튼초록

嫩綠 눈 루 눈 룽 ○ 연초록　秋香色 추 향 서 칠 향 싀 ○ 숑화석

沉香色 친 향 서 찐 향 싀 ○ ——　南松 난 숭 난 숭 ○ 연숑화석

北松 버 숭 뻥 숭 ○ 짓튼숑화석　灰色 휘 서 휘 싀 ○ ——

醬쟝장色서싀○ㅣㅣ

倒닾낳靑칭칭○반믈후염ᄒᆞ다

素수수的디딍○믄업슨것

毛맏맣靑칭칭布부ㅣㅣ○靑三升

碁기끼子즈즈布부부○斑布

繭견견紬칙찡○야견ᄉᆞ

湖후후綿면면○죠흔풀소옴

裁채째縫봉뽕補부부

衣이이料랴랑○옷ᄆᆞ름

衣이이邊변변○옷기슭

打다다染연션○믈드리다

染연션記ㅣ기○믈드리ᄂᆞᆫ 보람

有우잉花화화的디딍○믄잇ᄂᆞᆫ것

印인힌花화화布부부○花布

葛거겅布부부○ㅣㅣ

編변변條ᄃᆞᆸ탕○셕시다

彈탄딴花화하○됸소옴

衣이히面면면○옷거족

大다따襟긴긴○옷깃섭

護 후후 肩 견견 ○ 갓바되

袖 수수 根 근근 ○ 사매밋동 ○ 又 친동

貼 뎌뎌 徼 갸갸 ○ 겹은단

對 뒤뒤 縫 봉뽕 ○ 솔봇치다

草 찬참 縫 봉뽕 ○ 숫다

縫 봉뽕 起 키키 ○ 어우르다

鑲 샹샹 邊 변변 ○ 단두르다

齊 치치 邊 변변 兒 올올 ○ 단ᄀ족이ᄒ다

吊 댜댜 裡 리리 ○ 옷안올리다

鋪 푸푸 涼 량량 花 화화 ○ 소옴두다

納 나낭 行 항행 ○ 通稱 누비

分 본본 行 항행 ○ 잔누비

寸 춘춘 行 항행 ○ 드믄누비

倒 댜댜 扣 쿠킇 針 진진 ○ 박음질

針 진진 脚 교갸 兒 올올 ○ 바ᄂᆞᆯ질ᄉᆞᆷ

頂 딩딩 針 진진 子 즈즈 ○ 골모

紉 닌닌 針 진진 ○ 바ᄂᆞᆯ귀[illegible]다

針 진진 扎 자장 子 즈즈 ○ 바ᄂᆞᆯ결이

烙 로랍 板 반반 ○ 인도밧침젼반

棍 군군 子 즈즈 ○ 지

破포풔 透투틓 了랴랼 ○ 세ᄠᅡ려지다

緞돤뒨 邉변변 子즈즈 ○ 식셔

裁채째 縫봉뿡 的디딩 ○ 바ᄂᆞ질ᄒᆞᄂᆞᆫ이

裁채째 縫봉뿡 錢쳔젼 ○ 바ᄂᆞ질갑

田텬뎐 農눙능 補부부

庄좡좡 地디띠 ○ 농소 庄좡 土투

菜채채 田텬뎐 ○ ᄂᆞ믈밧 菜채 園원

盪랑탕 地디띠 ○ 기음ᄆᆡ다 ○ 一云 붓도도다

一이힝 晌샹샹 田텬뎐 ○ ᄒᆞᆫ나잘가리

䎙반반 田텬뎐 ○ 밧뒤혀다

開개개 墾큰큰 ○ ᄯᅡ닐오다

點뎐뎐 葫후후 蘆루루 ○ ᄇᆡᄉᆡᆺᄂᆞᆫ즈 로박

栽재재 了랴랼 ○ 通稱 심그다 種중 了랴

發바방 芽야야 ○ 삭나다 發바 苗먀

穗쉬쒸 長쟝쟝 ○ 이삭즈라다

穗쉬쒸 垂취쮜 ○ 고개수기다

穗쉬쒸 含한ᄒᆞᆫ 漿쟝쟝 ○ 믈여믈드다

嚇하하 禽긴낀 草찬찬 人신신 ○ 정의아비

結겨겨 粒리링 ○ 곡식알ᄆᆡᆺ치다

刈(이이)了(랸량) ○ 뷔다

打(다다)穀(구궁) ○ 곡식두듸이다 打다粮량

颺(양양)颺(양양) ○ 붓돗칠ᄒᆞ다

蟲(츙쭁)損(순슌)了(랸량) ○ 벌레먹다

早(잔잠)穀(구궁) ○ 일은곡식

晩(완완)穀(구궁) ○ 느즌곡식

穀(구궁)楂(자짜)子(즈즈) ○ 곡식그르

荒(황황)蕪(우우) ○ 밧묵다

打(다다)麥(머멍)塲(창쨩) ○ 마당

收(식심)半(번빈) ○ 병작ᄒᆞ다

碾(년년)了(랸량) ○ 곡식ᄆᆞ다

舂(츙츙)擣(단담) ○ 벗타 ᄐᆡ키擣닷

禾(화훠)穀(구궁)補(부부)

粘(년년)米(미미) ○ 찰쌀

粳(깅깅)米(미미) ○ 죠흔쌀

粘(년년)黃(황황)米(미미) ○ 찰기장

烏(우우)麥(머밍) ○ 모밀

鈴(링링)鐺(당당)麥(머멍) ○ 귀오리

麩(부부)子(즈즈) ○ 밀ㅅ기울

稗 배배 草 찬참 ○ 피ㅅ집
麥 머멍 稈 간간 ○ 보리ㅅ집

碎 쉬쉬 米 미미 ○ 쌀아기
鸝 새새 鷇 구콩 子 즈조 ○ 다곡식벗뫼

菜 채채 蔬 수수 補 부부

菉 루룽 豆 두뜽 芽 야야 ○ 녹두기름
枕 진진 頭 투뜽 瓜 과과 ○ 선동화

倭 오워 瓜 과과 ○ 호박 南난瓜과
冉 재재 生 승승 草 찬참 ○ 움

小 산샹 根 근근 菜 채채 ○ 돌랑귀 野여葱충
葅 루림 蒿 한함 菜 채채 ○ 평지

葱 충충 筆 비빙 管 권권 ○ 파ㅅ죵지
培 피뻬 本 븐븐 ○ 붓도도다

挑 탼턍 菜 채채 ○ 키다
柴 채재 了 랸랑 ○ ᄂᆞ믈쇠나

器 키키 具 규규 補 부부

澡 잔잠 盆 픈븐 ○ 모욕ᄒᆞᄂᆞᆫ소라
鍋 고궈 撑 층층 子 즈즈 ○ 아니쇠

銅퉁뚱鍋고궈 ○퉁노고　磁츠쯔盆픈쁜 ○사소라

盆픈쁜架가갸 ○대야거리　手식싱把바바子즈즈 ○조지

八바방仙션션卓조잪子즈즈 ○여ᄃᆞᆲ먹ᄂᆞᆫ조ᄌᆞ　春츈츈櫈등등 ○큰뒤ᄌᆞ

酒직징漏루릏子즈즈 ○병에다히고븟ᄂᆞᆫ것　鍾중중托토탕 ○잔ㅅ대

滌디띵器키키 ○그릇씻다 洗시滌디　茶차차壺후ᅘᅮ子즈즈 ○쥬젼ᄌᆞ

長창쨩頸깅깅瓶핑삥 ○목긴병　小샾샿口쿠쿻瓶핑삥 ○소용

噴픈픈壺후ᅘᅮ ○화초에믈주ᄂᆞᆫ병　執지징壺후ᅘᅮ ○귀ᄃᆞᆫ병

撥보봏火호훠棍군군 ○부짓대　提티떠子즈즈 ○ᄠᆞᄂᆞᆫ국이

湯탕탕匙츠쯔子즈즈 ○국먹ᄂᆞᆫ술　木무뭉瓢팦빻子즈즈 ○나모쥬게 柳락杓샾

鏊징징木무뭉桶퉁퉁 ○젼목통　桶퉁퉁樑량랑 ○통에ᄆᆞᄅᆞᆺ세

碓 뒤뒤 窩 워오 ○방하확
杵 츄츄 臼 낌구 ○절구

米 미미 杵 츄츄 ○절구ㅅ고
蒸 징징 籠 룽룽 ○셕ᄶᅵᄂᆞᆫ데

撢 딴단 箒 짐주 ○몬지ᄯᅥᄂᆞᆫ것
脚 갼교 籮 뤄로 ○발로츠ᄂᆞᆫ체

糊 후후 箒 짐주 ○귀야
板 반반 斗 등두 ○큰말

柴 째채 把 바바 子 즈즈 ○갈키
搜 승수 朳 방바 ○그다

鍋 궈고 刷 솽솨 ○솔 炊 취 箒 주
席 씽시 籠 룽룽 子 즈즈 ○삿광조리

夾 갸가 剪 젼젼 ○쇠비히ᄂᆞᆫ협도
磨 뭐모 盤 뻔펀 ○매판

磨 뭐모 臍 찌치 ○매ㅅ슈쇠
圍 위위 屛 삥핑 ○병풍

吊 댶냪 屛 삥핑 ○족자
支 즈즈 竿 간간 ○벗티오ᄂᆞᆫ대

夜 여여 壺 후후 ○요강
罽 기기 子 즈즈 ○털로ᄧᆞᆫ담

梯띠티 櫈등등 ○발도돔

錢쪈쳔 搭땅다 子즈즈 ○돈대련

櫃뀌귀 隔깅거 子즈즈 ○간막이

枴패패 杖쨩장 ○집팡이

竪쓔슈 櫃뀌귀 ○장

竹쭝주 簍릉루 子즈즈 ○대광조리

千쳔쳔 眼연연 廚쮸츄 ○각기소리

鑞랑라 臺때태 ○쵸ㅅ디

滿먼먼 堂땅탕 紅훙훙 ○대쵸ㅅ디

糠캉캉 燈등등 ○겨못친농지

被삐븨 搭땅다 子즈즈 ○니불대련

坐쭤조 褥숭수 ○방석

打다다 傘산산 ○일산밧다

取츄츄 燈등등 ○못신셕류황

開캐캐 披피피 ○힝담

抽칭착 替티티 ○셜합

唾터토 沫뭥모 盒헝허 子즈즈 ○타구

燈등등 竪쓔슈 子즈즈 ○광명등

亮량량 子즈즈 ○농지

松숭숭 明밍밍 ○관솔

痒 양양 撓 냐오낭 ○ 등긁이

羅 로러 經 깅깅 ○ 대륜도

杠 강방 秤 칭칭 ○ 메는큰저울

花 화화 弓 궁궁 ○ 면화활

曬 새새 繩 싱씽 ○ 세답줄

背 븨븨 挾 갸갸 子 즈즈 ○ 지게

糞 븐뻔 叉 차차 子 즈즈 ○ 몰똥줍는것

地 디띠 弩 누누 ○ 덫

拉 라랑 風 붕붕 廂 샹샹 ○ 골풀무

火 호허 鑵 권권 子 즈즈 ○ 쇠녹이는도관

鰾 뱌오뺭 鑵 권권 子 즈즈 ○ 부레ㅅ도관

鰾 뱌오뺭 貼 텨톙 ○ 부레로부시다

上 샹쌍 鰾 뱌오뺭 ○ 부레소로다

皮 피삐 膠 갸오걓 ○ 아교 阿아膠갸

錫 탕탕 ○ 한

木 무뭉 銼 초쭤 ○ 나모한

鋸 규규 齒 츠츠 ○ 톱니

鋸 규규 末 모뭥 ○ 톱밥

鋸 규규 澁 서씅 住 쥬쮸 ○ 톱세이다

繳 갸오걓 繩 싱씽 ○ 노쓰다

繩씽싱 絡랃로 子즈즈 ○노망태

準쥰쥰 線션션 ○다림ㅅ줄 準쥰繩싱

模무무 板반반 子즈즈 ○골판

砣뗘토 落럽로 ○톱대

蒲푸푸 包빵바 ○부들광지

泡팦팦 釘딩당 ○廣頭釘

巴바바 鍋궈귀 子즈즈 ○검얼못

剜원완 刀닫단 ○우븨는칼

鑽쥔쥔 開캐캐 ○뚧다

活훵호 鑽쥔쥔 ○활비븨

鉋빵반 花화화 ○대패ㅅ밥

彈딴탄 墨믜머 線션션 ○먹줄치다

匼퀴퀴 子즈즈 ○通稱골

千쳔쳔 斤긴긴 子즈즈 ○지레

皮삐피 鍬찰챠 子즈즈 ○무듸

鎖쉬소 穿천쳔 條턒됴 ○조믈쇠압다리

工궁궁 程칭칭 ○셩녕

空쾅와 樞쿠쿠 ○우븨다

鏟찬찬 了랸랴 ○삭다

透틓투 鑽쥔쥔 ○새뚧다

器具 譯語類解補 四十五

鑽쥔쥔弓궁궁 ○ 비븨활

鍍두두金긴긴 ○ 도금ᄒᆞ다

鑲샹샹嵌켠칸 ○ 젼메오다

拔바빵鐵려텽絲ᄉᆞᄉᆞ ○ 텰ᄉᆞ ᄲᅢᆸ다

鑄쥬쥬了랴ᅩ량 ○ 쇠지다

貼려텽金긴긴 ○ 금붓치다

磨모뭐光광광 ○ 광치다 研연光광

煨위퉈彎완환 ○ 블쬐여휘우다

㩮퀴궝彎완환 ○ 휘우다

鞍안한轡피비補부부

鏇숸쒼了랴ᅩ량 ○ 골이다

鎔융융化화화 ○ 녹이다

鍊련련鐵려텽 ○ 쇠녹이다

起키키花화화 ○ 조이ᄒᆞ다 鏨조花화

炸자쟝白바뻥 ○ 쇠달호다 燒샤紅훙

銲한한了랴ᅩ량 ○ ᄯᅢ다

銹쉬싱了랴ᅩ량 ○ 봅의스다

團뒨뒨起키키來레래 ○ 둥굴리다

重츙쭝油우임 ○ 가유ᄒᆞ다

緹 리리 胷 흉흉 ○ 듀락

鼻 비삐 花 화화 ○ 알래 숫동

折 져졈 舌 셔셩 ○ 허쇠

扯 처쳐 手 식싱 ○ 혁

鞭 변변 稍 샾샹 ○ 채끗

護 후후 屁 피피 股 구구 ○ 소부리

舟 작징 船 천쳔 補 부부

全 천쳔 木 무뭉 船 천쳔 ○ 만샹히

折 져졍 搶 챵챵 ○ 역풍의 환질ᄒᆞ다

豎 슈쓔 桅 위위 ○ 돗대 셰우다

搭 다당 腦 노낭 ○ 구레곡뒤ㅂ리

掉 두등 嘴 주주 ○ 몰입에망

飾 시싱 件 견견 ○ 수견

馱 토뗘 鞍 안한 ○ 짐기ᄅᆞ마

打 다다 馬 마마 釘 딩딩 ○ 다갈박다

鞍 안한 罩 잗징 ○ 기ᄅᆞ마우비

撐 충층 船 천쳔 ○ ᄇᆡ젓다

龍 룽룽 來 레래 ○ 저어오다

眠 면면 桅 위위 ○ 돗ᄃᆡ누이다

飄風 퍞팡 風 붕봉 ○ ㅣㅣ흔다 遭찬風붕

戽船 후후 船 춴쭨 ○ 비예 이슬프다

舵工 도떠 工 궁궁 ○ 사공

擺渡錢 배배 渡 두뚜 錢 쳔쪈 ○ 船價

車輛補 처처 輛 량량 補 부부

爬山䉜 파빠 山 산산 䉜 두등 ○ 남여

車輗 처처 輗 이이 ○ 멍에

套車 탇탕 車 처처 ○ 술위메오다

車夥子 처처 夥 호훠 子 즈즈 ○ 술위ㅅ동모

梢頭 산삼 頭 투뚱 ○ 웃짐

搬運 번번 運 윤윤 ○ 슈운ᄒᆞ다

枝戲補 기기 戲 히히 補 부부

場戲 창짱 戲 히히 ○ 희조

戲筵 히히 筵 연연 ○ 희조ᄒᆞᄂᆞᆫ 잔치

戲本 히히 本 본븐 ○ 희조척

點戲 뎐뎐 戲 히히 ○ 희조뎜쳐식이 단

跳擺索 탇탕 擺 배배 索 소삼 ○ 줄넘다

舞絙 우후 絙 긍긍 ○ 줄얼음ᄐᆞ다 走주索소

緣연연竿간간○솟대ᄐᆞ다 撇펴평石시씽○풀매

行힝ᅘᅵᆼ頭투뜽○젹이 碁키끼眼연연○바독구무

讓샹샹子즈즈○바독졉히다饒샤子즈 打다다拗거벙○찡치다

碁키지醜착칭○바독슈ᄂᆞᆺ다 賭두두賽새새○나기ᄒᆞ다

骰투뜽子즈즈○슈의 耍솨솨紙즈즈牌패빼○투젼ᄒᆞ다

對뒤뒤手식심○젹슈 爭쯩증短뒨된長창쨩○다우렬ᄃᆞ도

別뼈뼝摮방방○훈슈말라 趕간간澇랄랍本븐븐○결치ᄒᆞ다

遊우임要솨솨○노다 頑완완兒술술○긔롱

飛븨빙禽긴낀補부뿌

籠룽룽鷹잉힝○슈진매 鬚슈슈鷄기기○멱부리ᄃᆞᆰ

鷄기기鬪듷두 ○ 둙싸호다

鴠단단黃횡황 ○ 노른조의

硬잉잉皮삐피 ○ 것겁플

距규규 ○ 며느리톱

金긴긴衣히이公궁궁子즈즈 ○ 피ㅅ고리

十씽시姊즈즈妹믜믜 ○ 鶺鴒鳥

蚊운운母무무鳥냥냐 ○ 버람갑이

翅츠츠大따다翎링링 ○ 갈짓

毛말마羽유유 ○ 소옴치짓

展전뎐翅츠츠 ○ 놀애펴다

鷄기기嘎갸갸鴠단단 ○ 알겻다

鴠단단淸칭칭 ○ 흰조의

軟원원皮삐피 ○ 속겁플

水쉬쉬鸛권권 ○ 가마오치

隨쉬취陽양양鳥냥냐 ○ 기러기

布부부穀궁구 ○ 벅국새

簷연연鼠슈슈 ○ 붉쥐

翅츠츠次츠츠翎링링 ○ 너븐짓

翎링링管권권 ○ 짓통

搧션션翅츠츠 ○ 놀애붓다

鬆숭숭開개개毛맏맣 ○ 털숭그리다

一이힝翅츠츻 ○ ᄒᆞᆫ놀옴

抿민민翅츠츻飛뷔빙 ○ 쥭지세고ᄂᆞ다

擦차창地디디飛뷔빙 ○ ᄯᅡ셥으로ᄂᆞ다

擻훤훤毛맏맣 ○ 짓ᄆᆞ다

啄조좝喫치칭 ○ 조아먹다

跐채채縈잉잉 ○ 飛禽흘오다

巢찰짤窩오워 ○ 놀즘싱의집

走주즇獸식싷補부부

麒키끼麟린린 ○ 一一

老랖랖麻마마子즈즈 ○ 범 山산猫맏

虎후후威위위骨구궁 ○ 乙骨

倀창창鬼귀귀 ○ 범인도ᄒᆞᄂᆞᆫ귀신

線션션臉련련馬마마 ○ 간쟈ᄆᆞᆯ

銀인인蹄디디馬마마 ○ ᄉᆞ족빅

驏찬찬馬마마 ○ 가ᄅᆞ마업슨ᄆᆞᆯ

[illegible]보뽕騘중중 ○ 죡울ᄉ갈기

迎잉잉鞍안한頭투뜽 ○ 몬다회

蹄티디心신신 ○ 굽통속

馬마마 浴유융 土투투 ○ 소용이치다

毛맏맘 旋쉔쉔 窩오워 ○ 모리

耐내내 遠원원 ○ 멀리붓처갈몰

嘴쥐쥐 生승승 ○ 혁대세다

掠랴량 人신신 ○ 사롬도도다

飢기기 討탄탕 ○ 굽긁다

薦젼젼 皮피삐 ○ 쇠역

水쉬쉬 牛누닝 ○ 믈쇼

鹿루룽 羔간강 ○ 사슴의삿기

臙젼견 ○ 겨드랑이가족

孤구구 蹄티띠 ○ 후일족

寸춘춘 子즈즘 毛맏맘 ○ 저븨초리털

畧략략 蹶궤궐 ○ 살옥이다

单단단 蹄티띠 撣단딴 ○ 외알더이다

溜릭립 繮강강 ○ 곳비글러지다

齦큰큰 青칭칭 ○ 플뜻어먹다

鼻비삐 鈎구긍 ○ 코ㅅ도래

駝토뎌 峯봉봉 ○ 약대육안

貉허핟 子즈즘 皮피삐 ○ 산달피

野여여 羊양양 皮피삐 ○ 山羊皮

風 붕붕 毛 맢망 ○ 소옴치 歎絨毛 맛
掃 산삼 雪 쉐쉬 ○ 담비

鼠 슈슈 耗 화항 ○ 쥐먹다
毛 맛망 倒 닾당 搶 샹챵 ○ 털거스러치다

脫 토퉈 毛 맛망 ○ 털지다
被 븨뻬 咬 약양 ○ 물니이다

捲 권권 毛 맛막 ○ 곱슬곱슬흔털
燖 신씬 毛 맛망 ○ 털뒤흐다

硝 샾샹 毛 맛망 ○ 털지오다
鍬 챺챵 皮 피삐 ○ 가족무듸질흐다

鏩 자짱 皮 피삐 ○ 가족부들업게 빠흐다
秋 착칙 板 반반 ○ 털빗튼가족

昆 군균 虫 충쭝 補 부부

撲 박빵 燈 등등 蛾 오어 ○ 부납이 鬼귀蛾오
粉 븐본 蝶 텨툥 ○ 납이

蜜 미밍 蜂 봉붕 ○ 꿀벌
馬 마마 蜂 봉붕 ○ 물벌

螟 밍밍 蛉 링링 ○ 나나리벌
螫 시싱 了 랴랑 ○ 쏘다

昆虫 水族 譯語類解補 四十九

竈馬兒 ○ 귓도람이

糞蜋 ○ 물똥구을이

蛟龍 ○ 一一

長虫 ○ 비얌

蟒 ○ 굴헝이

蛇蛻皮 ○ 비얌허물벗다

蟠繞 ○ 서리다

蜿蜒 ○ 굼틀굼틀ᄒᆞ다

虫鈒了 ○ 좀삭이다

叮了 ○ 무다

肐蚤 ○ 벼록

狗鱉 ○ 진듸

八脚子 ○ ᄉᆞ면발이

蒼蠅蚱 ○ 쉬

水族補

老魚 ○ 고래 大魚

比目魚 ○ 가자미

細鱗魚 ○ 구을무지

小魚 ○ 샤리 쇼쳡어 ○ 又송

蚌방빵 蛤거겅 ○ 됴개

海해해 紅훙훙 ○ 홍합

石시씽 次츠츳 蛙와와 ○ 가지

魚유유 躍얀양 ○ 고기뛰다

魚유유 撥보봉 泡팦팡 ○ 믈홍쳐방올지다

魚유유 擺배배 子즈즈 ○ 고기알스다

奔븐븐 水쉬쉬 ○ 고기진에

蟹해혜 鉗쳔견 ○ 게엄지발

花화화 草챂창 補부부

指즈즈 甲갸걍 草챂창 ○ 鳳仙花

老랄랑 靑칭칭 莖힝힝 ○ 千葉石竹花

花화화 乳슈슈 頭투뚱 ○ 곳봉오리

花화화 朶도더 ○ 곳송이

花화화 蕊듸듸 ○ 곳다대

花화화 叢충쭝 ○ 곳퍼긔

花화화 綻잔짠 ○ 곳봉오리버다 花화 裂려 嘴쥐

花화화 開개개 ○ 곳픠다

花화화 謝셔쎠 ○ 곳지다

莎사서 草챂창 ○ 잔뒤

言言类角木

莠 우임 草 찬참 ○ 기음

忘 왕망 憂 우흫 草 찬참 ○ 萱草

青 칭칭 苔 태때 ○ 잇시

◦浮 부뿡 萍 핑삥 ○ 〡〡

狗 구긓 舌 서썽 草 찬참 ○ 수리취

香 향향 芹 킨낀 ⌒ 몰가리

龍 룽룽 葵 기끼 ○ 가마종이

甘 간간 蔗 져져 ○ 蔗草

地 디띠 蓬 붕뿡 草 찬참 ○ 대밧리

鬼 귀귀 虱 서슳 子 즈즐 ○ 새끔

瓜 과과 蔕 디디 ○ 외꼭지

瓜 과과 蔓 먼면 ○ 외ㅅ손

野 여여 藤 등뜽 草 찬참 ○ 너출신풀

銼 초쬐 草 찬챵 ○ 속새

樹 슈쓔 木 무뭉 補 부부

楊 양양 樹 슈쓔 ○ 개ㅅ버들

柳 락링 絮 슈슈 ○ 버들개야지

松 숭숭 針 진진 ○ 솔닙 松숭毛맛

栢 버븽 塔 타탕 子 즈즐 ○ 잣송이

枝 즈 징 條 댶 땋 ○ 가지　幹 간 간 條 댶 땋 ○ 줄기

木 무 뭉 節 져 졍 子 즈 즣 ○ 나모ㅅ공이　結 겨 경 子 즈 즣 ○ 여름여다

嫩 눈 눈 葉 여 엳 兒 술 숤 ○ 속닙　木 무 뭉 癭 잉 잉 ○ 나모혹

木 무 뭉 心 신 산 ○ 나모고긔양　木 무 뭉 理 리 리 ○ 나모ㅅ별

樹 슈 슈 津 진 진 ○ 나모ㅅ진　橡 상 샹 椀 원 둰 ○ 橡實ㅅ각뎡이

菩 푸 푸 盤 펀 뻔 果 고 궈 ○ 枸杞子　冬 둥 둥 青 칭 칭 子 즈 즣 ○ 겨으살이

瑣 소 쉬 說 쉬 쉫 補 부 부

二 을 숤 字 즈 즣 類 뤼 뤼

看 칸 칸 顧 구 구 ○ 돌보다 照顧구　仗 장 쨩 庇 비 비 ○ 빌임을밋다

體 티 티 諒 량 량 ○ 졉어혀아리다　護 후 후 庇 비 비 ○ 빌이다

面 면면 奬 쨩장 ○ 것흐로길이다

脚 걍교 硬 잉잉 ○ 발셕휘좃타

獻 현현 勤 낀킨 ○ 졍셩들이다

誇 콰콰 口 킁쿠 ○ 말로쟈랑

領 링링 教 걍갼 ○ ᄀᆞᄅᆞ침을밧다

在 째재 行 향항 ○ 묘리안다

撇 평펴 清 칭칭 ○ 조흔쳬ᄒᆞ다

賣 매매 弄 룽룽 ○ 쟈랑

性 싱싱 格 깅거 ○ 셩품

粗 쭈추 糙 창찬 ○ 麁鹵ᄒᆞ다

硬 잉잉 朗 랑랑 ○ 뻬졍뻬졍ᄒᆞ다

護 후후 短 된된 ○ 短處믈이다

囑 죵쥬 托 탕토 ○ 쳥쵹ᄒᆞ다

遵 쥰쥰 命 밍밍 ○ 니ᄅᆞ시ᄂᆞᆫ대로ᄒᆞ리이다

老 랖랖 實 싱시 ○ 고지식ᄒᆞ다

乾 간간 淨 찡징 ○ 조촐ᄒᆞ다

粧 좡좡 俏 샹샨 ○ 어엿븐쳬ᄒᆞ다 賣매俏샨

標 뱦뱦 緻 찡지 ○ 에엿브다

排 빼패 行 향항 ○ 항렬

圖 뚜투 嘴 쮜쥐 ○ 입치기만싱각ᄒᆞ다

叵 포퓌 耐 내내 ⌒ 不可忍

量 량량 窄 저징 ○ 랑좁다

唣 잪쌍 囉 로러 ○ 지ᄲᅦ다

勒 릐릉 䶣 큰큰 ○ 보채다

攛 춴춴 掇 도됭 ○ 부촉이다

擅 션션 斷 뒨뒨 ○ ㅣ·ㅣᄒᆞ다

威 위위 喝 허헝 ○ 위엄으로저히다

譏 뱡뱡 狠 흔흔 ○ 미이셩내다

䚄 해해 過 고궈 ○ 견듸다

照 쟢쟝 舊 구궁 ○ 녜대로

毛 맢망 病 빙삥 ○ 괴아ᄒᆞᆫ벽

辦 반빤 嘴 쥐취 ○ 입힐음ᄒᆞ다 角ᄑᆞᄆᆞ쿠

覇 바바 佔 젼젼 ○ 억지로ᄒᆞᆺ다

趕 간간 鬧 난낭 ○ 딤병이ᄂᆞᆫ심에

撩 랸랸 撥 보뷝 ○ 틧내다

逞 칭칭 強 쟝걍 ○

惹 여여 氣 키키 ○ 분도도다

不 부봉 保 채채 ○ 알온체아니타 又ᄭᅪ슈아니타

改 개개 變 변변 ○ 기변ᄒᆞ다

托 토탑 辭 스쓰 ○ 핑계ᄒᆞ다

圈套 권권 탄탕 ○ 홀이ᄂᆞᆫ 법

賭誓 두두 시씽 ○ 밍셰ᄒᆞ다

沒臉 무뭉 련련 ○ ᄂᆞᆺ업다

面羞 면면 시싱 ○ ᄂᆞᆺ붓그럽다 面면紅훙

曉誘 햔햫 우임 ○ 기유ᄒᆞ다

大槩 다따 개개 ○ 도모지

一套 이힝 탄탕 ○ ᄒᆞᆫ 깁질

自然 ᄌᆞᄍᆞ 연연 ○ ㅣㅣ

尚且 샹썅 쳐쳐 ○ 오히려

枉自 왕황 ᄌᆞᄍᆞ ○ 속졀업시

拐騙 괘괘 편편 ○ 홀여속이다

搶白 챵챵 버뻥 ○ 핀잔주다

沒趣 무뭉 츄츄 ○ ᄌᆞ미업다

恠他 괘괘 타타 ○ 허믈ᄒᆞ다

笑話 샾샿 화홰 ○ 비웃다

一定 이힝 딩띵 ○ 벅벅이 必비定딩

獨自 두뚱 ᄌᆞᄍᆞ ○ 혼자

况且 황황 쳐쳐 ○ ᄒᆞ믈며

就是 직찍 ᄉᆞᄊᆞ ○ 곳이라

早已 잪잘 이이 ○ 블셔

倘 탕탕 或 휭휘 ○ 만일 萬완一이

想 샹샹 是 쓰스 ○ 싱각건대

遭 창잔 是 쓰스 ○ 마즘

還 환환 未 뭐위 ○ 오히려못ᄒᆞ다

到 당단 底 디디 ○ 나죵내

湊 충추 巧 캎캰 ○ 공교히마조치다

未 뭐위 必 빙비 ○ 맛치몰올다

待 때대 要 향얀 ○ ᄒᆞ마

且 쳐쳐 住 쮸쥬 ○ 날회라

初 추추 會 휘휘 ○ 처음보다

但 딴단 是 쓰스 ○ 다만

該 개개 當 당당 ○ 맛당이

登 등등 時 쓰스 ○ 그때로시

再 재재 三 산산 ○ 다시곰

恰 캬가 似 쓰스 ○ 맛치ᄀᆞᆺ다

豈 키키 敢 간간 ○ 싱심이나

旣 기기 然 연연 ○ 그러면

彼 삐븨 此 츠츠 ○ 서로

再 재재 不 붕부 ○ 그리아니면

從 쭝충 來 래래 ○ 본디 原원來래

煩惱 (반 빤 / 나 니) ○ 네게빈다

强如 (걍 걍 / 슈 슈) ○ 비겨낫다

成就 (칭 찡 / 직 찍) ○ 셩취ᄒᆞ다

打發 (다 다 / 방 빵) ○ 식여보내다

躲開 (도 더 / 개 개) ○ 숨어피ᄒᆞ다 溜리開개

相趂 (샹 샹 / 친 친) ○ 서ᄅᆞ맛ᄀᆞ다

約定 (요 햡 / 딩 띵) ○ 언약ᄒᆞ여뎡ᄒᆞ다

兆胎 (쟢 쨮 / 태 태) ○ 징조

守分 (식 싱 / 븐 븐) ○ 분직희다

耐心 (나 내 / 신 신) ○ ᄆᆞ음석이다

胡亂 (후 훙 / 뤈 뤈) ○ 간대로

快些 (쾌 쾌 / 셔 셔) ○ 밧비

緣法 (연 연 / 방 빵) ○ 인연

下落 (햐 햐 / 로 랍) ○ 거쳐

妥當 (타 더 / 당 당) ○ 온당ᄒᆞ다

停當 (팅 띵 / 당 당) ○ ㅣㅣᄒᆞ다

名頭 (밍 밍 / 투 뜽) ○ 일홈잇단말

才能 (채 째 / 능 능) ○ 직조

用力 (융 융 / 리 링) ○ 힘쓰다

費心 (뵈 븨 / 신 신) ○ 거정ᄒᆞ시외다

記 기기 掛 과과 ○ ᄆᆞᄋᆞᆷ의걸니다

安 안한 穩 운운 ○ 편ᄒᆞ다

濫 란란 錢 쳔쳔 ○ 실업시쓰ᄂᆞᆫ돈

破 포퍼 費 븨븨 ○ 허비ᄒᆞ다

營 잉잉 生 승승 ○ 살올일

彀 구ᄏᆞᆼ 了 랴랴 ○ 족ᄒᆞ다

預 유유 備 비삐 ○ ㅣㅣᄒᆞ다

趁 친친 早 잔짱 ○ 일ᄶᅳᆨ이

叩 쿠킁 數 수수 ○ 혬맛초다

爲 위위 頭 투뜽 ○ ㅣㅣᄒᆞ다

揪 쥐징 心 신신 ○ 애켜이다

受 쇼씽 用 융융 ○ 눌이다

壞 홰홰 鈔 찬참 ○ 돈들이다

熱 셔셩 鬧 낲낭 ○ 웨젼즈런ᄒᆞ다

剩 싱싱 下 햐햐 ○ 남다

橫 훙훙 豎 슈쓔 ○ 이리나져리나

預 유유 先 션션 ○ 미리

合 허헝 叩 쿠킁 ○ 맛초다

叩 쿠킁 求 칙킹 ○ 덤치다

辦 반빤 事 ᄉᆞ쑹 ○ 일ᄒᆞ다

現今 ○ 시방

討賞 ○ 샹달나ᄒᆞ다

劈開 ◉ ᄶᅢ치다

攤開 ○ 헤치다

亂扯 ○ 마구ᄃᆞ리다

靠壁 ○ ᄇᆞ람에의지ᄒᆞ다

挣扎 ○ 버릇져기다

接長 ○ 니어길게ᄒᆞ다

纏繞 ○ 감다

寬濶 ○ 널으다

呈上 ○ 들이다

掐開 ○ ᄧᅩ긔다

張開 ○ 펼치다

對扯 ○ 마조ᄃᆞ리다

撕扯 ○ ᄧᅵᆺ다

擦抹 ○ 문질너ᄡᅵᆺ다

連着 ○ 닛다

絟着 ○ ᄆᆡ다 絟산 上샹

鬆寬 ○ 버슴ᄒᆞ다

寬綽 ○ 넉넉ᄒᆞ다

二字

心 신신 空 쿵쿵 ○속공그다

脫 토 卸 셔셔 ○벗다

活 호훙 扣 쿠큳 ○고내여믜다

緊 긴긴 扣 쿠긓 ○도듸이믜다

緪 쿤쿤 着 죠짭 ○동히다

扭 부냠 押 샤챵 ○틀어꼿다

掛 과과 上 샹쌍 ○거다

貼 텨톙 上 샹쌍 ○붓치다 貼텨着죠

閣 거겅 着 죠짭 ○걸리다 하두다 ○又노

挽 완왼 手 식싞 ○손에거는슨

乾 간간 硬 잉잉 ○물라도도ᄒᆞ다

烤 칸칸 曬 새새 ○불뙤여물리오다

整 징징 的 디딩 ○왼것

匾 변변 的 디딩 ○납족ᄒᆞᆫ것

鉤 쿠급 的 디딩 ○곱은것

彎 완환 的 디딩 ○휜것

斜 셔쎠 了 랸럏 ○빗그다

偏 편편 了 랸럏 ○최우치다

樣 양양 範 반빤 ○본

稜 릉릉 兒 올슨 ○모

五十五

結實 겨시 궁싱 ○ 둔둔ᄒᆞ다

重皮 충피 쭝삐 ○ 덕근거플

軟爛 원란 원란 ○ 물오녹다

起皴 키츈 키츈 ○ 적니다

起瘢 키펀 키뻔 ◉ 마드다

掏出 토츄 땋츙 ○ 더듬어내다

挨擠 애지 해지 ○ 사ᄅᆞᆷ만하밀니다

慌了 황랸 황랑 ○ 겁내다

打動 다둥 다뚱 ○ ᄉᆞ쳐셔ᄃᆞᆺ다

走動 주둥 증뚱 ○ ᄃᆞ니다

伱每 니믜 니믜 ○ 너희들

日逐 시주 싕쭈 ○ 날마다

光降 광강 광강 ○ 빗저이와겨시

端的 된디 된딩 ○ 진실로

帶挈 대져 대쪄 ○ ᄃᆞ리고돌보다

擡擧 태규 때규 ○ 쳔거ᄒᆞ다

依伱 이니 이니 ○ 네대로 憑핑伱니

厮會 ᄉᆞ휘 ᄉᆞ휘 ○ 서로못다

喫過 치고 칭궈 ○ 먹엇다

打攪 다갸 다걍 ○ 폐식이다

禁聲 긘긘 싱싱 ○소리말라

不美 부봉 쉰쉰 ○혜지아니티

筭了 찬찬 럎럏 ○논박ᄒᆞ다

實說 시ᄉᆞᆯ 쉬숑 ○실로니르다

遞信 디디 신신 ○쇼식젼ᄒᆞ다

舒服 슈슈 부뽁 ○싀훤ᄒᆞ다 暢챵快쾌

透亮 투ᄐᆞᇦ 량량 ○ᄉᆞ믜여ᄇᆞᆰ다

磨透 모뭐 투ᄐᆞᇦ ○닳하ᄇᆞ러지다

未乳 위위 슈슈 ○生産못ᄒᆞ다

饋我 킈킈 오어 ○다고

照樣 쟢쟢 양양 ○그대로

壓驚 야향 깅깅 ○놀란것안ᄎᆞ다

招子 쟢쟢 즈즈 ○거리에븟치ᄂᆞᆫ방

熏黑 훈훈 허흥 ○그을어검다

忙多 망망 도더 ⊙밧분일만타

揉眼 ᅀᆞᆿ 연연 ○눈부븨다

三字類

粧體面 좡좡 티티 면면 ○어룬ᄉᆞ러온톄

下馬威 햐햐 마마 위위 ○첫호령

力(리/링)量(량/량)大(다/따) ○ 力量크다

大(다/따)分(븐/븐)上(샹/썅) ○ 큰졍분

求(캬/꺙)恩(은/흔)典(뎐/뎐) ○ 덕분닙히쇼셔

說(쉬/숸)大(다/따)話(화/화) ○ 입츤말ᄒᆞ다

作(조/잡)善(션/쎤)事(스/쏘) ○ 죠흔일ᄒᆞ다

喬(챤/꺙)家(갸/가)公(궁/궁) ○ 가장인톄ᄒᆞ다

仗(쟝/쨩)着(죠/쨯)誰(쉬/쒸) ○ 눌을밋으리오

全(쳔/쭨)靠(캎/캎)你(니/니) ○ 젼혀니롤밋ᄂᆞ라

錯(초/참)帷(패/패)他(타/타) ○ 그릇허믈ᄒᆞ다

怎(즘/즘)禁(긴/긴)他(타/타) ○ 엇지말릴이오

没(무/뭉)高(갚/걍)低(디/디) ○ 마고ᄒᆞ다

没(무/뭉)分(븐/븐)曉(햪/햫) ○ 지각업다

歪(왜/왜)廝(스/쏘)纏(젼/쪈) ○ 상업시보채다

纏(젼/쪈)不(부/붕)過(고/궈) ○ 보채여못견듸다

由(우/잉)不(부/붕)的(디/딩) ○ 임의로못ᄒᆞ다

耐(내/내)不(부/붕)的(디/딩) ○ 견듸지못ᄒᆞ다

忒(티/틩)多(도/더)心(신/신) ○ 너모의심ᄒᆞ다

故(구/구)意(이/히)兒(슬/승) ○ 짐즛

幹(간/간)壞(해/홰)了(럎/량) ○ 일그릇ᄒᆞ다

索(소/삽)落(로/랍)人(싄/신) ○ 사ᄅᆞᆷ구러쥬어리다

顚뎐뎐倒닾단說숴숴 ○ 뒤니ᄅ다

恁닌닌地디디說숴숴 ○ 이리니ᄅ 양이면

遮져져飾시싱臉련련 ○ 깃ᄎᆞ로ᄂᆞᆺ ᄀᆞ리오다

皮피삐着죠잡臉련련 ○ 모몰ᄒᆞ다

充츙츙知지징道닾단 ○ 아ᄂᆞᆫ톄ᄒᆞ다

沒무뭉坐조쭤性싱싱 ○ 안즐셩업다

沒무뭉耐내내性싱싱 ○ 견ᄃᆡᆯ셩업다

沒무뭉定딩띵準쥰쥰 ○ 뎡ᄒᆞᆫ것업다

看칸칸不부붕眞진진 ○ 보기분명치아니타

拉라랑不부붕動둥둥 ○ ᄢᅳ어움즉못ᄒᆞ다

不부붕長장쨩進진진 ○ 장ᄂᆡᆨᄉᆞ상업다

不부붕戒계계口쿠큳 ○ 입졍사오납다

好한항機기기口쿠큳 ○ 應口捷對ᄒᆞ다

小샾샹哉재재相샹샹 ○ 져근규모

沒무뭉信신신行힝힝 ○ 밋분ᄒᆡᆼ실업다

麻마마犯밦빤人싄싄 ○ 사ᄅᆞᆷ침노ᄒᆞ다

黑허헝眼연연睛징징 ○ 욕심만흔놈

小샾샹便편뼌宜이이 ○ 져근니

孩히해子즈즈氣키키 ○ 미거ᄒᆞ다

做주주牽켠켠頭투뜽 ○ 계집ᄉᆞ이드다

透투틍信신신的디딩 ○ 소문젼ᄒᆞᄂᆞᆫ이

探탄탄信신신息시싱 ○ 쇼식듯보다

答다당應잉힝的디딩 ○ 시죵드ᄂᆞ이

走주즘熟수쑹的디딩 ○ 닉게ᄃᆞ니ᄂᆞᆫ이

巡쓘쓘風붕붕的디딩 ○ 일偵探ᄒᆞᄂᆞᆫ이

賠피뻬嫁갸가人ᅀᅵᆫᅀᅵᆫ ○ 제돈들여셔방맛다

回휘훼頭투뜽人ᅀᅵᆫᅀᅵᆫ ○ 再嫁ᄒᆞᆫ계집

望왕망門믄믄寡과과 ○ 혼인젼의된과부

醋추추話화화兒ᅀᅳᆯᅀᅳ ○ 새오ᄂᆞᆫ말

影잉힝射셔쎠的디딩 ○ ᄠᅳᆺ에든이

两량량頭투뜽聽쉬쒸 ○ 발막아자다

瞞먼먼不부붕過고궈 ○ 속이지못ᄒᆞ다

没무뭉得더등說숴쉥 ○ 니롤것업다

合허헣他타타說숴쉥 ○ 저ᄃᆞ려니ᄅᆞ라

不부붕用융융說숴쉥 ○ 니ᄅᆞ지말라

背비비地디띠裡리리 ○ 못보ᄂᆞᆫ듸

一이힝地디띠裡리리 ○ 두로

廝스ᅀᅳ趕간간着죠쨩 ○ 서로ᄯᆞ로다

撞좡장不부붕着죠쨥 ○ 만나지못ᄒᆞ다

風(붕봉)裡(리리)話(화화) ○ 풍편의 소문

不(부붕)得(더딍)空(쿵쿵) ○ 틈을 업다

絆(번뻔)住(쥬쮸)了(랸량) ○ 얽미이다

沒(무뭉)在(재째)家(갸갸) ○ 집의 업다

休(히힝)理(리리)他(타타) ○ 져롤 알온체 말라

一(이힝)氣(키키)跑(팦빵) ○ ᄒᆞᆫ숨의 ᄃᆞᆺ다

動(둥뚱)不(부붕)動(둥뚱) ○ 젹이나 ᄒᆞ면

鎭(진친)日(싀싕)夜(여여) ○ 밤낫으로

房(방빵)分(분붕)中(즁쯍) ○ 一家ㅅ ᄉᆞ이

好(한항)自(즈쯔)在(재째) ○ ᄆᆞ장 편ᄒᆞ다

不(부붕)消(샤샹)了(랸량) ○ 모로미 마ᄅᆞ라

挨(애해)近(긴낀)前(쳔쪈) ○ ᄎᆞᄎᆞ 나아 ᄃᆞ다

往(왕왕)前(쳔쪈)些(셔셔) ○ 이마작

一(이힝)壁(비빙)廂(샹샹) ○ 일변으로 ᄯᅩ ᄒᆞᆫ편

鬼(귀귀)混(훈훈)了(랸량) ○ 샹업시 덤벙이다

强(걍걍)壓(야향)住(쥬쮸) ○ 업눌으다

比(비비)方(방방)說(쉬숑) ○ 비거니ᄅᆞ면

猜(채채)得(더딍)着(죠쨯) ○ 짐작ᄒᆞ여 맛치다

參(찬찬)透(투퉁)了(랸량) ○ ᄉᆞ뭇게 아다

不(부붕)怕(파파)羞(식싱) ○ 붓ᄀᆞ림 ᄐᆞ지 아니타

鬆快些 송쾌셔 ○ 져기 싀훤ᄒᆞ다
頭一日 투이시 ○ 첫날

上緊些 샹긴셔 ○ 밧비ᄒᆞ다
小遲些 샤치셔 ○ 져기 기ᄃᆞ리다

等住回 등쥬휘 ○ 잇다가
這回子 져휘즈 ○ 이즈음

可可的 커커디 ○ 맛치 맛초아
多咱來 도자래 ○ 언제 온다

不覺的 부교디 ○ 얼런ᄃᆞᆺ
趁空兒 친쿵얼 ○ 틈타다

錯過了 초고랴 ○ 그릇 지내치다
翻過來 반교래 ○ 뒤집다

貼不着 뎌부조 ○ 븟지 아니타
不趁手 부친식 ○ 손에 맛지 아니타

乾透心 간투신 ○ 속ᄭᆞ지 ᄆᆞᆯ나다
不骨立 부구리 ○ 플 ᄲᅧ 업다

不耐勞 부내랖 ○ 질긔지 못ᄒᆞ다
齊底兒 치디얼 ○ 그르박다

沒奈何 무내허 ○ ᄒᆞᆯ 일 업다
費日子 븨시즈 ○ 날 허비ᄒᆞ다

沒(무몽)脚(교갸)蟹(해혜) ○ 돌보리업다
聞(운문)一(이힝)聞(운문) ○ 내맛다

住(쥬쮸)不(부붕)牢(랖랗) ○ 박여머무지못ᄒᆞ다
過(고궈)不(부붕)去(큐큐) ○ ᄆᆞ옴에거림ᄒᆞ다

着(죠쨯)迷(미미)鬼(귀귀) ○ 샤들리다
白(버뻥)日(시싛)鬼(귀귀) ○ 신롱ᄒᆞᆫ체ᄒᆞᄂᆞᆫ놈

勾(구긓)使(스ᄉᆞ)鬼(귀귀) ○ 사ᄅᆞᆷ잡아가ᄂᆞᆫ귀신
賴(래래)債(재재)的(디딓) ○ 빗ᄉᆞ벗치ᄂᆞᆫ놈

作(조잡)活(호훻)的(디딓) ○ 고공이
合(허ᄒᆡᆼ)了(랴랼)氣(키킈) ○ 셩내여돗토다

不(부붕)要(얀양)命(밍밍) ○ 살려아니타
沒(무몽)來(레래)由(우릳) ○ 부절업시

充(충충)得(더등)過(고궈) ○ 견딜만ᄒᆞ다
回(휘휳)他(다타)罷(바바) ○ 날려보내라

打(다다)底(디디)兒(올ᅀᆞᆯ) ○ 밋자리ᄒᆞ다
兜(두듷)住(쥬쮸)了(랴랼) ○ ᄢᅴ오다

裁(재재)派(패패)人(신인) ○ 사ᄅᆞᆷ졍ᄒᆞ여식이다
支(즈즘)使(스ᄉᆞ)人(신신) ○ 사ᄅᆞᆷ식이다

四(스ᄉᆞ)字(즈즘)類(뤼뤼)

福至心靈 ○ 복이오면 마음이령ᄒᆞ다

自由自在 ○ 걸릿긴듸업다

恩將仇報 ○ 은혜를원슈로갑다

來歷不明 ○ 근본분명치아니타

聽籬察壁 ○ 엿듯기ᄒᆞ다

上門罵人 ○ 집의와사ᄅᆞᆷ욕ᄒᆞ다

按人派分 ○ 사ᄅᆞᆷ대로ᄂᆞᆫ호다

做不得主 ○ 쥬장치못ᄒᆞᆫ다

叫破喉嚨 ○ 목터지도록부르다

拿三道三 ○ ᄂᆞᆷᄒᆞᆯ말네ᄒᆞᆫ다

佛眼相看 ○ 됴히보리란말

官報私仇 ○ 憑公營私

將曲作直 ○ 글은거슬올흔체ᄒᆞ다

架虛鑿空 ○ 공즁에지어내다

笑臉嗔拳 ○ 웃ᄂᆞᆫ낫체셜변주먹

坐名要人 ○ 指名ᄒᆞ여사ᄅᆞᆷᄎᆞᆺ다

靠人做事 ○ ᄂᆞᆷ밋고일ᄒᆞᆫ다

舊性不改 ○ 본셩곳치지아니타

左話右說 ○ 이리ᄒᆞᆯ말져리ᄒᆞ다

支支吾吾 ○ 이리져리버긔오다

東둥둥躱도더西시시閃션션 ○이리져리 피ᄒᆞ다

半빈번推퉈퉈半번번就작찡 ○들올듯말듯ᄒᆞ다

着칸칸他타타眼연연勢시싱 ○져의눈치보다

手식십忙망망脚교갑亂뤈뤈 ○덤벙여블을업슨거동

毬킥깁子즈조心신신腸챵쨩 ○통ᄒᆞᆫᄆᆞ음업다

話화화多도더不부부甜텬뎬 ○혼ᄒᆞᆫ말이ᄃᆞ지아니타

空쿵쿵喫치칭見견견笑샾샾 ○속졀업시우임보다

着칸칸不부부上샹썅眼연연 ○눈에ᄎᆞ지아니타

隔기겸壁비븨心신신寬퀀퀀 ○놈의일은걱정업다

忙망망中중중有우잉錯초참 ○밧비ᄒᆞ면그릇ᄒᆞᆫ다

半빈번呑둔둔半빈빈吐투투 ○言語含糊之意

推퉈퉈啞아햐粧좡좡聾룽룽 ○알고모로ᄂᆞᆫ체ᄒᆞ다

將쟝쟝言연연探탄탄他다라 ○말로셔보다

露루루出추층馬마마脚교갑 ○본식드러나다

近긴낀火호휘先션션焦챺챺 ○불에ᄀᆞᆺ가온면몬져ᄐᆞᆫ다

慢만만條됴댱斯스ᄉᆞ禮리리 ○늘희슬희ᄒᆞᆺ

越웨웽着관관越웨웽像샹썅 ○보도록굿다

耽단단驚깅깅受식씽怕빠파 ○조릿조릿ᄒᆞ다

替티티人신인耽단단憂우힘 ○놈의뫼녀뎡되신ᄒᆞ다

心신신裡리리亂뤈런跳댠랖 ○놀나가슴벌셕이다

懷着鬼胎 ○ ᄆᆞ음에의혹ᄒᆞ다

到處有蹤 ○ 간곳마다ᄃᆞᆯ잇다

橫跳竪跳 ○ ᄀᆞ로ᄯᅱ고셰ᄯᅱ다

抛在腦後 ○ 곡뒤헤ᄇᆞ리다

一步一顚 ○ 거름마다업셔지다

人山人海 ○ 사ᄅᆞᆷ만탄말

小本經紀 ○ 밋쳔젹은쟝ᄉᆞ

折兌還償 ○ 되신갑쳐주다

三零四落 ○ ᄒᆞᆺ더지단말 又凋殘ᄒᆞ다

天生一對 ○ 제삼긴ᄶᅡᆨ

一毋所生 ○ 범거시ᄆᆞᆺ단말

一宗事情 ○ ᄒᆞᆫ가지일

有頭無尾 ○ 시작ᄒᆞ고긋업다

漏在眼裏 ○ 눈에들지다

眼飽肚饑 ○ 눈만유복ᄒᆞ다

坐喫山空 ○ 안자먹으면산도뷘다

喫的淨光 ○ 부싄듯시먹다

往飽裏喫 ○ ᄇᆡ부르도록먹다

寡酒難喫 ○ 민술먹기어렵다

笑得有因 ○ 웃ᄂᆞᆫ거시믁졀잇다

沒時運的 ○ 실시ᄒᆞᆫ사ᄅᆞᆷ

打草驚蛇 ○ 거위덧서단말

鎚輕鐵跳 ○ 마치적으면쇠뛰논다

眼裡掃人 ○ 사ᄅᆞᆷ흘여보다

不離本行 ○ 버릇버리지못ᄒᆞ다

你說誰強 ○ 네닐으라뉘나으니

長天老日 ○ 기나긴날

葉落歸根 ○ 도로근본으로가단말

減多增少 ○ 折長補短

瘡好忘疼 ○ 지난일은닛는단말

和盤托出 ○ 다재너미다

石頭撞釘 ○ 바희에대못박나

拳多眼花 ○ 주먹이하면눈이밤의다

露水夫妻 ○ 난밧낭쥐

眼睛摳摟 ○ 눈협ᄆᆡᆨᄒᆞ다

將天比地 ○ 하ᄂᆞᆯ을세혜견조다

打鐵趕熱 ○ 일을새대일치말란말

豈敢有忘 ○ 엇지닛스리오

雙疊起來 ○ 맛접다

亡羊修牢 ○ 양일코외양곳치다

喬模喬樣 ○ 모양비우다

百伶百俐 ○ 민ᄉ이녕니ᄒ다

按納不住 ○ ᄆᆞᄋᆞᆷ안초지못ᄒ다

笑裡藏刀 ○ 웃논즁에칼품다

咬定牙兒 ○ 니ᄀᆞᆯ으드덕다무다

探頭舒腦 ○ 기웃기웃보다

眞材實料 ○ 진짓것

畫餅充饑 ○ 그린떡

滿口說好 ○ 못내죠ᄐᆡ니르다

色系子女 ○ 絶好ᄒ다

原百九十四葉作六十六板

補六十三葉作三十二板

譯語類解補終

物類有萬方言不一以我人而習華語者苟未能周知而徧解宜有所齟齬而扞格此譯語類解之所由作也而先大父實編成之其爲書殆數千言分門彙類纖悉精博寔華言之荃蹄也但是書行且將百年不無古今之殊時用之闕蘇山金相國莅院時命不佞補其遺不佞非敢曰述先維承命是圖採摭蒐輯按放舊例另爲一卷

又凡若干言名曰譯語類解補書旣成今
都提擧金相國仍命刊行噫語套多變聞
見有限況以不佞庸駑今日之補亦何敢
謂異日之無可補也然朱夫子不云乎人
記得十件只是十件記得百件只是百件
惟温故言而知新意所以常活後之業是
書者盡亦引而伸之觸類而長之乙未夏
岺城金弘喆謹識

譯語類解補目錄